Stratégiques Orients

Directeur de la rédaction :
PIERRE BERTHELOT
Rédacteur en chef :
DAVID RIGOULET-ROZE
Coordinateur éditorial :
ATA AYATI

Direction de publication : ATA AYATI ET XAVIER PRYEN

5-7, rue de l'École-Polytechnique - 75005 Paris
www.editions-harmattan.fr
ISBN : 978-2-336-55391-7
EAN : 9782336553917

Sommaire

Connecter le golfe Persique et l'Asie centrale
Les enjeux des corridors terrestres et maritimes

Dossier dirigé par Michel Makinsky

Présentation ... 9
Michel Makinsky

Corridors Nord-Sud, Est-Ouest : rivalité et/ou complémentarité ? ... 19
Christian Vicenty

La zone Asie centrale et Moyen-Orient et les corridors de fret ferroviaire ... 53
Xavier Wanderpepen

La connectivité entre le golfe Persique et la méga région Asie centrale/Caucase : une priorité stratégique pour l'Arabie saoudite ... 77
Michel Makinsky

L'Arabie saoudite, acteur majeur de la connectivité maritime entre le Golfe et la méga-région Asie centrale-Caucase ... 113
Eric Carrey

La méga-région Asie centrale et le golfe Persique : une connectivité maritime en essor, des lignes et infrastructures en pleine mutation ... 135
Eléonore Darasse

Regards géopolitiques sur l'importance des terminaux à conteneurs depuis le Canal de Suez jusqu'à la mer d'Oman ... 159
Yann Alix

Interview avec **Gérard Mestrallet** ... 183
Interview avec **Alain Biston** ... 189
Digital MECCA: Middle East, Caucasus, Central Asia Would Benefit as a Digital Single Market ... 195
Anatoly Motkin

Compte-rendu d'ouvrages ... 201
Antoine Mariotti, L'Agence : *Histoires secrètes de la CIA*, Paris, Tallandier, 2024.
David Rigoulet-Roze
Marc Semo, *La Géopolitique en 100 questions : comprendre le monde de demain*, Paris, Tallandier, 2025.
David Rigoulet-Roze

Notices biographiques ... 213

Éditorial Orients stratégiques
Pourquoi Orients Stratégiques ?

« L'Orient » au sens large, demeure plus que jamais « compliqué » et difficilement appréhendable « avec des idées simples » selon la célèbre formule, mais peut-être moins lointain qu'il n'y paraît par les enjeux que soulèvent ses actuelles convulsions. Au coeur des enjeux nucléaires contemporains, des guerres asymétriques, épicentre d'un djihadisme désormais internationalisé, abritant les principales villes saintes du monde, son importance économique n'est plus à démontrer puisque Proche et Moyen-Orient, par exemple, abritent une part notable des ressources dont notre planète a impérativement besoin et c'est évidemment ce qui confère à cette zone, pour le moins instable, une dimension stratégique qui s'impose à tous, « nolens volens ». Mais de quel « Orient » est-il somme toute question dès lors les Américains se détournent en partie du Moyen-Orient pour l'Asie-Pacifique, aujourd'hui centre de l'économie-monde ? C'est donc bien d'« Orients » multiples et polymorphes dont il faudrait parler afin d'être en mesure de proposer une approche renouvelée de la question à travers un prisme stratégique affirmé et revendiqué.

Présentation

Asie centrale/Caucase et le golfe Persique : la structuration d'une relation

Le 15 avril 2024 marque une étape importante dans la convergence des deux régions : le Golfe d'un côté, le grand ensemble Asie Centrale/Caucase de l'autre. Le 2e sommet ministériel CCG (Conseil de Coopération du Golfe) – Asie Centrale s'est tenu à Tashkent[1]. Cette rencontre ministérielle à très haut niveau, qui fait suite au premier sommet tenu à Jeddah en Arabie Saoudite, le 19 juillet 2023 (rassemblant les 5 présidents des pays d'Asie Centrale,- format C5 – et les membres du CCG) atteste le degré de priorité que les États participants accordent au renforcement de leurs liens économiques, et surtout au développement des différents modes de connectivité[2] qui doivent les relier. Il y a une évidente élévation des deux côtés de la volonté d'accélérer très substantiellement la mise en place des corridors propres à chaque région et de ceux, routiers, ferroviaires, maritimes, aériens, énergétiques, sans oublier le domaine de la communication et du digital, qui relieront ces deux grands blocs. De part et d'autre, bien que les défis économiques soient de nature différente (le Golfe doit gérer sa mutation énergétique, l'Asie Centrale et le Caucase doivent rapidement se désenclaver), le sens de l'urgence est désormais présent. L'Ouzbékistan joue un rôle moteur en proposant des axes de coopération pour stimuler les investissements réciproques. Le sommet a donc naturellement inscrit la connectivité dans les priorités à mettre en œuvre et a listé plusieurs axes de travail pour planifier un certain nombre de corridors de désenclavement.

L'Ouzbékistan avait notamment proposé la rédaction d'un 'traité d'amitié, de connectivité inter régionale, de coopération entre le CCG et l'Asie Centrale', qui est en cours d'examen. Il a pressé les participants à préparer sérieusement leurs positions sur ce texte soumis au 3ème sommet

1 Cf. *Joint Statement Issued Following GCC-Central Asia Strategic Dialogue Second Ministerial Meeting*, spa.gov.sa/en/N2083189, 15 avril 20244 : https://spa.gov.sa/en/N2083189 .

2 Outre la désignation d'un Envoyé spécial du CCG pour suivre les relations économiques entre les deux grandes régions et le rôle du CCG comme structure centrale de coordination, le développement de la connectivité est en tête des priorités identifiées par les participants au sommet. Pour un bilan de cette rencontre, Cf. https://www.grc.net/documents/661e6acd01ac8DevelopingGCCCISRelations2.pdf.

qui devait se dérouler à Tashkent le 5 mai 2025. Or ce dernier a été reporté (pour des raisons inconnues, « à la demande des parties » selon les communiqués officiels) sans qu'une nouvelle date soit annoncée à cette occasion[3]. Ces rencontres, parmi d'autres, attestent l'intérêt croissant des pays du Golfe non seulement pour l'Asie Centrale, mais aussi pour le Caucase. En particulier, l'Azerbaïdjan et la Géorgie sont deux cibles importantes pour les monarchies du Golfe dont le rôle croissant dans la connectivité eurasienne est visible. Comme le souligne Emil Avdaliani[4], s'agissant de l'Azerbaïdjan, ce sont les partenariats énergétiques qui motivent l'implication des membres du CCG qui se reflète notamment par des investissements substantiels. Il mentionne l'acquisition par le groupe émirati *ADNOC* d'une part de 30 % du champ gazier azéri d'Ashkeron. De même les Saoudiens *ACWA* et les Émiratis *ADQ* procèdent à des investissements en Azerbaïdjan dans les énergies renouvelables mais aussi l'agriculture.

La Géorgie suscite aussi pareille attractivité. Emblématique est le Port Sec de Tiflis, un projet d'infrastructure majeur développé grâce au grand groupe émirati *Abu Dhabi (AD) Ports Group*. Les Émirats, outre les transports, concentrent d'importants investissements en Géorgie, et sont son principal partenaire commercial arabe ; l'expert précité indique que les deux pays ont signé en octobre 2023 un « Partenariat Economique complet et global » (*CEPA*). Il considère que pour la Géorgie comme pour l'Azerbaïdjan, cette étroite coopération avec les Émirats permettent d'équilibrer leurs relations par rapport à la pesante Russie.

La connectivité Asie centrale/Caucase en plein essor

L'attraction croissante de la zone Asie Centrale/Caucase pour les États du Golfe intervient dans un double contexte qui contribue à sa dynamique. Il s'agit d'une part du renforcement de la connectivité ferroviaire et routière en Asie Centrale et entre celle-ci et le Caucase, où il apparaît que cette zone de plus en plus 'maillée' devient un ensemble en soi qui a perçu l'urgence de se connecter vers son extérieur. Si l'axe du *Middle*

3 Cf. https://www.qalampir.uz/en/news/samark-andda-utishi-rezhalashtiril-gan-markaziy-osiye-kurfaz-davlatlari-sammiti-k-oldirildi-118312 ; https://www.gazeta.uz/en/2025/05/02/summit/.

4 Cf. Emil Avdaliani, *The burgeoning Gulf Arab footprint in the South Caucasus*, *Amwaj.media*, 21 mars 2025.

Corridor transcaspien[5] vers la Chine est bien connu, la connectivité vers le Golfe est moins bien comprise. Les corridors routiers et ferroviaires d'Asie Centrale et du Caucase connaissent une expansion accélérée dans le cadre du programme *CAREC* (*Central Asia Regional Economic Cooperation Program*) de la Banque Asiatique de Développement[6]. Cette croissance a un caractère foisonnant et quelque peu désordonné. Frédérick Starr, lors de la conférence organisée par *CAREC* en mars 2025, n'a pas manqué de souligner qu'au moment où il faut développer les échanges et investissements depuis cette méga- région vers l'extérieur, cette dernière est couverte d'une vaste et intense toile d'araignée de voies ferrées, routes, lignes électriques, gazoducs sans parler des projets en cours. À telle enseigne qu'il est pratiquement impossible d'en dresser le plan complet. Il appelle à un effort d'inventaire, de rationalisation, de clarification, coordination, planification et priorisation des projets. C'est à *CAREC* qu'incombe de relever ce défi[7]. Parmi les dossiers urgents figure le désenclavement de l'Afghanistan. *CAREC* a bien identifié, ce qui nous intéresse ici, la nécessité de se connecter aux pays du Golfe. Cette structure s'emploie à vanter l'intérêt des corridors *CAREC*[8] à travers ses membres comme alternative aux lignes traversant la mer Rouge dont la vulnérabilité, comme en témoignent les incidents survenus, a gravement perturbé, comme on le sait, la circulation maritime des marchandises, générant délais et surcoûts. On observe que les pays bordant la Caspienne ou ayant accès à celle-ci renforcent leur connectivité maritime sans oublier le déploiement de câbles sous-marins[9].

5 Pour une présentation synthétique avec carte et pays traversés, voir : https://en.wikipedia.org/wiki/Trans-Caspian_ International _Transport_Route. Ce corridor qui favorise l'intégration de l'Asie Centrale et du Caucase présente aux yeux de ses membres l'avantage de prendre quelque distance par rapport à la Russie. Cf. Johan Engvall, *The convergence of the South Caucasus and Central Asia :an opportunity for a new EU Partnership*, *The Central Asia-Caucasus Analyst*, 22 janvier 2025 ; https://cacianalyst.org/resources/240122_FT_Engvall.pdf .

6 Cf. https://aric.adb.org/initiative/central-asian-regional-economic-cooperation-program.

7 Cf. Frederick Starr, *Coordinating the Corridors,The Central Asia-Caucasus Analyst*, 18 mars 2025.

8 Cf. https://development.asia/insight/how-carec-corridors-can-help-alleviate-shipping-crisis-red-sea.

9 Cf. Giulia Cretti, *The Caspian Sea Region : a Renewable Hub for European Energy Security ?*, on *Clingendael Alert*, mars 2025 ; https://www.clingendael.org/publication/caspian-sea-region-renewable-hub-european-energy-security .

Le renforcement de la relation Union européenne avec le bloc Asie Centrale/ Caucase et le volontarisme du Conseil de Coopération du Golfe

Le second élément de contexte qui favorise le rapprochement Golfe/ Asie centrale/Caucase est le volontarisme de l'Union européenne qui est en train de structurer sa relation avec l'Asie Centrale et le Caucase. Elle entend profiter de l'essor des corridors centre-asiatiques et caucasiens, et singulièrement du *Middle Corridor*[10], soucieuse de ne pas dépendre de la Russie. Le premier sommet réunissant l'Union européenne et l'Asie Centrale s'est tenu les 3 et 4 avril 2025 à Tashkent. L'objectif est de doper les échanges, les investissements et la coopération dans de multiples secteurs[11]. L'Ouzbékistan joue un rôle de premier plan dans cette vaste démarche. Or la stratégie du président Mirziyoyev est clairement orientée vers les pays du Golfe[12], avec qui il tisse des liens de plus en plus robustes. En témoignent ses rencontres avec l'émir du Qatar, ou avec le Président émirati Mohammed bin Zayed sur des investissements et leurs financements avec la décision de décupler leurs échanges commerciaux d'ici 2030 et de proclamer une « Nouvelle Ere de Partenariat Economique » pour la période 2025-2027.

Cela étant, s'il est indiscutable que l'implication des membres du CCG en Asie Centrale et dans le Caucase ne fait que s'amplifier, ceci est véritablement patent pour ce qui est des relations bilatérales. Au sein du CCG, manifestement les Émirats arabes unis et l'Arabie Saoudite sont largement les premiers acteurs. Ce sont d'ailleurs les principaux pourvoyeurs d'assistance aux côtés du Qatar et du Koweït. Ils ont créé des agences de développement. La baisse des aides américaines au développement va rendre l'apport du CCG encore plus nécessaire. On remarque sur la période récente un essor du recours à la finance islamique de la part de plusieurs structures bancaires des pays du CCG notamment en direction du Kazakhstan, de l'Ouzbékista[13]. En second lieu, comme le

10 Cf. https://www.neglobal.eu/eu-kazakhstan-to-expand-partnerships-in-energy-industry-digitalization/. Le Kazakhstan joue un rôle important dans l'approche de l'Union européenne de cette région.

11 Cf. les premiers résultats : https://www.consilium.europa.eu/fr/meetings/ international-summit/2025/04/04/ ; et la Déclaration finale : https://data.consilium.europa.eu/doc/document/ST-7745-2025-REV-1/en/pdf

12 Cf. *Tashkent's busy diplomatic agenda*, *NE GLOBAL*, 2 mars 2025 ; https://www.neglobal. eu/tashkents-busy-diplomatic-agenda/.

13 Cf. *Islamic Finance Shows Potential in Central Asia as GCC Ties deepen*, on *Fitch Rating*, 4 mars 2025 ; https://www.fitchratings.com/research/islamic-finance/islamic-finance-shows-potential-in-central-asia-as-gcc-ties-deepen-04-03-2025.

souligne Aijan Sharshenova, l'absence au niveau du CCG d'une Agence commune en charge de la planification de l'assistance du CCG au développement de l'Asie Centrale et du Caucase pèse sur l'efficacité de cette coopération pour la planification et le financement des investissements et infrastructures. Cette rationalisation est d'autant plus requise car le CCG n'a pas encore une connaissance approfondie de la zone concernée et de ses besoins réels[14].

Relations Golfe/Asie Centrale-Caucase : une base modeste & des retards à combler

Malgré l'attractivité réciproque, beaucoup reste à faire. Nader Habibi, dans une récente analyse[15], souligne que « le volume des échanges commerciaux entre les deux blocs est actuellement modeste ». Il constate que la part des membres du CCG dans les exportations de biens venant d'Asie Centrale était de 0,8 % en 2022 selon la Banque Mondiale. Il cite l'exemple du Kazakhstan dont le CCG « ne représentait que 0,55 % de ses $83,5 mds d'exportations totales de marchandises cette même année». Il faut souhaiter que malgré le report du sommet CCG/Asie Centrale de Samarkand de ce printemps 2025 des impulsions soient données et se traduisent dans les chiffres. Du côté Asie centrale, le Kazakhstan, en particulier, pourrait jouer un rôle important dans la sécurité alimentaire du CCG dont les membres importent de 70 % à 90 % de leurs denrées alimentaires, l'Arabie Saoudite important 88 % de ses céréales. Comme ces céréales proviennent surtout d'Ukraine, on comprend que le conflit actuel a grandement perturbé ces approvisionnements et que les pays du Golfe sont à la recherche de sources alternatives. C'est ce qui explique notamment les accords passés entre le Kazakhstan et l'Arabie Saoudite et les conversations entre le Kazakhstan et les Émirats arabes unis pour créer une route de transport pour des céréales via l'Iran[16]. Les membres du CCG sont également intéressés par les minerais et matières premières métalliques que leurs partenaires d'Asie Centrale peuvent fournir. Nader

14 Cf. Aijan Sharsukova, *Gulf States Offer Development Assistance in Central Asia as Western Donors Step Back*, *Bourse & Bazaar Foundation*, 10 mars 2025.

15 Cf. Nader Habibi, *GCC and Central Asia Want More Trade, But Connectivity Remains a Hurdle*, *Bourse & Bazaar Foundation*, 12 février 2025 (https://www.bourseandbazaar. org/articles/2025/2/12/gcc-and-central-asia-want-more-trade-but-connectivity-remains-a-hurdle); Cf. également Layla Ali, *GCC-CIS Relations : Developing Regional Cooperation*, *Gulf research Center*, Analysis, 16 avril 2024.

16 Cf. Zaka Jafarti, *GCC-Central Asia Summit: Prospects of the growing partnership*, *Crescent Research Center*, 10 septembre 2024.

Habibi souligne que les impératifs de diversification des économies des deux régions entraîne inéluctablement une augmentation de la part des biens manufacturés et semi-finis dans leurs échanges.

Parmi les objectifs à poursuivre, il s'agit notamment de lever divers obstacles bureaucratiques en Asie Centrale. Du côté du CCG, ses membres devront faire preuve de créativité et profiter du fait qu'ils sont perçus, à défaut d'une alternative aux puissants voisins chinois et russes, comme étant un facteur d'équilibre. C'est d'ailleurs en jouant cette posture d'acteurs 'neutres' ou équilibrants que l'Arabie Saoudite et les Émirats arabes unis nourrissent l'attractivité de leurs hubs et ports maritimes en plein essor qui représentent des points clés dans la *supply chain* pour l'industrie mondiale inquiète des troubles régionaux[17]. Enfin, les deux régions devront apprendre à sortir du pur 'bilatéral' pour travailler en collectif, ne fût-ce que pour des impératifs de planification et de calibrage des investissements.

Nader Habibi souligne que si le développement de la connectivité est bien inscrit dans les priorités réciproques, la concrétisation de ses intentions en voies ferrées, routes, lignes et infrastructures maritimes est encore loin de répondre aux aspirations. Il rappelle le caractère opérationnel du Corridor Nord Sud qui donne aux pays d'Asie Centrale accès au Golfe *via* l'Iran. Il souligne l'intérêt du futur corridor turco-irakien *Development Road Corridor*, et signale l'option du futur corridor *Trans-Afghan*.

Mais chacune de ces trois options présente des vulnérabilités et limites. Certaines zones sont sujettes à insécurité (Talibans,kurdes[18]) et/ ou à l'instabilité politique/ fragilité étatique (Irak[19]). Finalement, notre auteur considère que,paradoxalement, la compétition entre corridors aura pour effet d'augmenter les options terrestres pour les pays du Golfe. Pour notre part, nous estimons que l'insécurité propre à certaines zones,

17 Cf. *The Economist, Trade in Transition 2025, GCC Regional Insight, Bridging Resilience and Opportunity in the GCC* (https://impact.economist.com/projects/trade-in-transition/regional-analysis-gcc/).

18 Entretemps la dissolution du *PKK* est intervenue, elle contribuera grandement à la sécurité des zones traversées par le futur corridor. De plus, si un modus vivendi intervient entre les Kurdes syriens et le nouveau régime de Damas (encouragé par la Turquie, l'Arabie saoudite, et Washington) il devrait également diminuer une partie des tensions régionales.

19 Malgré sa fragilité, l'état irakien donne des signes de consolidation. Il place beaucoup d'espoir dans le *Development Road Corridor* auquel il souhaite intéresser les entreprises françaises comme on l'a constaté au Forum franco-irakien du 26 mai à Paris, entre diverses visites ministérielles.

qu'elles soient terrestres ou maritimes (mer Rouge) dynamisera les routes maritimes sûres, ainsi que les infrastructures portuaires qui s'y attachent.

C'est en ayant présent à l'esprit le contexte que nous venons d'exposer sommaire- ment qu'Orients Stratégiques propose ce dossier consacré à la connectivité entre les deux régions dont il est question ici. Il présente une particularité liée à l'objectif de cette publication. En effet, elle n'est pas destinée à satisfaire principalement la curiosité de chercheurs ou observateurs mais à attirer l'attention de conseillers, décideurs politiques, et surtout d'entreprises sur un bouleversement majeur qui traverse le Golfe et l'Asie Centrale. Le foisonnement des corridors ferroviaires, routiers, maritimes intra et interrégionaux est non seulement un changement géostratégique mais surtout une ouverture sans précédent de marchés pour les entreprises, françaises en particulier. Plusieurs grands groupes bien connus sont déjà largement présents et impliqués dans d'importants partenariats avec les principaux acteurs locaux. Mais l'ampleur des chantiers en cours, et plus encore, de ceux qui vont s'ouvrir, justifie amplement que les entreprises (depuis des groupes du *CAC 40* en passant par les *ETI*) prennent part à ces projets. La conjoncture française actuelle, les incertitudes transatlantiques, le conflit russo-ukrainien, etc., justifient largement la recherche d'opportunités dans des marchés solvables. C'est en pensant aux entreprises que nous avons bâti ce numéro. Il a été rédigé non seulement par des experts chevronnés (ayant l'expérience du 'terrain') mais nous avons aussi fait appel à des acteurs de l'industrie engagés sur ces marchés, par exemple le grand groupe *Alcatel Submarine Networks* qui participe avec son partenaire qatari au déploiement de câbles qui relieront les pays du Golfe, un énorme chantier.

****

Le présent dossier est organisé de façon à permettre au lecteur d'entrer progressivement dans les problématiques qui composent ce thème. Les deux premières contributions en tracent le décor, avec de précieuses cartes qui en favorisent la compréhension. Christian Vicenty, grand expert des Routes de la Soie chinoises, présente l'état et la dynamique des corridors Nord-Sud (sous impulsion russe) et Est-Ouest (sous-direction chinoise). La logique superficielle voudrait qu'ils ne soient que concurrents. En réalité, ils sont tout aussi complémentaires et ont vocation d'une façon ou d'une autre à converger. Xavier Wanderpepen dont la carrière à la SNCF lui a conféré une connaissance précise des réseaux ferroviaires de ces deux régions, nous livre un panorama des corridors de fret dans les deux grandes zones qui nous intéressent.

Ensuite, une série d'articles abordent sous des angles différents les principaux enjeux qui guident les progrès de la connectivité terrestre comme maritime de ces deux régions. Le chemin le plus facile est de nous tourner d'abord vers les pays du Golfe dont les motivations initiales étaient visibles : *it's energy, stupid* ![20] Les premières contributions tracent d'abord les motivations énergétiques des pays du Golfe dans leur approche de la connectivité de l'Asie Centrale, en tenant compte de la transition énergétique en cours. Deux analyses de fond donnent les grandes clés de lecture pour comprendre le bouleversement stratégique en cours que représente l'accélération de la connectivité entre le Golfe et l'Asie Centrale. Michel Makinsky explique cet essor notamment à partir du changement majeur de posture de l'Arabie Saoudite. Ayant pris conscience de sa vulnérabilité après les frappes iraniennes du 14 septembre 2019 elle a décidé de rééquilibrer ses alliances et relations, et ceci au moment où il s'avère que son Plan économique « Vision 2030 » (capital pour sa survie économique) connaît de sérieuses difficultés. Elle en a tiré la conclusion logique en signant avec l'Iran l'accord du 10 mars 2023 pour apaiser leurs relations. La priorité saoudienne est désormais une diminution des tensions régionales indispensable à son économie et d'organiser rapidement le rapprochement économique avec l'Asie Centrale. Du coup, le royaume s'implique dans tous les corridors terrestres et maritimes, entraînant avec lui son voisin et rival des Émirats arabes unis. En dépit des fortes pressions américaines (qui veulent isoler l'Iran et les corridors chinois), Riyad ne se laisse pas imposer le seul corridor *IMEC* qui devrait relier l'Inde à l'Europe via la péninsule Arabique, activement promu par l'Inde et la France. MBS le soutient mais sans écarter les autres. Puis, Eric Carrey, fort d'une carrière militaire et de son expertise logistique, aborde alors les stratégies portuaires et maritimes de l'Arabie Saoudite qui ne peuvent pas se limiter au déploiement des corridors terrestres. Les infrastructures maritimes indispensables aux liens croissants entre le royaume et ses partenaires font l'objet d'investissements lourds qui reflètent la

20 Allusion au slogan légendaire de James Carville, conseiller de Bill Clinton en 1992 : *It's economy, stupid* !

détermination saoudienne d'accélérer son insertion économique en Asie Centrale. Les enjeux en sont multiples, d'autant que la Chine accompagne ce mouvement pour accroître sa propre emprise dans la région. Ces deux articles (malgré la proximité de leurs titres) ne sont pas redondants mais s'enrichissent mutuellement.

Eléonore Darasse, analyste du groupe d'experts *Novastan* spécialisé sur l'Asie Centrale, aborde l'enjeu de la connectivité multimodale, cette fois, du point de cette région. Les besoins et priorités de cette dernière ne sont pas identiques à ceux du Golfe mais complémentaires. Les corridors qui se répandent comme une toile d'araignée évoluent dans des contextes complexes mais ceci n'empêche pas une forte dynamique. Les corridors ferroviaires (Nord-Sud, Est-Ouest) rencontrent des difficultés (géopolitiques avec les conflits en cours ou larvés) mais aussi techniques et financières qui ralentissent certains projets. Le *Middle Corridor* encouragé par l'Europe, vise, par un tracé plus sûr, à s'en prémunir. Les infrastructures maritimes accueillent des financements qui en accélèrent le développement. Par exemple le groupe émirati AD ports a signé le 14 février 2024 un accord (MOU) avec *Gujarat Maritime Board* et le groupe indien *Rites Limited* incluant d'importants travaux de construction dans le port indien de Gujarat. Le trafic maritime mondial ne faiblit pas, au contraire. Son essor se poursuit et les lignes de fret entre le Golfe, les ports d'Asie, d'Asie Centrale, du Caucase ne cessent de se renforcer. Ceci implique mécaniquement une expansion massive des terminaux à conteneurs. Yann Alix, délégué général de la Fondation *Sefacil*, est particulièrement bien placé pour en expliquer le ressort et la signification dans une analyse précise.

La France est évidemment impliquée par ses entreprises dans ce vaste mouvement. Déjà plusieurs grands groupes français sont associés aux grands chantiers d'infrastructures. Avec le projet de corridor IMEC qui devrait relier l'Inde à l'Europe, promu par les États-Unis, l'Inde et l'Arabie saoudite la France entend se hisser à un niveau supérieur. Le président de la République a nommé un représentant spécial, Gérard Mestrallet, pour porter les intérêts des entreprises françaises dans cette vaste ambition. Pour *Orients Stratégiques*, il en présente les perspectives.

On ne saurait limiter la connectivité interrégionale aux seuls corridors routiers, ferroviaires et maritimes. À l'heure où la demande en communication, qu'il s'agisse de l'internet ou des data connaît une demande exponentielle, le déploiement de câbles sous-marins et terrestres est devenu non seulement une nécessité économique mais un enjeu géopolitique de premier plan. Les flux de messages et de données entre le Golfe et l'Asie Centrale ne font pas exception. On sera surpris de constater que ces deux zones sont déjà passablement câblées mais les besoins sont tels et la nécessité d'assurer la sécurité de ces infrastructures critique est telle que les acteurs régionaux n'ont pas d'autre choix que déployer d'autres réseaux de câbles. *Orients Stratégiques* a l'opportunité de partager avec ses lecteurs les impressions d'Alain Biston, président directeur-général du groupe (considéré comme stratégique pour la France) *Alcatel Submarine Networks* (une des 3 sociétés mondiales qui sont en tête de ces marchés) qui s'est associé avec le grand consortium qatari *Ooredoo* pour construire un câble sous-marin qui reliera 7 pays du Golfe. Ces infrastructures ont un caractère stratégique (que nous avons souligné), mais celui-ci n'a de sens que par son contenu : les communications et, de plus en plus les *data* dont l'importance ne cesse de croire et qui entraînent des investissements considérables. Pour mieux en cerner la signification, Orients Stratégiques a invité Anatoly Motkin, président de *Strategeast*, engagé dans la promotion des projets digitaux entre le Golfe et l'Asie Centrale, de présenter ce qui pourrait être un « marché digital unique » pour ces deux zones. L'approche présentée en 2024 au Qatar, correspond bien à l'accroissement des flux.

En assortissant les analyses d'experts des témoignages de dirigeants d'entreprises et de projets, *Orients Stratégiques* souhaite retenir l'attention des sociétés françaises sur les opportunités ouvertes. Certaines connaissent des accélérations parfois surprenantes. Ainsi, le corridor *Development Road* qui reliera la Turquie à l'Irak, soutenu par le Qatar et les Émirats, voit son horizon se dégager rapidement, comme ceci a été souligné dans les rencontres qui se sont succédées à Paris depuis un an. Le ministère irakien des transports a d'ailleurs indiqué qu'il bénéficiera de la garantie de l'État.

Michel Makinsky

Corridors Nord-Sud, Est-Ouest : rivalité et/ou complémentarité ?

Christian Vicenty

« *Puisque ces mystères me dépassent, feignons d'en être l'organisateur.* »
Jean Cocteau (1889-1963)
Les mariés de la Tour Eiffel (1921)

For more fluid, redundant, complementary and sustainable security Global supply chains
(« Pour une sécurisation plus fluide, redondante, complémentaire et durable des chaînes mondiales d'approvisionnements »)

Résumé
Cet article a pour objectif de réfléchir à une sécurisation plus fluide, redondante, complémentaire et durable des chaînes mondiales d'approvisionnements (global supply chains), avec la question de savoir si cette meilleure sécurisation pourrait éventuellement aboutir vers un nouveau « réseau mondial », uniquement chinois et « Sud Global » ou « partagé »...

Abstract
The aim of this paper is to think about a more fluid, redundant, complementary and sustainable security ("global supply chains"), with the question of whether this better security could eventually lead to a new "global grid", only a Chinese and ‚Global South' one or a "shared" one ...

1° Lien introductif entre la nécessité de sécuriser les chaînes mondiales d'approvisionnements et celle de construire des parcours alternatifs transcontinentaux complémentaires...
2° A polycrise mondiale, solutions mondiales : ineptie des idéologies souverainistes illibérales.
3° En sous-exécution financière jusqu'à présent, les plans occidentaux *PGII* et *EU GLBAL GATEWAY*, destinés à contrer les nouvelles Routes de la Soie chinoises (projets 2013-2049 : *BELT AND ROAD INITIATE* ou B.R.I.), participent eux-mêmes de fait à la rivalité Occident contre « Sud Global ».
4° Dès lors, résorber les effets de la polycrise mondiale actuelle passe par la sécurisation fluidifiée redondante et partagée des chaînes mondiales d'approvisionnements *(supply chains)*.
5° Les six paramètres de sécurisation des chaînes mondiales d'approvisionnements : étude de cas suédois.
6° Une partie des six paramètres de sécurisation est transposable aux parcours des chaînes mondiales d'approvisionnements.
7° Conclusion ouverte et provisoire : vers un nouveau « réseau mondial » (uniquement chinois et « *Sud Global* » ou « *partagé* »?).

1° Lien introductif entre la nécessité de sécuriser les chaînes mondiales d'approvisionnements et celle de construire des parcours alternatifs transcontinentaux complémentaires

Remarques liminaires

Peu de travaux établissent la nécessité pourtant évidente de ce lien, car il ne suffit pas de « découpler » les échanges, « fragmenter les territoires », relocaliser, taxer aux frontières, pratiquer diverses formes de « techno-nationalismes » pour rendre les chaînes mondiales d'approvisionnements plus sûres et « préférentielles », au regard des effets pervers encourus (notamment envers les consommateurs finaux occidentaux, même si les production et commercialisation de biens de première nécessité, vitaux même, stratégiques et leur R&D associée doivent pouvoir être mieux « sanctuarisées »[1]).

1 Cas d'actualité parmi tant d'autres : le Doliprane du groupe français SANOFI. Cf. https://www.publicsenat.fr/actualites/sante/le-doliprane-continuera-a-etre-produit-france-sengage-le-ministre-de-leconomie, Doliprane : le fonds français *PAI Partners* surenchérit face à l'offre américaine (msn.com)...

De même qu'il ne suffit pas de prétendre diversifier l'origine des échanges (notamment par rapport à la Chine et au « Sud Global » en général) sans tenir compte des obstacles géographiques à la libre circulation de ces échanges *(cf. infra :* les goulets d'étranglements symbolisés par une série de détroits et canaux vulnérables à travers le monde)[2] et de la façon d'essayer de les contourner ou résoudre.

Ceci afin d'éviter les risques prégnants d'une contraction, voire d'une paralysie du commerce international, sources possibles de récessions économiques et financières ou même de conflits « chauds ou froids », en « chaos pilotés » ou non *(cf. infra)...*

Allant au-delà du classique « commerce adoucissant les mœurs » selon Montesquieu (cf. *L'esprit des lois*, 1748) et considérant qu'il n'est pas de civilisation humaine sans échanges diversifiés venant de différents pays, la problématique du lien précité ouvre sans aucun doute des perspectives d'actions rationnelles (cf. infra sur les nécessaires redondances complémentaires des parcours, sur celle d'investissements occidentaux massifs en infrastructures transversales et multimodales...) conduisant à la fois à une meilleure fluidité des échanges et des parcours.

La mondialisation fait face à cinq défis contraires : les effets de distribution, la sécurité nationale, la sécurité économique, la politique industrielle et les dérèglements climatiques.

Les risques de représailles, d'escalade et de guerres commerciales, voire de guerres tout court, sont élevés, et avec eux une « dé-mondialisation » aussi inefficace que coûteuse, à plus forte raison si mal pensée et conduite, notamment en Occident.

a) Éléments factuels : découplages territoriaux, incertitudes géoéconomiques et géostratégiques

– Les chaînes mondiales d'approvisionnement *(supply chains)* relèvent d'une stratégie de développement dans la plupart des économies émergentes ou quasi-développées du XXIe siècle. Mais les chocs économiques et politiques entravent à présent leur croissance aux niveaux régional et mondial. Selon la Banque mondiale, la croissance des chaînes de valeur mondiales a atteint un pic en 2007 et s'est ralentie après le début de la crise financière mondiale de 2007-2008. Après la crise financière mondiale

2 *Cf. « Ce que la congestion portuaire dit de la vulnérabilité de la chaîne d'approvisionnement », Fondation Hinrich (hinrichfoundation.com)*

de 2008, la croissance du commerce mondial a été modérée, soit une tendance exacerbée par le début de la pandémie COVID-19. Les perturbations persistantes des chaînes mondiales d'approvisionnements et les augmentations des prix des logistiques reflètent un ensemble complexe et interconnecté de problèmes liés aux tendances de la demande des consommateurs et à la capacité des différentes étapes du système logistique mondial à réagir. Bien que les goulets d'étranglement du processus soient en grande partie aux États-Unis et à la Chine, les pays émergents du monde entier ont été touchés par l'augmentation et les retards des prix du transport maritime et pourraient également tirer des leçons de cette situation difficile

Ces chocs mondiaux sont associés à une incertitude inhérente aux politiques économiques suivies (notamment aux États-Unis). Cela a entraîné et entraîne toujours un problème d'attentisme pour les entreprises, où l'incertitude des entreprises induit l'inactivité et réduit leur niveau d'investissement.

L'incertitude en matière de politique économique devient de plus en plus apparente avec les alliances stratégiques et diverses politiques tarifaires menées par les États-Unis et l'Europe, telles que le Cadre économique Indo-Pacifique pour la prospérité (*IPEF*)[3]. Ces alliances et diverses politiques représentent des tentatives d'isoler les activités technologiques et de la chaîne de valeur mondiale de la Chine et de contenir les changements technologiques en Asie de l'Est. L'incertitude qui couve, alimentée par les alliances stratégiques mentionnées et diverses politiques tarifaires, crée un frein à l'investissement autour du potentiel de délocalisation, d'approvisionnement rapproché *(nearshoring)* et/ou « amical », préférentiel *(friendly-shoring)*. cf. *infra.*

Ces alliances stratégiques de nature conjoncturelle, voire politicienne, affaiblissent directement les activités commerciales fondées sur les valeurs

3 Cf. « Le Cadre économique indopacifique pour la prospérité : une nouvelle approche du commerce et de l'engagement économique », *International Institute for Sustainable Development* (iisd.org), Cf. https://legrandcontinent.eu/fr/2022/09/08/lancement-du-cadre-economique-indo-pacifique-pour-la-prosperite-de-biden/, https://www.ft.com/content/c017eb9d-2f51-4e12-bb64-0e10ebad485d : piège de Thucydide et accord Mar-a-Lago. Cf. https://www.hudsonbaycapital.com/documents/FG/hudsonbay/research/638199_A_Users_Guide_to_Restructuring_the_Global_Trading_System.pdf ; Cf. https://www.aei.org/economics/council-of-economic-advisors-chair-nominee-stephen-mirans-critique-of-the-global-monetary-system-part-i/ ; *Cf. https://www.aei.org/economics/cea-chair-nominee-stephen-mirans-critique-of-the-global-monetary-system-part-ii/.*

du marché et sur des règles qui stimulent l'efficacité de la chaîne de valeur mondiale et l'approfondissement de l'intégration régionale.

Le « découplage » (et/ou fragmentation territoriale) affecte à la fois les liens en amont et en aval des activités liées aux chaînes de valeur mondiales et accroît la vulnérabilité des chaînes d'approvisionnements et des activités des entreprises nationales. Les effets de cette incertitude politique risquent de se faire sentir davantage dans les pays se trouvant en haut de la chaîne de valeur que sur ceux se trouvant plus bas dans les chaînes de valeur régionales et mondiales. Les implications des alliances stratégiques sont donc plus importantes pour des pays comme le Mexique, l'Indonésie, la Malaisie, les Philippines, la Thaïlande, Singapour et le Vietnam *(cf. infra).*

Or, la « visibilité » est depuis longtemps le maître-mot des chaînes mondiales d'approvisionnements et de logistique, promettant d'éclairer le mouvement des marchandises et des matériaux à travers le monde. Au cours des dernières années, les nouveaux logiciels de visibilité des chaînes d'approvisionnements ont permis à de nombreuses entreprises de suivre leurs produits avec plus de précision, d'anticiper les retards et de gérer les niveaux de stock mieux que jamais. Cependant, la visibilité seule s'apparente à celle d'un capitaine qui peut voir la tempête arriver devant lui, mais ne peut pas diriger le navire en sécurité.

Les équipes logistiques ont besoin non seulement de visibilité mais surtout d'outils (d'exécution des chaînes d'approvisionnements) pour naviguer et agir, prendre des mesures : de l'ajustement des modes de transport, du réacheminement des expéditions et de la gestion des niveaux de stock à la collaboration avec les partenaires, à l'automatisation des flux de travail et à l'exécution des contrats.

La visibilité dans la logistique devient de plus en plus essentielle, d'autant plus que les perturbations et le stress sur les chaînes mondiales d'approvisionnements ne semblent pas ralentir, mais qu'ils ne constituent que le point de départ. Pour tirer pleinement parti de la richesse des données disponibles, les équipes logistiques doivent être en mesure d'exécuter et de transformer les informations en actions.

– La pandémie COVID-19 a mis en lumière la vulnérabilité du commerce mondial et des chaînes logistiques. Les entreprises, mais aussi les États, ont dès lors exprimé leur volonté de diversifier les sources d'approvisionnement, afin de réduire les risques de dépendance à l'égard d'un fournisseur dominant, notamment de la Chine (mais pas que d'elle), devenue en l'espace de deux décennies *«l'usine innovante du monde»*.

À ce titre, il apparaît que les États-Unis diversifient leurs échanges commerciaux beaucoup plus rapidement que l'Europe. Au cours des cinq dernières années, même si le volume absolu des échanges entre la Chine et les États-Unis continue d'augmenter, la part de la Chine dans les importations américaines est passée de 21,6 % en 2017 à 19 % en 2018, 16,7 % en 2022 et 14,8 % en 20 235. La « perte » apparente de la Chine a été compensée par le Vietnam et le Mexique : entre 2017 et 2022, le Vietnam a augmenté sa part de marché des importations américaines de 2 % à 4 % (3 % en début 2024), les États-Unis absorbant à présent environ un quart des exportations vietnamiennes. De 2017 à juillet 2023, les exportations mexicaines ont augmenté d'un point de pourcentage par rapport à une base déjà élevée pour atteindre 16,3 % en 2023, soit la principale source d'importations américaines. Les exportations manufacturières mexicaines vers les États-Unis ont explosé, augmentant de 26 %, passant de 320 milliards de dollars américains à 402 milliards de dollars entre 2020 et 2022.

Les biens d'équipement ont constitué le segment dans lequel la réorientation du commerce est la plus importante, principalement vers l'Asie du Sud-Est et Taïwan. Les échanges entre la Chine et les États-Unis dans le secteur automobile sont relativement solides, mais la position du Mexique, du Vietnam (pour la Chine, également) en tant que fournisseurs-clés des États-Unis dans ce secteur s'est également renforcée. Les chaînes mondiales d'approvisionnements quittent donc progressivement la Chine, le Vietnam, le Mexique, l'Asie du Sud et du Sud-Est devenant des destinations de remplacement-clés. La lutte géopolitique sino-américaine ainsi que les sanctions et les droits de douane américains sont des facteurs cruciaux poussant les entreprises mondiales, y compris chinoises, à déplacer leur production vers des États que les États-Unis désignent « *amicaux* ». Les achats américains de produits mexicains et vietnamiens entre 2017 et 2022 sont ainsi fortement corrélés à la baisse de la part chinoise des importations américaines. Dans le même temps, les États-Unis investissent moins en Chine et plus au Mexique, au Vietnam et en Asie du Sud-Est. Cependant, il ne s'agit pas d'un déplacement direct de la Chine : le Vietnam et le Mexique reçoivent plus d'importations et d'investissements chinois dans les biens intermédiaires que jamais auparavant.

Ce pivot de chaînes d'approvisionnements n'est pas sans coût pour le consommateur occidental. Les économistes estiment une augmentation de 10 % du prix unitaire des importations vietnamiennes associée à une diminution de 5 % de la part de la Chine sur le marché américain. Cela soulève la question de savoir dans quelle mesure le Vietnam et le Mexique seront durables en tant que sites de « délocalisation amicale », compte tenu de la forte augmentation des coûts de production.

Tout comme la Corée et Taïwan l'ont fait par le passé, le Mexique et le Vietnam devront en fin de compte développer une plus grande capacité de valeur ajoutée nationale pour garantir leur compétitivité. Du point de vue des États-Unis, cela aurait l'avantage supplémentaire de réduire de manière plus significative la dépendance à l'égard de la Chine.

Le commerce entre l'Union européenne (U.E.) et la Chine présente en revanche un schéma assez complexe. La part de la Chine dans les importations totales de l'U.E. (*intra*-U.E. et *extra*-U.E. confondues) a atteint 20,3 % en 2023, mais sa part dans les importations de l'UE provenant de pays non-membres de l'U.E. a diminué depuis 2022. La crise énergétique et les évolutions géopolitiques ont limité l'approvisionnement intra-U.E., favorisant une hausse de la demande en produits énergétiques hors U.E., comme le gaz naturel liquide (GNL) américain (voire russe, encore...).

La diversification des chaînes en question constitue donc un processus complexe à mettre en place. Mais les difficultés d'approvisionnements pendant les périodes de confinement en Chine ont modifié les habitudes des acheteurs. La structure du commerce extérieur chinois montre ainsi des évolutions au niveau des partenaires commerciaux comme de la nature des produits d'exportation, ce qui suggère l'émergence d'un nouveau modèle de *supply chain*.

Ainsi, rien qu'au premier trimestre 2024, les exportations chinoises ont augmenté vers les pays de l'*ASEAN*, la Turquie, l'Inde et la Russie et se sont contractées vers l'Europe ; tendance qui se poursuit présentement, directement ou non depuis la Chine, à plus forte raison du fait des politiques tarifaires américaines. De plus, le type de produits a changé. D'une part, le gouvernement chinois incite à une politique d'exportation des véhicules électriques.[4] D'autre part, les produits électroniques voient

4 Cf. « Automobile : la Chine augmente ses exportations » ; « *Ports et corridors*, Les exportations d'automobiles chinoises augmentent en Europe » ; « Ports et corridors, L'Europe et les voitures électriques chinoises : la bataille commence », *Asialyst*.

leurs volumes se tasser en raison d'une demande plus faible dans les pays consommateurs. Concrètement, la part de la Chine dans les importations du Vietnam est passée de 26 % en 2010 à près de 40 % aux premiers mois de 2024. Le Mexique a connu une augmentation de 5 points de pourcentage des importations chinoises, passant de 1 % en 1994 à 15 % en 2010 et à 18,5 % en 2023. Il est clair qu'un grand nombre de ces exportations chinoises alimentent les chaînes américaines d'approvisionnements. Dans le cas du Vietnam, ses principales importations en provenance de Chine sont les circuits intégrés, les textiles et les téléphones de bureau – tous des intrants dans des catégories de biens où les exportateurs basés en Chine ont perdu des parts de marché aux États-Unis.

Selon les statistiques officielles vietnamiennes, les projets chinois représentaient environ 8 % des investissements entrants du Vietnam en 2021, contre 2 % pour les États-Unis.

Les investissements chinois dans les deux pays ont été plus ou moins bénéfiques pour les économies locales. Les investissements des fournisseurs d'*APPLE* au Vietnam sont probablement plus élevés dans le spectre de la qualité, fournissant des emplois de masse aux travailleurs peu qualifiés.

– L'évolution de la structure de l'investissement étranger direct (IDE) a joué un rôle essentiel dans la réorientation des flux commerciaux. Après avoir atteint un sommet de près de 230 milliards de dollars américains au début des années 2010, les IDE américains en Chine sont en baisse constante depuis 2017-2018, ayant atteint seulement 127 milliards de dollars en 2023.

À première vue, le détournement des IDE et des importations de la Chine vers le Mexique, le Vietnam et le Sud-Est asiatique ressemble à la réduction des risques par excellence.

La réalité est plus nuancée. Pour contourner les barrières commerciales américaines, désormais exorbitantes jusqu'à nouvel ordre, les entreprises chinoises intensifient leurs échanges et leurs liens d'IDE avec des pays tiers.

Les entreprises chinoises reprennent une variante d'une stratégie précédemment utilisée par le Japon. Dans les années 1980, l'excédent commercial persistant du Japon était fermement dans la ligne de mire de Washington. Pour apaiser les frictions commerciales, le Japon a substitué les exportations directes en déplaçant la production vers les États-Unis et en réacheminant les exportations de biens principalement intermédiaires via la Corée du Sud et Taïwan où l'assemblage final a eu lieu.

Les obstacles croissants des États-Unis à l'égard de l'acceptation des investissements chinois signifient qu'il sera difficile pour la Chine de déplacer sa production vers les États-Unis. Au lieu de cela, la Chine a renforcé ses exportations de biens intermédiaires vers les Vietnam, Mexique et autres pays du « Sud Global » et construit des usines dans les deux pays. La tendance à plus long terme sur les investissements directs à l'étranger vise ainsi à une diversification des sources d'approvisionnement centrée sur des pays plus proches des bassins de consommation (approvisionnements rapprochés *[nearshoring]* et/ou « amicaux, préférentiels » *([friendly-shoring]).* Cette tendance en Europe concerne surtout les pays d'Europe centrale et de l'Est, les Péninsule ibérique, Allemagne, Bénélux et Suède.

Cependant, ce mouvement vers des investissements dans des pays plus proches est contrecarré en Asie du Sud-Est : États-Unis et Europe demeurent en effet les principaux investisseurs derrière la Chine.

Les investissements chinois à l'étranger sont également dépendants de la situation géopolitique. Ainsi, le conflit larvé avec l'Inde ralenti l'influence chinoise dans le pays. En Europe, les visées chinoises dans des secteurs comme les terminaux portuaires, sont parfois contrariés.

La Chine concentre à présent davantage ses efforts dans les pays d'Asie du Sud-Est ; soient des orientations amenant la Chine à pratiquer, elle aussi, à sa manière, les *near* or *friendly-shoring*. Cela explique que la Chine ait choisi la Hongrie, les Balkans ou la Grèce comme pays d'Europe de l'Est et du Sud pour investir.

– Une autre tendance prend de l'importance, à savoir la ré-industrialisation dans l'U.E. et aux États-Unis, en particulier dans les industries stratégiques telles que l'énergie propre et les semi-conducteurs.

Une étude du FMI a souligné que les investissements dans ces secteurs stratégiques se dirigent de plus en plus vers les États-Unis et l'Europe, alors que les flux vers l'Asie de l'Est ont diminué depuis la pandémie COVID-19, avec une légère reprise dans les pays d'Asie de l'Est (à l'exception de la Chine) qui n'a commencé qu'au cours des derniers mois 2024.

La tendance à la ré-industrialisation, associée à une macro-économie globalement morose, pourrait conduire à un modèle d'investissement direct étranger (IDE/FDI) plus conservateur et fragmenté et, par conséquent, à des schémas de chaînes mondiales d'approvisionnements *(supply chains)* davantage centrés sur l'échelle régionale dans les années à venir.

En effet, la Chine a suivi de nombreuses facettes des modèles de développement forgés par le Japon, l'Allemagne et la Corée du Sud. Il est piquant de constater que, dans l'économie politique actuelle, les « démocrates-mercantilistes » puissent mener la poussée mondiale en faveur de la résilience de la chaîne d'approvisionnement aux dépens de la Chine.

À ce titre, cette dernière a sans doute commis une double erreur de calcul :

- La première, celle d'avoir sous-estimé l'impact de l'invasion russe de Ukraine sur la vision de l'Europe et du Japon en matière de sécurité économique, et ce qu'une telle erreur chinoise de jugement signifie pour la domination manufacturière chinoise à l'avenir ;
- La deuxième, celle d'avoir sous-estimé l'impact des coûts de sa politique zéro-COVID sue les réponses politiques de la part des importateurs et des destinations de production alternatives, en vue de contester la domination de la Chine sur les chaînes mondiales d'approvisionnements. Compte tenu de l'équilibre entre les investissements et les liens commerciaux de l'*ASEAN*, l'Asie du Sud-Est est bien placée pour profiter de ces erreurs de calcul.

b) Éléments systémiques : constat initial d'une polycrise mondiale en « chaos piloté » ou non...

La conjonction des cataclysmes en cours dépasse tout un chacun, en effet, et nul n'en est à ce stade les modérateurs ou réparateurs, face à divers organisateurs, délibérés ou non.

L'invasion russe de l'Ukraine à partir du 24 février 2022, succédant à diverses alertes précédentes (en 2008, 2014, COVID-19 entre 2020 et 2022...), a déclenché une crise mondiale multidimensionnelle[5] dans laquelle s'entremêlent comme autant de défis majeurs à surmonter :

– des éléments de « chaos piloté » (méfaits des dérèglements climatiques à l'actuelle ère « anthropocène »), guerres hybrides et asymétriques sur plusieurs fronts à travers le monde),

5 Déstabilisant États et marchés mondiaux, l'invasion russe de l'Ukraine dévoile ainsi à elle seule et à tout moment les relations complexes, en cascade, d'un monde perfusé aux énergies fossiles, à l'agriculture intensive et mondialisée.

- et des incidences plus ou moins contrôlables ou contrôlées (donc pas forcément « pilotées ») à l'échelle mondiale également (crises migratoires, d'approvisionnements en eau, crises alimentaires, sanitaires et épidémiques, crises en transitions énergétiques, déficits et surendettements publics et privés, crises institutionnelles et sociologiques...).

Soient des crises simultanées, cumulatives, cumulées (et parfois inédites en apparition et en ampleur) où les diverses espèces vivantes semblent survivre du mieux possible au hasard des aléas, en espérant que voudra bien les porter et supporter encore longtemps une planète en piètre état, à la fois sur-consommatrice et gaspilleuse de produits primaires, largement polluée, menacée en dérèglements naturels (graves pertes en biodiversité), migratoires et climatiques, notoirement sous-équipée et sous-financée en infrastructures transversales et modernes[6].

2° A polycrise mondiale, solutions mondiales : ineptie des idéologies souverainistes illibérales

La capacité des pays à faire face tous ces défis mondiaux croissants continue de s'éroder. Pour faire face aux crises simultanées et cumulées, une volonté politique forte au sein de la communauté multilatérale et une approche globale sont avant tout nécessaires. Les *cercles vicieux* créés par les crises montrent qu'aucune dimension de la crise ne peut être résolue isolément. « S'attaquer à un seul aspect ne résoudra pas la crise mondiale dans laquelle nous nous trouvons », ajoute Rebecca GRYNSPAN, Secrétaire générale de la Conférence des Nations Unies sur le commerce et le développement, rejoignant sur ce point António GUTERRES lors du lancement du dossier.

De même, aucun pays, même revendiquant une politique nationale-souverainiste la plus aboutie, ne peut prétendre se protéger d'une polycrise d'envergure mondiale par des solutions nationales-localistes illibérales (ou protectionnisme étroit, voire autarcie) et la désertion du monde.

Les pernicieuses tendances occidentalo-centrées actuelles liées aux découplages, fragmentation territoriale, « dé-mondialisation », approvisionnements préférentiels (*friendly shoring*), techno-nationalisme, « piège de Thucydide »..., ne sauraient non plus suffire.

6 Cf. https://ecocup.com/fr/agir-pour-le-climat-quel-est-letat-de-la-planete-en-2023/, https://www.wwf.fr/rapport-planete-vivante, https://ggin.stimson.org/wp-content/uploads/2024/09/FIC-24 _Web_4.10PM.pdf...

Elles relèvent au contraire d'une bévue occidentale d'ordre géopolitique et géoéconomique (que la présente Russie néo-nationale-soviétique reproduit sinistrement, de son côté) car porteuse en fait d'inflation induite et donc de vie (plus) chère importée (coûts initiaux de production « nationaux » élevés et productivité horaire insuffisante),

– en l'absence de R&D suffisamment puissante et constante (au moins 2 à 4 % des richesses nationales [PIB], secteurs militaires et duaux compris, sur vingt à trente ans reconductibles),

– afin de générer des technologies de rupture en cascades compétitives *(moonshots* , comme à l'époque des premières guerre froide et conquêtes spatiales), donc accessibles aux pouvoirs d'achat nationaux.

Dans un tel contexte, plutôt que de rejeter, « ignorer » les objectifs stratégiques de la Chine et du « Sud global » à travers le monde, il paraîtrait plus important que l'Occident renforce sa présence diplomatique et technologique, offre des alternatives fondées les partenariats public-privé, les compétences socio-culturelles, la transparence et le respect des meilleures pratiques environnementales, sociales et de gouvernance[7].

Il est évident que si les dissensions planétaires[8] devaient s'approfondir jusqu'à provoquer une fracture en nouveaux blocs mondiaux (dans le cadre d'une seconde guerre froide [et/ou chaude], d'une rivalité Occident contre « Sud Global », États-Unis contre Chine, en particulier...), ces derniers se consolideraient et le flux du commerce mondial en serait modifié, interrompant les chaînes d'approvisionnements, notamment en matériaux et technologies critiques (une possible trentaine de produits stratégiques menacés concernant les États-Unis). Il pourrait en résulter des pénuries et des vulnérabilités plus ou moins temporaires, mais offriraient également des opportunités à de nouveaux fournisseurs dans divers pays d'Europe, d'Amérique latine et d'Asie du Sud-Est *(« bloc »* estimé à environ 80 pays, selon l'étude menée par le consultant britannique *FATHOM*[9]) ; ceci

7 Cf. https://www.researchgate.net/publication/368416424_POSTURES_GEOPOLITIQUES_D'ETATS-NATIONS

8 R&D en % PIB : Chine : 2,64 %, USA : 3,46 % en 2024, UE : 2,28 en 2021 ; France : 2,21 % en 2021.

9 Cf. https://www.fathom-consulting.com/geoeconomic-implications-of-a-fractured-global-economy/ ; *Cf.* https://www.fathom-consulting.com/research-notes/china-plus-one-who-could-replace-the-prc/. Selon cette étude britannique, jusqu'à 3 000 milliards de dollars pourrait être nécessaires pour augmenter la production dans ces pays d'opportunité géoéconomique et répondre aux besoins du bloc dirigé par les États-Unis avec leurs alliés occidentaux – exprimé en pourcentage du PIB, ce nombre serait comparable en taille et en ambition au plan Marshall. Si les États-Unis

moyennant toutefois jusqu'à 3 000 milliards de dollars d'investissements nécessaires pour augmenter la production dans ces pays d'opportunité géoéconomique et répondre ainsi aux besoins du bloc occidental.

3 000 milliards de dollars d'investissements représentent a priori plus de 10 % du PIB annuel américain ; de quoi laisser sceptique sur l'effort américain pouvant être mené quand le plan d'investissement *PGII* (600 milliards de dollars initialement annoncés en 2022), destiné à contrer les projets chinois *BELT AND ROAD INITIATIVE* (*B.R.I.* ou nouvelles Routes de la Soie) peine à se concrétiser (300 milliards d'euros pour le programme européen *EU GLOBAL GATEWAY*, jusqu'en 2027 avec la même finalité que le PGII, en sous-exécution financière également) et que le niveau d'investissements massifs (800 milliards d'euros) proposé par le rapport DRAGHI peine de son côté à convaincre (financement par un grand emprunt européen du fait que les caisses sont vides)...

Dans tous les cas de figure, il convient de noter comparativement que les chiffres cités supra sont largement inférieurs aux niveaux atteints par les projets *B.R.I.*, en dépit des informations occidentales fluctuantes et souvent sous-estimées sur leur situation réelle :

– 73 pays au début, près de 150 à présent[10].

– depuis au moins 2013 (voire à 2010 pour les projets *BRI/OBOR* antérieurs à 2013 labellisés ensuite -cf. graphique ci-après), la valeur des contrats commerciaux et prestations de service chinois (*B.R.I. stricto sensu*) est estimée à plus de 3 100 milliards de dollars *US* courants, donc encore très loin également des besoins mondiaux en infrastructures estimés à 28 000 milliards de dollars entre 2018 et 2030, soit 1 700 milliards de dollars par an selon la Banque Asiatique de Développement (*A.D.B.*) [11] ;

– 3 700 projets dénombrés durant la même époque 2010-juillet 2024 ;

– ignes chinoises de crédit en faveur des projets *B.R.I.* estimées à 900 – 1 000 milliards de dollars US ;

– investissements directs chinois à l'étranger (IDE / FDI) :

– plus de 1 460 milliards de dollars US courants cumulés depuis 2005 (actualisé à 2024),

et leurs alliés occidentaux devaient retarder cet engagement de réduction des risques (*de-risking*), les coûts de production nationaux augmenteraient.

10 Cf. https://www.statista.com/statistics/1347393/china-num ber- of- bri- partn er-countries-by-region/

11 Cf. https://www.iris-france.org/103572-belt-and-road-initiative-bri-une-lecture-economique/

– dont 409 milliards estimés sur les parcours du projet *BRI / OBOR*[12] ;

– commerce entre la Chine et les 150 États de la zone *B.R.I.* : plus de 6 000 milliards de dollars US de 2013 à 2018 (1 000 milliards de dollars en moyenne annuelle et +4 % de croissance annuelle moyenne) ; 1 350 milliards de dollars *US* atteints en 2020 (29 % du commerce extérieur chinois) ; 2 740 milliards de dollars en 2023 (46,6 % du commerce extérieur chinois) ; plus de 3 000 milliards de dollars *US* possibles à horizon 2030 ;

– financement public et privé chinois des projets B.R.I. : 763 milliards $ en période 2013-2018 dont :

- 6 banques publiques majeures chinoises : 568 milliards $ (74,4 % du total) ;
- financement en fonds propres des entreprises : 71,4 milliards $;
- fonds des collectivités et entreprises locales chinoises : 47 milliards $;
- obligations / 50,3 milliards $ de capacité : 30,6 milliards $;
- banques multilatérales (*NDB*, *AIIB* [100 milliards $ de capital] ...) : 18,5 milliards $;
- fonds bilatéraux soutenus par le secteur public chinois : 17 milliards $;
- Silk Road Fund / capital de 56 milliards $: 11 milliards $.

En flux : Nombre et valeur en millions de dollars $ des projets *B.R.I. / OBOR* (contrats commerciaux et prestations de services) de 2010 à décembre 2024 :

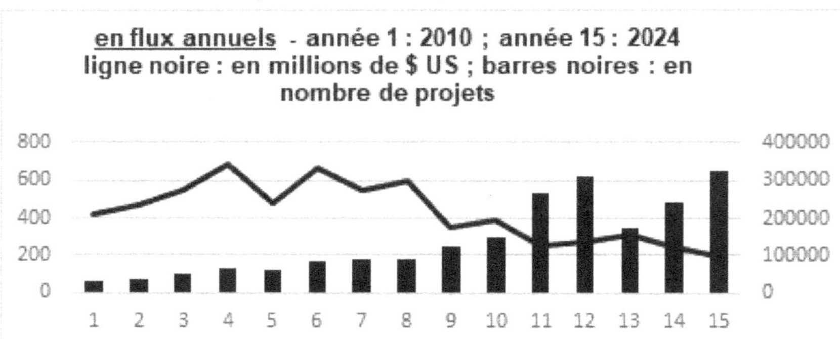

Sources : *REFINITIV EIKON BRI CONNECT et JANE'S INTELTRAK B&R MONITOR*

12 Cf. https://www.aei.org/china-global-investment-tracker/.

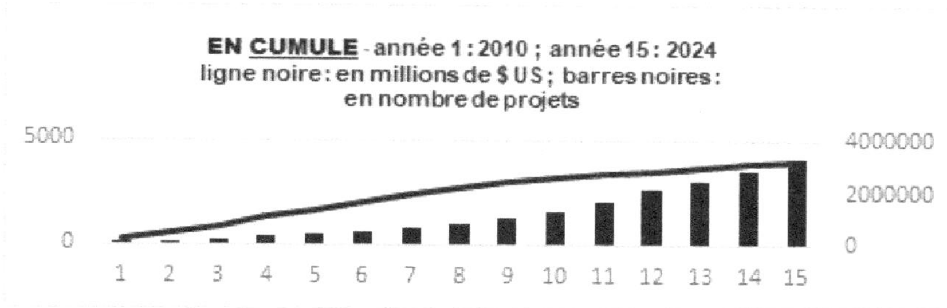

2010 2015 2020 2024

Soient des projets de plus en plus nombreux pour des valeurs en millions de dollars *US* qui tendant à baisser, faisant passer la valeur unitaire moyenne des projets BRI de 3 500 millions de dollars en 2010 à environ 2 000 en 2015, 1 714 en 2017, 700 en 2018, 242 en 2020, 257 millions de $ en 2023.

3° De surcroit en sous-exécution financière jusqu'à présent, les plans occidentaux *US PGII* et *EU GLBAL GATEWAY* participent eux-mêmes à la rivalité Occident contre « *Sud Global* »

Donc au découplage *(decoupling / de-risking)* et à la fragmentation territoriale du monde actuel et futur en blocs concurrents, voire antinomiques, avec des effets pouvant apparaître paradoxaux en termes de dynamique poursuivie sur moyen et long terme... Cela se remarque à travers la répartition géographique des plans occidentaux *PGII* et *EU GLOBAL GATEWAY* :

- la vingtaine d'États - mentionnés à travers le lien américain https://www.whitehouse.gov/briefing-room/statements-releases/2024/06/13/fact-sheet-partnership-for-global-infrastructure-and-investment-at-the-g7-summit-2/ - donne à penser que les annonceur et-financeurs de projets installent ces derniers dans l'hémisphère occidentale du monde « de préférence », alors que la quasi-totalité des États ciblés font depuis déjà longtemps partie des projets chinois *B.R.I.* [sauf le Brésil, l'Inde]...). même constat concernant le lien européen *Global Gateway* - Commission européenne (europa.eu), à ceci près que les projets européens semblent s'efforcer d'être plus transversaux (sur plusieurs pays) ; dans les deux cas de plans de projets américains et européens, relativement peu d'entre eux concernant l'Eurasie sensible (Moyen-Orient, ex-URSS [Russie-Belarus exclus], Asie occidentale hors Inde, îles du Pacifique...) et si oui, suivant des montants faibles par rapport à ceux développés par la Chine, en particulier.

L'Occident se donne ainsi à lui-même l'illusion de conserver la prééminence dans pratiquement tous les domaines (pour combien de temps encore... ?) dans les États supposés relevant encore de la sphère occidentale du monde actuel et futur.

Cependant la Chine (et le « Sud Global » dans son sillage, au même titre que le Japon auparavant à partir du concept de « l'envol des oies sauvages ») gagne inexorablement du terrain à travers le monde (quoi qu'on en dise ou écrive en Occident sur l'état réel de ce pays et de ses ambitions soutenables...) et dispose à son avantage du temps long (horizon 2035-2050-2060) pour espérer redevenir une superpuissance mondiale comme elle l'était encore jusque vers 1815 (en fin d'ère napoléonienne en Europe) en même temps que l'Inde.

Tandis que la Russie s'acharne (péniblement) à sauvegarder ses actifs énergétiques, territoriaux et militaires, en dépit de l'efficacité réelle et irrémédiable (sauf nouveaux et possibles rebondissements ultérieurs…) des sanctions occidentales imposées contre elle depuis 2014, et ceci en depuis des contournements constatés, progressivement « régularisés » (au moins 1 275 sanctions nouvelles, avec en particulier l'exclusion de la Russie du système financier international *SWIFT*).

La critique occidentale croissante à l'égard de la Chine[13] incite non seulement à la réflexion mesurée sur les défis engendrés à moyen-long terme, mais aussi à l'action complémentaire de l'Occident concernant la réorganisation des chaînes mondiales de production. L'objectif stratégique des démocraties libérales est de devenir moins dépendantes de la puissance manufacturière et innovante de la Chine (et d'autres États innovants) et d'acquérir une plus grande autonomie légitime par rapport à certaines productions sensibles (métaux critiques et duaux, produits médicaux et sanitaires, produits agro-alimentaires frais et de saison, énergies nouvelles et renouvelables, produits et processus informatiques et électroniques...). Bien que la proportion des échanges de biens intermédiaires soit restée à peu près constante au fil du temps (autour de 60 % du total des échanges), les chaînes mondiales d'approvisionnements sont

13 Cf. https://www.cointribune.com/chine-vers-une-faillite-en-2025/…

devenues plus complexes et donc potentiellement plus exposées à des défaillances. Les inondations en Thaïlande (2004), la catastrophe nucléaire de Fukushima (2011), les perturbations dues aux pandémies, (2020-2022), les attaques des Houthis en mer Rouge (2023-2024), le risque de fermeture du détroit d'Ormuz (et d'autres détroits encore) en témoigne. Cela justifie, d'un point de vue occidental, un besoin accru *d'on-shoring*, ou au moins de *friendly-shoring* pour certaines activités...

Il s'agit donc de s'en référer à un processus graduel de prise de conscience collective occidentale et de mutations profondes des appareils de production-investissement-commercialisation de produits et services, mais signifiant un processus de grande envergure et qui n'implique pas forcément et à tout prix de « *découpler* », « dé-risquer », « dé-mondialiser », ou encore établir un protectionnisme localo-passéiste (« tout chez nous [et pour nous] ») ou « *vsio svaio* » en russe selon Vladimir JIRINOVSKY [1946-2022], dont on mesure les résultats en Russie, en particulier à travers le taux directeur de la Banque centrale russe s'élevant depuis le 13 septembre 2024 à... 19 % et à... 21 % depuis la réunion du 25 octobre 2024 de la Banque centrale russe (50 % en Turquie, 133 % en Argentine...)[14], afin de supposer permettre à ce pays de défendre « seul contre tous » sa « souveraineté nationale » économique, monétaire, au prix d'un contrôle russe sévère des changes et des capitaux... (1 dollar *US* = 82 roubles à mai 2025 contre environ 30 en été 2014 |et plus de 100 aux derniers mois de 2024)[15]...

À ne pas vouloir, pouvoir ou savoir y prêter attention, le risque majeur à faire face à un tel défi structurel consiste en effet à celui d'aboutir au paradoxe croisé mais idéologiquement pervers

– d'un Occident démocratique et libéral frileux en devenir (cf. précédent « national-communiste » des années 1920-1930) aux illusions destructrices des valeurs créatrices et positives (voire illusions belliqueuses en irrédentismes divers) liées à la « fermeture des frontières »[16].

14 Cf. https://www.zonebourse.com/actualite-bourse/Les-analystes-interroges-par-la-banque-centrale-russe-prevoient-un-taux-directeur-moyen-de-17-3-e-48090166/. La Russie relève son taux directeur à 21 %, du jamais-vu depuis 2003.

15 Cf. https://www.cointribune.com/leconomie-russe-au-bord-du-gouffre/ ; *Cf.* https://korii.slate.fr/biz/russie-trop-gaz-naturel-liquefie-exportations-projet-arctic-gnl-2-novatek-energie-sanctions-americaines-guerre-ukraine...

16 Cf. « Le virage à droite de l'Europe ouvre un contre-courant pour le commerce », *Fondation Hinrich* (hinrichfoundation.com).

– tandis que les États autoritaires parmi les plus modernistes ou en voie optimiste et courageuse de développement (Chine, pays du Golfe, Arabie Saoudite, Maroc, certains pays d'Asie ou d'Amérique du Sud...) croient au contraire aux vertus de la mondialisation des échanges, et pour cause (face aux défis azimuts les concernant directement, ils investissent, produisent, construisent inventent, se fédèrent, consomment, échangent, avec ou sans la Chine, au titre d'un « Sud Global » « qu'on ne saurait voir prospérer » en Occident, hors cas désespéré de la Russie actuelle et de ses alliés).

Soit à venir un choc civilisationnel et philosophique profond et inédit en Occident, hémisphère du monde ayant vécu pendant des siècles sur l'équation « régimes autoritaires et dictatoriaux = porteurs de guerres, de misère et de décadence », car le développement humain et technologique se peut être conçu, concevable et s'effectuer sans le support obligatoire des libertés publiques et privées... Or, à diverses et sinistres exceptions près toujours en vigueur, le paradoxe croisé précité s'efforce de prouver le contraire, où les libertés publiques et privées constitueraient l'aboutissement de la conduite du développement humain et technologique durant des décennies, et non pas sa condition préalable...

Jusqu'à présent, la seule « réponse » occidentale à ce choc civilisationnel et philosophique imminent consiste à « promouvoir » les « découplage », « dé-risquage », « dé-mondialisation », ou encore l'établissement d'un protectionnisme localo-passéiste, voire dans les cas les plus extrêmes et extrémistes, les fermetures physiques de frontières (hormis pour raisons militaires), l'« emmurement du monde », l'ethno-différentialisme (mouvement *GRECE* d'Alain de BENOIST et ses affidés politiques, années 1970 et suivantes) ou « le piège de Thucydide ».

En son temps déjà, l'homme de sciences et philosophe britannique Isaac NEWTON (1642-1727) n'affirmait-il pas : « Les hommes construisent trop de murs et pas assez de ponts » ?

Et le philosophe et écrivain basque espagnol Miguel de UNAMUNO, d'ajouter aux Jeux floraux de Bilbao en 1901 *:* « Les murailles de Chine, matérielles ou spirituelles, totales ou partielles, appartiennent aux peuples qui ont perdu la foi en eux-mêmes ».

4° Dès lors, résorber les effets de la polycrise mondiale actuelle passe davantage par la sécurisation fluidifiée, redondante et partagée des chaînes mondiales d'approvisionnements *(supply chains)*

Cette sécurisation fluidifiée et redondante des chaînes mondiales d'approvisionnements est seule apte à surmonter le dilemme occidental actuellement projeté sur le « Sud Global » : car il n'est *ni* possible d'accepter la subsistance d'un « Sud Global » « *maintenu* » dans un sous-développement « entretenu » au risque de déséquilibres planétaires encore plus aggravés qu'à présent, même sous prétexte de vouloir éviter de nouveaux « pièges de Thucydide », *ni* d'accepter l'idée malthusienne d'un « Sud Global » (Chine et Inde en tête, représentant à elles deux plus du tiers de la population mondiale) dont le développement accéléré ne ferait qu'engloutir la totalité des ressources planétaires et précipiter le monde dans l'apocalypse...

À cet effet, nul n'est besoin d'adhérer aux prochinois chinois *B.R.I.*, encore moins de ce placer en position concurrentielle ou rivale via *PGII* ou *EU GLOBAL GATEWAY*, surtout quand ces derniers n'ont pas l'envergure financière de soutenir cette concurrence (chinoise et des pays partenaires de la Chine) Ainsi, l'Allemagne[17], les Pays-Bas[18], la Suède (cf. *infra*), États commerçants tous membres de l'Union européenne et de l'OTAN, n'adhèrent pas aux projets chinois B.R.I. mais développent des politiques souples ne les éloignant pas pour autant des problématiques liées aux chaînes mondiales d'approvisionnements.

À ce titre, l'expérience suédoise *(cf.* étude *de mai 2024)* [19] appliquée aux chaînes mondiales d'approvisionnements en semi-conducteurs se révèle intéressante à résumer et adapter :

La façon dont les entreprises suédoises gèrent les perturbations des chaînes mondiales d'approvisionnements résultant, par exemple, de la crise des semi-conducteurs, rend compte de l'accent mis sur la recherche de différentes stratégies de gestion des risques, et ainsi, sur l'atténuation des risques au cœur au processus.

17 Cf. *Duisburg Gateway Terminal officially operational with first China-Europe service, RailFreight.com.*

18 Cf. les sites internet spécialisés néerlandais https://www.railfreight.com/, https://www.clingendael.org/publication/ongewenste-buitenlandse-inmenging,

19 Cf. *https://www.diva-portal.org/smash/get/diva2:1664381/*FULLTEXT01.pdf (mai 2024) ; Cf. https://citeseerx.ist.psu.edu/document?repid=rep1&type=pdf&doi=b43d823eb3e0711b23a23566a98b165637df1adc (2004)

Les tendances constatées à partir des données empiriques recueillies dans cette étude mettent en évidence l'approche que l'échantillon de huit sociétés suédoises sélectionnées applique dans la situation actuelle des chaînes mondiales d'approvisionnement. Des facteurs tels que la communication et la création d'une plus grande visibilité dans les chaînes mondiales d'approvisionnements sont, pour des raisons évidentes, une activité peu coûteuse et nécessitant peu d'efforts.

Une autre activité consiste à acquérir des composants par le biais du marché *SPOT*, qui est couramment utilisé en dernier recours, bien qu'au prix de coûts plus élevés avec souvent de moins en moins d'alternatives d'approvisionnements disponibles.

La recherche et le développement de nouveaux fournisseurs pour lutter contre les pénuries inattendues est également appliqué par les entreprises qui ne s'appuient pas sur des produits plus adaptés.

Une autre approche consiste à contourner certains composants plus difficiles à sécuriser et à en acquérir, par exemple en choisissant des composants semi-conducteurs similaires et compatibles avec la production. Elle a montré des limites en termes de capacité d'obtenir du matériel, mais une tendance commune existe à acquérir plus de stocks bien qu'éprouvant des difficultés à obtenir la quantité souhaitée de marchandises.

Au total, la question relative aux chaînes d'approvisionnements stables en semi-conducteurs est un sujet de grande préoccupation selon les entreprises qui ont participé à l'étude suédoise. Sans semi-conducteurs, la production s'arrête, de même que les bénéfices et le développement économique en général.

Plus précisément à présent, un consensus existe parmi les huit entreprises suédoises interrogées sur le fait que les pénuries de semi-conducteurs ont eu des effets considérables sur leurs opérations,

Les perturbations précédentes se limitaient généralement à un certain secteur ou même à un seul fournisseur, bien que cela ait eu un impact beaucoup plus large. Certains des effets négatifs que les pénuries de semi-conducteurs (ou livraisons juste à temps, voire incertaines, planification à court terme maintenant les stocks au minimum) ont eus sur les industries sont illustrés par le résultat indirect des pénuries qui est la diminution de la valeur des commandes du fait que les clients ne peuvent pas se procurer les composants souhaités. Avec moins de produits fabriqués et de valeur générée, risque de voir apparaître un possible « effet domino » où les entreprises qui dépendent les unes des autres ne peuvent pas ou plus produire, entraînant une diminution des commandes.

5° Les six paramètres de sécurisation des chaînes mondiales d'approvisionnements pratiqués par les entreprises : étude de cas suédois

Le comportement des entreprises face à l'incertitude peut modifier le paysage des activités liées aux chaînes de valeur mondiales en Asie de l'Est. L'incertitude en matière de politique économique est plus élevée dans les chaînes de valeur mondiales que dans les autres échanges en raison de l'interdépendance du commerce intermédiaire et des interconnexions dans les activités de la chaîne de valeur mondiale.

Cela a un impact direct sur les décisions d'investissement des entreprises et peut les amener à choisir de reporter leurs investissements. Un document publié en 2024 par le *JEFFREY CHEAH INSTITUTE* (Malaisie) sur l'impact de l'incertitude de la politique économique sur l'intégration de la chaîne de valeur mondiale pour les entreprises manufacturières indiennes a montré que la résilience et la participation à la chaîne de valeur mondiale dépendent de la capacité des entreprises à résister aux chocs économiques[20]. Cette étude souligne également que l'entrée et la sortie des entreprises des activités de la chaîne de valeur mondiale sont susceptibles d'être affectées par les incertitudes associées au commerce mondial.

Pour atténuer l'incertitude liée aux politiques économiques, il est essentiel de rendre les chaînes de valeur mondiales plus résilientes, donc plus redondantes, flexibles, durables, partagées aux chocs et d'améliorer le commerce fondé sur des règles et le marché dans la région.

Les méthodes et les processus d'atténuation des risques associés aux perturbations, incertitude et aux pénuries de semi-conducteurs ont ainsi constitué un sujet central dans chaque entretien d'entreprise mené par l'étude suédoise. Les approches sont similaires à certains égards avec des modèles communs (six paramètres de sécurisation) trouvés dans de nombreux entretiens, tels que l'identification des composants associés au risque dans les chaînes mondiales d'approvisionnements en semi-conducteurs, la communication claire et structurée avec les fournisseurs,

20 Cf. https://sunwayuniversity.edu.my/sites/default/files/publications/2023-11/jci-jsc-wp-2022-01-gvc-amenities-release2.pdf.

les redondances et stocks de sécurité, les fournitures de secours et produits de substitution (approvisionnement multiple), la prévention des risques et activités proactives, la répartition des risques (flexibilité).

En définitive, les six paramètres de sécurisation des chaînes mondiales d'approvisionnements pratiqués par les entreprises doivent s'efforcer de limiter pragmatiquement la boulimie de règlements, de directives, de recommandations non contraignantes actuellement supportée par les opérateurs, aux implications non seulement en termes de risques juridiques accrus, mais aussi en termes de coûts et même de valeurs, à tel point qu'on peut se demander dans quelle mesure cette situation est viable.

Car les chaînes de valeur sont aussi des chaînes de valeurs, au pluriel. Ces principes peuvent s'appliquer en Occident, mais pas à d'autres réalités, répondant à des systèmes culturels et juridiques différents. L'utilisation excessive de ces instruments risque de se traduire par un « impérialisme des valeurs », soit l'erreur consistant à considérer la perspective occidentale comme universelle, alors que le monde est hétérogène. Un citoyen européen peut être d'accord avec l'accent mis sur certaines valeurs, mais pour une entreprise, le principe de réalité compte également, et même principalement[21].

Or, ce qui unit les différents chefs d'entreprise est précisément la réalité d'échanges efficaces et créateurs de richesses, notamment parce que les sociétés, en tant qu'entités, n'ont d'autre choix que de perdre des marchés ou de se scinder. Si la polarisation de la politique et des valeurs se poursuit de manière à ce point de plus en plus tranchée, dans le sens d'un dialogue de plus en plus réduit entre les différents systèmes juridiques et culturels, il y aurait un risque réel de fragmentation des activités de l'entreprise, en vue d'une division par zones. Cela reviendrait à priver une multinationale de sa raison d'être organisationnelle, économique et corporative.

L'arbitrage international a été créé précisément pour être un modèle idéal de résolution des litiges au niveau supranational, afin d'éviter de dépendre des systèmes juridiques étatiques des pays qui posent problème. Mais cela n'a pas suffi à décloisonner la géographie concrète des actifs, c'est-à-dire de faire autorité sur la juridiction de l'État individuel où les sentences doivent être exécutées. Le problème se pose surtout pour les entités locales, dont les actifs sont situés uniquement dans leur État

21 Cf. « L'entreprise face aux turbulences internationales », *Le Grand Continent*.

d'origine, alors que les multinationales ont des actifs au moins plus dispersés.

À la différence des États-Unis, l'Union européenne est encore traversée par différents espaces politiques, n'étant pas une nation. Il existe un droit de la concurrence, tout au plus désormais une politique environnementale commune, mais pas encore de politique étrangère de souveraineté européenne. Si l'on ne devient pas une entité géopolitique, géoéconomique et géostratégique, l'Europe restera, pour l'essentiel, une zone commerciale.

6° Communiquer et agir pour prévenir les risques : une partie des six paramètres de sécurisation (cf. supra) est transposable aux parcours des chaînes mondiales d'approvisionnements

Autrement dit : faire marcher les géopolitique et géoéconomie occidentales sur leurs deux jambes et non pas sur une seule, comme à présent depuis au moins 2013... (résorption supposée « universelle » des goulets d'étranglement, corridors vulnérables et/ou défis divers par la seule voie des découplages, fragmentations territoriales, dé-mondialisation...).

a) Identification (non exhaustive) des goulets d'étranglement, corridors vulnérables et/ou défis divers

80 % à 90 % du commerce mondial se fait par voie maritime ; cependant l'approvisionnement devient de plus en plus coûteux et de plus en plus complexe.

En plus des problèmes sécuritaires à l'entrée du canal de Suez et des problèmes à la fois d'ordre climatique et géopolitique à Panama, on constate un problème de saturation dans le détroit de Malacca, passage entre Singapour et l'Indonésie devenu trop étriqué pour accueillir tout le transit. De plus, les navires y sont régulièrement ciblés par la piraterie maritime, de surcroît lieu stratégique que la Chine cherche à tout prix à contrôler. En effet, 90 % de ses importations transitent par le détroit de Malacca, provoquant de fortes tensions avec les pays riverains de la Mer de Chine méridionale. Ces goulets d'étranglement et/ou défis divers se multiplient ainsi à travers le monde et participent directement à « la vie chère importée », notamment en Occident, par insuffisance des redondances et flexibilité des parcours de chaînes mondiales d'approvisionnements ; « vie chère importée » elle-même source de récupérations idéologiques venant des mouvements extrémistes et/ou démagogiques de tous bords

(« fermeture des frontières », démondialisation, « tout fait chez soi et pour soi… »), au pouvoir ou au seuil de l'être.

– Le Canal de Suez, la mer Rouge et les détours par le Cap de Bonne-Espérance[22]

Depuis octobre 2023, plusieurs navires liés à Israël ou à des compagnies maritimes occidentales qui traversent la mer Rouge et le détroit stratégique de Bab al-Mandab sont pris pour cible par des combattants houthis soutenus par l'Iran au Yémen.

– Le parcours ferroviaire Chine-Europe : la partie névralgique Russie-Bélarus-Europe

Les deux routes les plus importantes dans les relations entre la Chine et l'UE sont la liaison Chine-Pologne et la liaison Allemagne-Chine. En 2023, le trafic de fret ferroviaire entre la Chine et l'Union européenne a connu une baisse marquée (- 49 % : 410 600 *EVP* transportés dans les deux sens entre la Chine et l'UE en 2022, chiffre tombé à 211 100 *EVP* en 2023, *en premier lieu en raison* de l'invasion de l'Ukraine par la Russie à partir du 24 février 2022 et des sanctions internationales qui ont suivi contre la Russie et le Bélarus.

Les baisses de fret transporté vers l'Europe ont été compensées dans une certaine mesure par une augmentation significative des échanges entre la Chine et les pays de la Communauté économique eurasienne (UEE). L'augmentation du volume de fret chinois vers la Russie et le Bélarus a été particulièrement importante à cet égard : 462 900 *EVP* ont été transportés en 2023, soit +71 % par rapport à 2022.

La deuxième raison importante de la baisse du volume global sur la ligne ferroviaire depuis la Chine a été la baisse des tarifs du transport maritime de conteneurs en 2023. De mi -2020 à mi-2022, les tarifs y ont atteint des niveaux record en raison de l'essor de la pandémie COVID-19. Le transport ferroviaire en a également profité, avec des tarifs nettement plus bas. En 2023, le chemin de fer n'était plus une alternative aussi attrayante que les voies maritimes.

La situation a radicalement changé à partir de l'hiver 2024 : la fin de l'année 2023 et le début de 2024 ont en effet vu une augmentation significative des tarifs de conteneurs et un allongement des temps de trajet maritime vers l'Europe en raison de la crise en Mer Rouge, provoquée par

22 Cf. https://amwaj.media/article/deep-dive-yemen-file-presents-challenges-to-omani-foreign-policy

les attaques des combattants houthis. Le transport ferroviaire se caractérise dès lors par une stabilité et une prévisibilité des coûts beaucoup plus importantes en termes de disponibilité (sauf en Russie).

En conséquence, les tensions en mer Rouge, compte tenu de son importance pour le transport maritime, pourraient à nouveau accroître la demande de transport ferroviaire en 2024 et au-delà, notamment sur la ligne septentrionale eurasiatique, au moins jusqu'en Russie et Bélarus (voire au-delà vers la Pologne et l'Europe, accessible à ce stade pour la seule Chine, en raison du conflit russe en Ukraine et des sanctions occidentales consécutives).

– Les écluses du Canal de Panama sous l'emprise de la sécheresse climatique locale et de différends internationaux (Etats-Unis contre Chine)

22 % des 12 638 navires transitant par le canal de Panama sont des porte-conteneurs : nombre de navires exprimé selon leur cargaison entre octobre 2022 et septembre 2023.

– Les détroits orientaux et asiatiques en autant de goulets d'étranglement des navigations et transports maritimes mondiaux– vision non exhaustive.

– Le défi environnemental de la mer Arctique devenant navigable.

– Vulnérabilité des réseaux informatiques, oléoducs et gazoducs, portuaires, canaux, tunnels, câbles sous-marins, spatiaux, points chauds de biodiversité (représentation eurasiatique dense mais non exhaustive).

– Autres identifications de corridors vulnérables : Mer d'Azov (annexée par la Russie à l'Ukraine), corridor de Zanguezur (entre Arménie et Azerbaïdjan...)

b) Redondances, partage et durabilité indispensables des parcours

Tout ce qui précède en termes d'identifications vulnérables ou plus ou moins provisoirement impraticables montre à quel point le présent et l'avenir encore vivable de la planète Terre dépend de chaînes mondiales d'approvisionnements à la fois redondantes, flexibles, partagées et durables.

– Des parcours redondants de chaînes mondiales d'approvisionnements signifient admettre que les échanges entre hémisphères planétaires sont consubstantiels à toute survie des civilisations.

Ce postulat s'inscrit ainsi aux antipodes des perspectives en techno-nationalismes, découplages, fragmentations territoriales, « dé-mondialisation » et diverses démagogies illibérales en vogue à nouveau parmi les élites et opinions occidentales et russes. Sur ce plan-là, les faits et défis mondiaux évoqués, actuels et futurs, donnent raison au philosophe et écrivain basque espagnol Miguel de UNAMUNO précité (cf. *supra*, comme Isaac NEWTON, par ailleurs) et ce, dès... 1901...

À l'inverse des positionnements géopolitiques et géoéconomiques occidentaux, la sécurisation de ces chaînes mondiales d'approvisionnements passe en conséquence par des parcours complémentaires et non concurrents ou rivaux à ceux développés par le « Sud Global », dont de la Chine en particulier.

Considérer la complémentarité de ces parcours suppose que l'Occident investisse et s'investisse dans divers grands projets transversaux en infrastructures à moderniser et/ou créer de toutes pièces, à commencer au sein du continuer européen et eurasiatique - cf. rapport DRAGHI, programme *EU GLOBAL GATEWAY*, financements de la *B.E.R.D*[23], de la *B.E.I.* par ailleurs...).

Cette approche complémentaire ne peut que conduire évidemment à la rencontre des projets du « *Sud Global* », dont ceux de la Chine) travers *B.R.I.*[24].

Se cristallise à ce moment-là le questionnement occidental suivant : poursuivre ou accentuer encore les politiques et perspectives de découplage, fragmentation territoriale, fermeture des frontières et des esprits, « dé-mondialisation », désinvestissement, désertion du monde... a-t-il encore du sens, si cela laisse le champ libre à travers le monde au « Sud Global » et à la Chine et particulier, suivant le principe « la nature a horreur du vide » appliqué aux géopolitique et géo-économie ?

L'hypocrisie occidentale consistant à s'en étonner avec condescendance, voire critiquer, ironiser, protester n'est donc pas de mise, parce que facteur de décrochage civilisationnel, et cela d'autant plus :

23 18 milliards d'euros de financements (B.E.R.D.) proposés en Asie centrale où la Chine et ses projets (*B.R.I.* et autres) s'implantent de plus en plus, au détriment même de la Russie. cf. https://www.researchgate.net/publication/373924264_GREAT_SILK_ROADS_AND_CENTRAL_ASIA_-_Ch_VICENTY-_septembre_2023.

24 Cf. *Supporting green finance in partnership with three Chinese banks*, AFD-Agence Française de Développement,

– que le passé mondial (colonial et colonialiste) de l'Occident est loin d'être irréprochable depuis des siècles de Renaissance, sans devoir remonter aux Rome et Grèce antiques,

– et que le différentiel majeur entre Occident et « Sud Global » réside désormais dans les audace et puissance d'investissement, de réalisations concrètes en R&D et innovations technologiques...

Vouloir compléter, s'harmoniser [25] sur les projets du « Sud Global » et de la Chine et particulier implique, là également pour l'Occident (y compris d'abord sur ses propres territoires), d'investir massivement en R&D, innovations appliquées aux infrastructures transversales et nouvelles énergies renouvelables, tout cela dans le but de prendre la mesure et l'envergure des projets hors de son hémisphère et de ne pas décrocher, s'isoler ou se vassaliser par rapport à eux...

Ce rééquilibrage dans le supplément d'âme en effort investisseur, créateur et exportateur de valeur demeure l'unique moyen occidental de ne pas se compromettre en perte d'identité et d'âme face à un « Sud Global » en sillage d'« envol d'oies sauvages », donc plus optimiste en apparence que l'Occident sur l'avenir, parce que plus apte à relever ses défis actuels et futurs, y compris démographiques et climatiques, sachant ainsi pouvoir retrouver progressivement (à partir de 2030-2050) son influence mondiale d'avant 1815... (cf. supra l'allusion napoléonienne en 1816 à Sainte-Hélène sur la Chine)[26].

Or, le manque de minéraux et métaux essentiels abordables pour les chaînes d'approvisionnement en énergies propres, télécommunication, secteur automobile, ainsi que l'impasse dans laquelle se trouvent les accords commerciaux avec les principaux producteurs de matières premières comme le *MERCOSUR*, ne font qu'aggraver les difficultés de l'Europe et de l'Occident.

La question à résoudre est pourtant cruciale, à savoir celle de garantir un accès abordable aux minéraux essentiels et de construire des chaînes d'approvisionnement plus résilientes et sécurisées.

Les accords commerciaux avec des partenaires-clés comme le *MERCOSUR* (certes adhérant pour la plupart aux projets chinois *B.R.I./*

25 Complémentarités et harmonisation en normes de signalisations ferroviaires, de réseaux de télécommunication et d'informatique, de procédures douanières et financières automatisées...

26 D'où l'affirmation napoléonienne de 1816 à Sainte-Hélène, selon laquelle « laissez dormir la Chine, car lorsqu'elle s'éveillera, le monde tremblera »...

OBOR sauf le Brésil, le Mexique, la Colombie...) devraient être réexaminés (ou examinés dans le cas de l'Ukraine) et de nouvelles relations avec les marchés émergents mieux explorées pour garantir que l'Europe et l'Occident disposent des ressources stratégiques dont elle a besoin pour rester compétitive[27]..

Il est donc important de maintenir un environnement ouvert en matière de commerce et d'investissement et de renforcer la *coopération* économique *régionale*. À ce titre et à titre d'exemple de complémentarité transcontinentale, l'Association des nations de l'Asie du Sud-Est (*ASEAN*) peut jouer un rôle important dans le maintien, le renforcement des accords commerciaux fondés sur des règles et le marché dans la région et la mise en place d'une base pour une croissance et un développement durable. Mais il existe toujours une tendance croissante à ignorer les règles commerciales multilatérales au profit d'accords discrétionnaires et bilatéraux risquant d'aggraver la fragmentation régionale. Les alliances stratégiques pourraient affaiblir les engagements d'intégration régionale de l'*ASEAN* et des pays membres de l'Asie de l'Est.

Le Partenariat économique régional global (RCEP), soit le plus grand accord de libre-échange multilatéral au monde, centré sur l'*ASEAN* et au-delà (Chine, Japon, Cotée du Sud, Australie, Nouvelle-Zélande en sont membres, également), devrait fournir le nouveau cadre institutionnel fondé sur des règles pour assurer un développement économique durable dans la région de l'Asie de l'Est et du Sud en voie potentielle de future unification, perspective inédite en Asie (avec une perspective ferroviaire concrète en ce sens, à partir de Kunming [Yunnan, Chine]), en comparaison de l'effort d'unification européenne... Le *RCEP* est en effet un accord « vivant » et son comité conjoint a le pouvoir de créer un programme d'intégration régionale plus large pour répondre à des questions urgentes telles que l'environnement, les dérèglements climatiques, le développement des compétences, les verdissement et développement de centres urbains numériques et intelligents.

Les caractéristiques institutionnelles intégrées de l'accord RCEP, à travers le chapitre 18, comprenant en effet des réunions ministérielles dont le service est assuré par un comité conjoint, pourraient ainsi être utilisées

27 Cf. « Les constructeurs automobiles européens se dirigent-ils vers une spirale mortelle ? » (msn.com).

pour la libéralisation progressive du commerce régional et mondial et aborder des questions allant au-delà du commerce et de l'investissement...

Il paraît également nécessaire de recourir à une coopération régionale pour soutenir la transformation structurelle des entreprises dans le domaine des technologies numériques et vertes afin d'accroître l'efficacité de leurs activités à valeur ajoutée et leur participation aux chaînes de valeur mondiales. Il est essentiel pour les entreprises des chaînes de valeur mondiales de mesurer les émissions en amont et en aval de leurs activités afin d'améliorer leur efficacité énergétique.

La coopération économique régionale permet d'accroître les compétences techniques et professionnelles des mains-d'œuvre vulnérables à un moment où les compétences essentielles sont importantes pour atténuer les effets du découplage pouvant résulter d'alliances stratégiques régionales (cf. *supra* à propos de l'*US IPEF*). Il s'agit du défi le plus pressant pour les régions vulnérables du monde, car la faiblesse des mains-d'œuvre accroît sa vulnérabilité aux incertitudes régionales et mondiales en matière de politique économique.

L'*ASEAN* devrait se concentrer sur la protection économique et sociale des groupes vulnérables dans la région. La vulnérabilité des travailleurs risque d'augmenter avec l'incertitude accrue liée aux politiques économiques.

La coopération régionale est essentielle pour compenser les effets de l'incertitude politique découlant des chocs mondiaux et des alliances stratégiques dans la région. Le *RCEP* et l'*ASEAN* devraient chercher à compléter les stratégies d'intégration des chaînes de valeur mondiales des entreprises, car ces chaînes deviennent encore plus importantes pour assurer une croissance durable en Asie de l'Est dans les années à venir.

– La durabilité des parcours de chaînes mondiales d'approvisionnement implique que la R&D et l'innovation technologique soient les moteurs décisifs et viables d'un possible et nouveau « réseau » mondial où les préoccupations et réalisations à portée environnementales et bas-carbone deviennent majeures pour espérer sauver la planète Terre du désastre climatique annoncé[28]...

En dépit des doutes occidentaux sur leur réalité et créativité, c'est déjà le cas en ce qui concerne la Chine, ce qui fait de cette dernière le premier

28 *Cf. lien Is the world facing a state of permacrisis? | McKinsey*

cas inédit de régime autoritaire porteur d'ultra-modernité transversale, voire de futurisme hyperconnecté autrement plus exhaustif, réel et vérifiable que celui « affiché et agité » par l'ex-URSS...

7° Conclusion ouverte et provisoire : vers un nouveau « réseau mondial » (uniquement chinois et *« Sud Global » ou « partagé »* ?)

Soit un nouveau « réseau mondial » aux antipodes des actuelles tendances protectionnistes occidentales, porteur d'une politique d'ensemble (identification, redondances, flexibilité, partage, durabilité des chaînes mondiales d'approvisionnements),

– initiée depuis plus de dix ans par la Chine,

– suivie par divers États du « Sud Global » presque tous membres des projets B.R.I. chinois (principe de « l' envol des oies sauvages »),

– appuyée par des R&D et innovation technologique accélérées,

– ayant pour objectif d'aboutir à terme (d'ici plus ou moins 2050) à un nouveau « réseau » mondial : comme autant d'effets-réseau transversaux et multimodaux sur lesquels se greffent des points d'appui-relais (parcours alternatifs, ports maritimes, ports secs, vastes entrepôts logistiques)...

Cependant, la Chine, même prépondérante au sein de ce futur « réseau mondial » n'est pas seule à agir et ne se limite pas aux seules Routes maritimes des échanges (« de la Soie ») empruntées par environ 90 % des courants mondiaux d'échanges.

Sous l'effet de « l'envol des oies sauvages » précité, elle (ou sans elle, assez souvent, en projets concurrents et ou complémentaires)[29], entraîne dans son sillage fluctuant mais déterminé (à plus ou moins horizon 2050) un « Sud Global » dans un nouvel ensemble mondial et « re-mondialisé », hyper-connecté, diversifié (redondances des parcours), flexible, multimodal et multisectoriel).

Les critères présentement cités de ce nouvel ensemble mondial et « re-mondialisé » suppose contourner le « dilemme des détroits » (et en partie de la Russie dans le contexte géopolitique actuel)[30] en faisant

29 *Projets concurrents et ou complémentaires parmi lesquels Le corridor du milieu : la concurrence pour l'influence en Asie centrale | Livre blanc | Fondation Hinrich (hinrichfoundation.com), Le corridor de Lobito : un champ de bataille géopolitique (helvetas.org)...*

30 *Le corridor ferroviaire médian des routes de la soie : une alternative à la Russie ? (diploweb.com), Détroit d'Ormouz, Canal de Panama... Les points vitaux (et menacés) du commerce mondial - Geo.fr...*

ressusciter et augmenter la densité (plus de redondances et de connectivités encore) des anciennes Routes terrestres de la Soie ayant traversé l'Eurasie, en particulier.

CHINE vers l'Ouest ('*Go West*' Policy)

La nécessité stratégique d'un tel mouvement d'envergure trouve son explication à travers le témoignage du Général chinois QIAO Liang (retraité) à travers l'article-interview en anglais : *One Belt, One Road* (17 juillet 2015, traduit en anglais seulement) – cf. https://www.limesonline.com/en/one-belt-one-road, Qiao Liang (writer) – Wikipedia, Thirty-Six Stratagems - Wikipedia :

BELT AND ROAD INITIATIVE est de loin la meilleure stratégie que la Chine puisse proposer. C'est une stratégie de couverture contre le mouvement vers l'Est des États-Unis. Certaines personnes remettront cela en question, pensant que la couverture devrait **être** *dans la même direction - comment pouvez-vous couvrir en allant dans la direction opposée ?*

En effet, «BELT AND ROAD INITIATIVE» est la stratégie de couverture de la Chine consistant **à** *tourner le dos au déplacement des États-Unis vers l'Est : vous poussez dans une direction ; je vais dans la direction opposée. Vous ne m'avez pas poussé vers cela ? Je vais vers l'Ouest, ni pour vous* **éviter** *ni parce que j'ai peur, mais pour désamorcer très intelligemment la pression que vous m'avez exercée sur l'Est. (...) »* (*cf. les deux flèches d'orientation opposée, ci-dessus et ci-dessous).*

ÉTATS-UNIS vers l'Est (pivot asiatique américain et risque de « piège de Thucydide »)

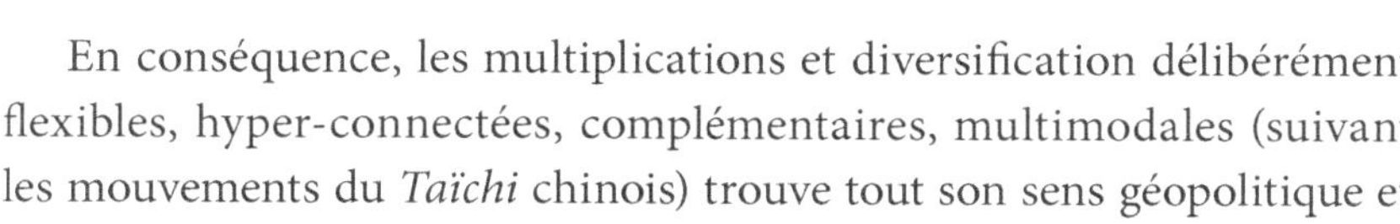

En conséquence, les multiplications et diversification délibérément flexibles, hyper-connectées, complémentaires, multimodales (suivant les mouvements du *Taïchi* chinois) trouve tout son sens géopolitique et géoéconomique – cf. extrait d'interview ci-dessus) des parcours transcontinentaux présents ou à venir, tels que présenté dans l'article de Xavier WANDERPEPEN au seul niveau ferroviaire (« *Les Corridors ferroviaires fret en Asie centrale et au Moyen-Orient* »).

Une telle masse de projets (pas toujours uniquement d'initiative chinoises, ou en partenariat avec la Chine) pouvant être achevés pour la plupart d'entre eux à horizon 2035-2050 a vocation de reformer un « réseau » mondial prenant la forme d'un progressif « quadrillage » et de « points d'appui-relais » en terminaux ou centres logistiques.

« Réseau » mondial, interconnecte et multimodal a très long terme, en miroir de celui que la Chine (de l'Est et du Centre, à ce stade) est en train constituer, y compris donc sur son propre territoire...[31]

Ce nouveau « réseau » mondial ne serait pas inédit dans la mesure où il a existé, même de façon « primitive » en remontant au moins jusqu'en 2 000 ans avant Alexandre le Grand et ses conquêtes eurasiatiques sur dix ans... et qui florissait encore plus des milliers d'années plus tard... - *cf. cartes ci-dessous :*

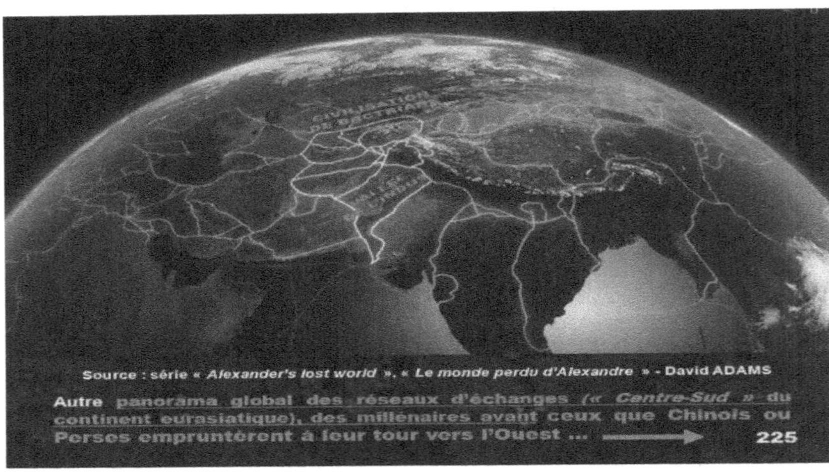

31 Cf. https://jamestown.org/program/a-chinese-starlink-prc-views-on-building-a-satellite-internet-megaconstellation/ ; Cf. http://paper.ce.cn/jjrb/html/2021-08/19/content_448434.htm.

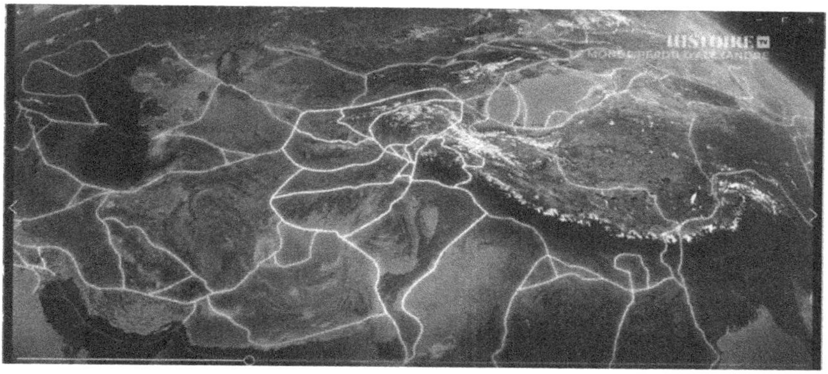

Source : série « Alexander's lost world », « Le monde perdu d'Alexandre » - David ADAMS (2013)

Cf. liens Alexander's lost world - YouTube, Alexander's Lost World - Episode 6 - Source of Civilisation - YouTube

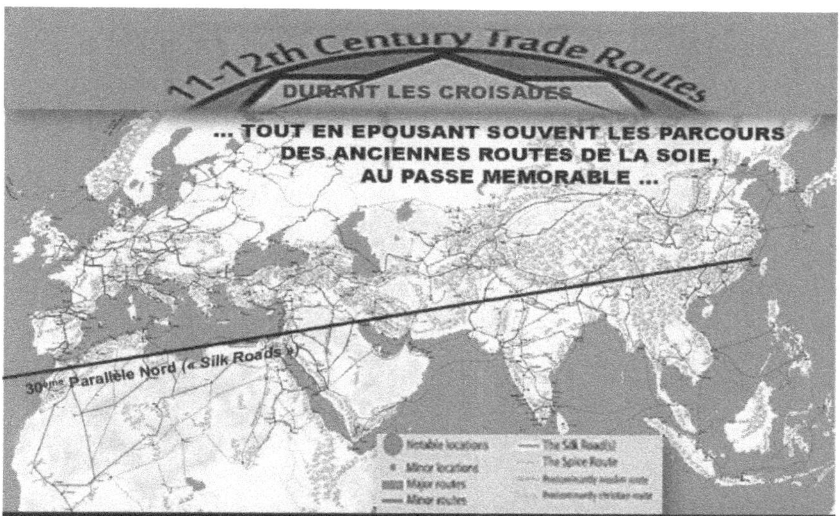

Source : 11-12th century trade routes : MapPorn (reddit.com)

Victor HUGO a écrit : « *L'avenir a plusieurs noms. Pour les faibles, il est impossible ; pour les timides, il est inconnu ; mais pour les courageux, il est idéal* ».

Un poète chinois de l'Antiquité observait quant à lui : « *Celui qui a de fortes aspirations peut accomplir les tâches les plus difficiles ; celui qui marche sans s'arrêter fera sûrement le voyage le plus long.* »

La zone Asie centrale et Moyen-Orient et les corridors de fret ferroviaire

Xavier Wanderpepen

Résumé

L'émergence des corridors ferroviaires au Moyen-Orient et en Asie centrale se traduit avant tout par la mise en place d'un réseau de voies nouvelles ou modernisées, visant à connecter des régions jusqu'alors enclavées ou marginalement intégrées aux échanges commerciaux. En dehors de leurs ressources en énergies fossiles, sur le plan économique, ces deux régions n'occupent pas une place prépondérante dans le commerce mondial.

L'objectif de ces corridors est d'améliorer la fluidité des échanges, en facilitant les connexions entre pays et en ouvrant ces territoires à d'autres régions du monde. Ce développement vise à stimuler une nouvelle dynamique économique, permettant à de nombreux États de diversifier leurs sources de revenus face au déclin progressif des économies de rente liées aux énergies fossiles. Au-delà des enjeux économiques, ces infrastructures offrent également une opportunité de coopération régionale, qui, si possible, doit favoriser l'apaisement des tensions géopolitiques.

Abstract

The emergence of railway corridors in the Middle East and Central Asia is primarily reflected in the establishment of a network of new or modernized rail lines, aimed at connecting regions that were previously landlocked or only marginally integrated into global trade. Apart from their fossil fuel resources, these two regions do not hold a significant position in the global economy. The goal of these corridors is to enhance trade fluidity by facilitating connections between countries and integrating these territories with other regions of the world. This development seeks to stimulate new economic momentum, enabling many states to diversify their sources of income in response to the gradual decline of rent-based economies reliant on fossil fuels. Beyond economic considerations, these infrastructures also present an opportunity for regional cooperation, which, if possible, should help ease geopolitical tensions.

Les corridors de fret ferroviaires visent à servir de levier de développement pour des économies fragilisées par la diminution des revenus tirés des énergies fossiles

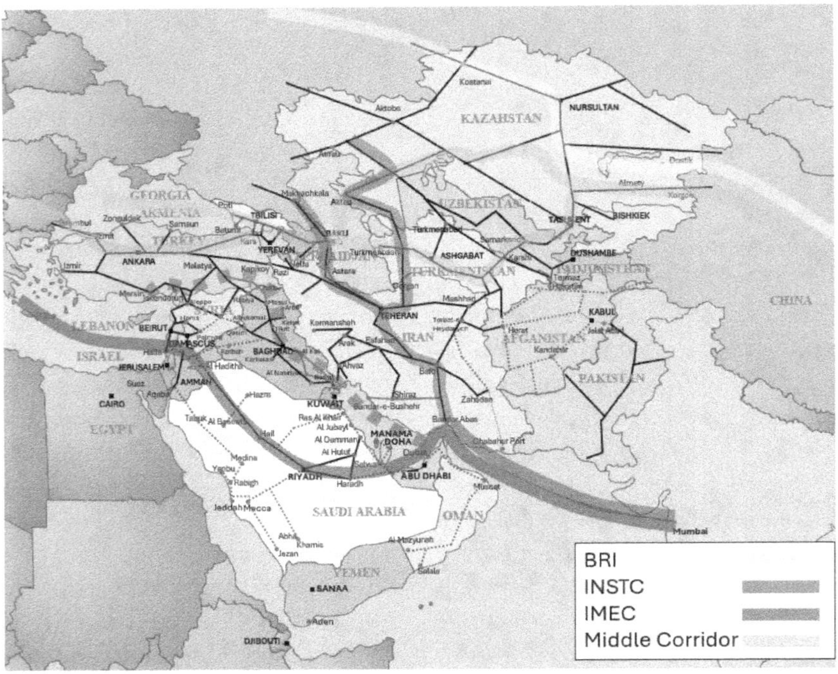

Figure 1

L'exemple des corridors *Belt and Road* Initiative une inspiration pour le Moyen-Orient : les limites d'un système. Quels enseignements pour les autres projets de corridors ?

1. Analyse

1.1. Introduction

Les corridors ferroviaires sont des connexions sur de longues distances, ils ont pour objectif de créer des connexions fluides entre des zones d'échanges. L'exemple le plus emblématique est celui des nouvelles routes de la soie, Belt and Road Initiative sous l'impulsion de la Chine. Ces corridors alternatifs aux transports maritimes doivent irriguer les régions traversées et apporter une complémentarité par des délais plus rapides que le transport maritime. Les connexions ferroviaires internationales, même en cas de conflit, créent de la coopération. C'est une loi intangible, depuis 150 ans, lorsque des lignes de trains ont été créées elles ont créé des développements.

Le Moyen-Orient connaît des tensions, parfois des conflits ou des blocus entre certains de ses pays. Loin des modes de pensée de l'Europe où la paix régule les échanges. Dans ces régions, les préoccupations locales voire tribales et les besoins de subsistance des populations prévalent sur des projets à long terme. Le train peut devenir un outil d'émancipation.

On le voit en observant une carte, l'avantage du train et des corridors est de désenclaver des régions, et parfois même de créer des poumons économiques qui, sinon, restent concentrés autour des ports.

Tout d'abord, *B.R.I.* est un outil géopolitique chinois et un puissant *soft-power* fait par et pour la Chine.

B.R.I. s'appuie sur un projet d'infrastructure gigantesque financé par la Chine par des prêts aux États, certains pays sont tombés dans le piège de la dette et une dépendance toxique à l'égard de la Chine c'était aussi sans doute le but : tenir des pays.

Concernant les corridors ferroviaires des trains de fret, on peut résumer qu'il s'agit d'une bonne idée mal mise en œuvre par manque de planification et par des règles d'acceptation aux transport parfois saugrenues. Sans généraliser, la Chine connaît des échecs dans certains domaines économiques, la bulle immobilière, la bulle de surproduction des voitures électriques. Les trains *B.R.I.* sont un demi-succès ou demi-échec. Le financement des trains représente chaque année jusqu'à 800 millions de dollars pour subventionner les places des conteneurs sur le train est devenu un fardeau pour les régions chinoises.

Pour ces trains Chine–Europe, il faudrait une organisation de type trains de voyageurs pour de meilleurs délais et une meilleure fluidité. Des délais plus performants et plus fiables contre des prix plus chers payés par les clients, donc moins de subvention et un projet plus pérenne.

Ces erreurs de la part de la Chine tiennent au fonctionnement de la Chine : « ce sont nos trains, nous les finançons, nous décidons ». Le plus important : « c'est un succès, vive la Chine ! » Les clients, le marché et la rentabilité sont secondaires... Donc pour les clients une visibilité courte « de mois en mois ». La part du *soft power* est plus importante que le souci de trains efficaces.

Pour le Moyen-Orient la tentation pourrait être grande pour des États autoritaires d'utiliser de tels corridors pour leur propagande et leur rayonnement. Ils pourraient passer à côté de l'essentiel. Les trains sont d'abord des solutions qui coûtent et qui doivent rester attractives pour les clients, qu'ils soient subventionnés ou non.

Pourquoi de tels projets ferroviaires sont évoqués par presque tous les États? Ces régions sont toujours en proie à des instabilités, des régimes autocratiques, des tensions entre les États. Nous pourrions citer l'Iran; Israël; la Syrie; des régions d'Irak; l'Azerbaïdjan, l'Arménie et bien d'autres. Malgré cela, depuis plusieurs années les corridors ferroviaires semblent apporter des promesses de prospérité.

Les corridors ferroviaires : des outils pour les nouvelles économies des pays.

La fin des énergies fossiles oblige les pays raisonnables et prudents à développer d'autres échanges. Beaucoup de ces pays savent qu'ils seront confrontés à des baisses de ressources financières inexorables : pétrole, gaz et charbon pour certains, d'ici 2050 et plus sûrement 2070, c'est-à-dire demain à l'échelle économique. Ces régions devront trouver d'autres développements. Nous connaissons le plan « Vision 2030 » de l'Arabie saoudite orienté vers d'autres activités comme l'énergie solaire, l'agriculture ou le tourisme, c'est un exemple. Le train est nécessaire ainsi que des coopérations à long terme. Le train est un outil de prospérité et donc de paix.

Les inconvénients du train. Un corridor ferroviaire est avant toute chose une liaison dont les infrastructures doivent être parfaitement fluides et sans maillons manquants. Le train nécessite parfois des investissements colossaux par dizaines de milliards d'euros. Une liaison ferroviaire internationale c'est aussi un empilement de sections ferroviaires, de pays avec leurs politiques tarifaires parfois différentes, de passages en frontières, parfois de changements de wagons, de contrôles douaniers, et de ruptures de charges de train à bateau. Pour des pays connus pour leur bureaucratie, les retards peuvent être fréquents et donc rendre la solution ferroviaire chaotique et non attractive.

1.2. Données économiques et démographiques

1.2.1. Liste des pays classés par dépendance aux revenus des énergies fossiles

Classement par dépendance	Pays (données 2023)	PIB par pays en Milliard d'USD	PIB par habitant	Total exports	Total fossiles exports	Part des revenus fossiles dans le PIB	Part des revenus fossiles dans les exportations
1	Oman	108 Mrd$	19 636 $	65 Mrd$	49 Mrd$	45 %	75 %
2	Mongolie	20 Mrd$	5000 $	15 Mrd$	9 Mrd$	45 %	60 %
3	Azerbaïdjan	72 Mrd$	7200 $	34 Mrd$	31 Mrd$	43 %	91 %
4	Koweït	161 Mrd$	40 250 $	74 Mrd$	69 Mrd$	43 %	93 %
5	Irak	250 Mrd$	5682 $	108 Mrd$	107 Mrd$	43 %	99 %
6	Qatar	236 Mrd$	78 667 $	100 Mrd$	97 Mrd$	41 %	97 %
7	Émirats arabes unis	504 Mrd$	50 400 $	279 Mrd$	176 Mrd$	35 %	63 %
8	Arabie saoudite	1067 Mrd$	28 838 $	304 Mrd$	254 Mrd$	24 %	84 %
9	Turkménistan	59 Mrd$	8429 $	14 Mrd$	13 Mrd$	22 %	93 %
10	Kazakhstan	261 Mrd$	13 737 $	78 Mrd$	46 Mrd$	18 %	59 %
11	Fédération de Russie (2023)	2021 Mrd$	14 035 $	407 Mrd$	245 Mrd$	12 %	60 %
11	*Fédération de Russie (2021)**	*1840 Mrd$*	*12 690 $*	*492 Mrd$*	*257 Mrd$*	*14 %*	52 %
12	Iran, Rép islamique d'	401 Mrd$	4557 $	80 Mrd$	45 Mrd$	11 %	56 %
13	Inde	3549 Mrd$	2456 $	431 Mrd$	89 Mrd$	3 %	21 %
14	Turquie	1108 Mrd$	12 884 $	255 Mrd$	16 Mrd$	1 %	6 %

Sources : https://www.intracen.org/ https://comtradeplus.un.org/ https://donnees.banquemondiale.org/indicator/NY.GDP.MKTP.CD

*Fédération de Russie les chiffres 2021 sont indiqués pour observer l'incidence de la guerre

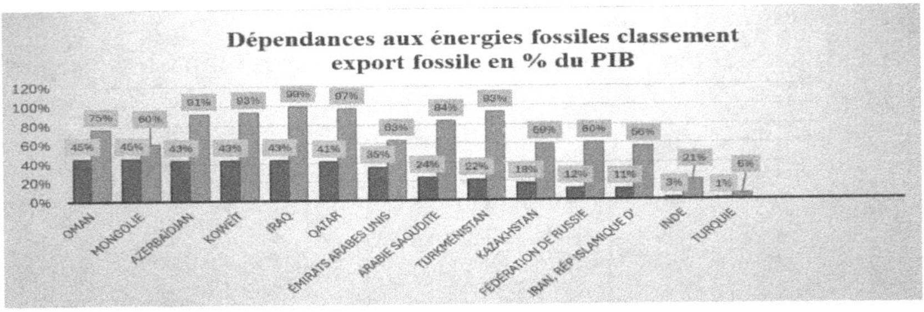

Dépendance aux ressources énergies fossiles.

La situation deviendra critique pour certains pays. Quelques exemples de programmes pour y faire face.

Le Qatar, prendre des participations dans des activités économiques dans d'autres pays notamment en Europe.

L'Arabie Saoudite, le plan vision 2030.

L'Asie centrale, le plan d'investissement de l'UE de 10 milliards d'euros afin d'aider si possible un arrimage logistique à l'Europe de cette région voisine, ce programme s'ajoute aux aides et aux influences de la Chine dans la région.

Dans le cas de la Russie, 60 % des exportations sont d'origine fossile, le reste étant constitué d'exportations de céréales. La Russie s'est lancée dans une guerre qui réduit ses accès aux marchés mondiaux, elle tente donc de se tourner vers le « Sud global » et le corridor *INSCT* est une voie qui doit la relier au sud. Mais tout corridor n'est efficace que si les coûts et les délais sont compatibles avec le marché qu'il cible.

1.2.2. Autres pays de la région peu ou pas dépendants des revenus des énergies fossiles

Classement par PIB	Pays	PIB par pays en Milliard d'USD	PIB par habitant	Total exports in 2023	Total fossiles exports	Part des revenus fossiles dans le PIB	Part des revenus fossiles dans les exportations
1	Israël	509 Mrd$	56 556 $	59 Mrd$	-	-	-
2	Pakistan	338 Mrd$	1408 $	28 Mrd$	-	-	-
3	Ouzbékistan	91 Mrd$	2600 $	18 Mrd$	-	-	-
4	Jordanie	50 Mrd$	5000 $	12 Mrd$	-	-	-
5	Bahreïn	43 Mrd$	21 500 $	12 Mrd$	-	-	-
6	Géorgie	30 Mrd$	7500 $	3 Mrd$	-	-	-
7	Arménie	24 Mrd$	8276 $	8 Mrd$	-	-	-
8	Liban	21 Mrd$	3231 $	2 Mrd$	-	-	-
9	Yémen, Rép. du	21 Mrd$	656 $	1 Mrd$	-	-	-
10	République kirghize	14 Mrd$	1944 $	3 Mrd$	-	-	-
11	Afghanistan	14 Mrd$	326 $	2 Mrd$	-	-	-
12	Tadjikistan	12 Mrd$	1200 $	1 Mrd$	-	-	-
13	Rép arabe syrienne	9 Mrd$	409 $	1 Mrd$	-	-	-

1.2.3. Liste des pays classés par population

Classement par population	Pays	Population en 2024 en millions d'ha	Population en 2050 en millions d'ha	Variation 2024 vs 2050	Variation 2024 vs 2050 en millions d'ha
1	Inde	1445 M	1670 M	13 %	+225 M
2	Pakistan	240 M	367 M	+35 %	+127,0 M
3	Fédération de Russie (2023)	144 M	132 M	-9 %	-12 M
3	*Fédération de Russie (2021)**	*145 M*	*132 M*	*-10 %*	*-13 M*
4	Iran, Rép islamique d'	88 M	102 M	+14 %	+14 M
5	Turquie	86 M	97 M	+11 %	+11 M
6	Irak	44 M	71 M	+38 %	+27 M
7	Afghanistan	43 M	74 M	+42 %	+31 M
8	Arabie saoudite	37 M	44 M	+16 %	+7 M
9	Ouzbékistan	35 M	45 M	+22 %	+10 M
10	Yémen, Rép. du	32 M	48 M	+33 %	+16 M
11	Rép arabe syrienne	22 M	33 M	+33 %	+11 M
12	Kazakhstan	19 M	25 M	+24 %	+6 M
13	Azerbaïdjan	10 M	11 M	+9 %	+1 M
14	Émirats arabes unis	10 M	10 M	+0 %	0 M
15	Jordanie	10 M	12 M	+17 %	+2 M
16	Tadjikistan	10 M	15 M	+33 %	+5 M
17	Israël	9 M	12 M	+25 %	+3 M
18	République kirghize	7,2 M	9,6 M	+25 %	+2 M
19	Turkménistan	7 M	8 M	+13 %	+1 M
20	Liban	6,5 M	6,5 M	0 %	-
21	Oman	5,5 M	7 M	+21 %	+1,5 M
22	Mongolie	4 M	4,5 M	+11 %	+0,5 M
23	Koweït	4 M	5 M	+20 %	+1 M
24	Géorgie	4 M	3,4 M	-18 %	-0,6 M
25	Qatar	3 M	4 M	+25 %	+1 M
26	Arménie	2,90 M	2,50 M	-16 %	-0,4 M
27	Bahreïn	2 M	2,3 M	+13 %	+0,3 M

*Fédération de Russie les chiffres 2021 sont indiqués pour observer l'incidence de la guerre

Sources : https://worldpopulationreview.com/

1.2.4. Indicateurs d'autres pays pour comparaison.

Pays	Population en 2022 en millions d'ha	Population en 2050 en millions d'ha	Variation 2024 vs 2050	Variation 2024 vs 2050 en millions d'ha
Union européenne	449 M	447 M	-0,4 %	-2 M
Allemagne	85 M	78,0 M	-9 %	-7 M
France	67 M	68 M	+1,5 %	+1 M
Espagne	48 M	45 M	-7 %	-3 M
États-Unis	345 M	380 M	+9 %	+35 M
Canada	40 M	46 M	+13 %	+6 M
Chine	1420 M	1260 M	-13 %	-160 M

Pays	PIB par pays en Milliard d'USD	PIB par habitant	Total exports en 2023	Total fossiles exports	Part des revenus fossiles dans le PIB	Part des revenus fossiles dans les exportations
Union européenne	18 349 Mrd$	40 866 $	2962 Mrd$	-	-	-
Allemagne*	4456 Mrd$	52 424 $	1007 Mrd$	-	-	-
France*	3030 Mrd$	45 224 $	322 Mrd$	-	-	-
Espagne*	1580 Mrd$	32 917 $	176 Mrd$	-	-	-
États-Unis	27 360 Mrd$	79 304 $	2019 Mrd$	323 Mrd$	1 %	16 %
Canada	2140 Mrd$	53 500 $	568 Mrd$	143 Mrd$	7 %	25 %
Chine	17 794 Mrd$	12 531 $	3388 Mrd$	-	-	-

* exports vers pays non Union européenne

1.2.5. Les facteurs déterminants pour la création des corridors et leur modèle économique

1	Les échanges de personnes ou de biens. Les potentiels de trafics voyageurs ou/et marchandises
2	Les populations. Les bassins de populations et les aspects démographiques, l'implication des catégories de populations d'un pays dans le développement et les perspectives économiques
3	Les économies. Les PIB et les poids économiques respectifs par pays et par zone comme la Chine, l'Inde, l'Europe, etc. La pertinence du train face au bateau ou à la route. L'attractivité de l'offre ferroviaire.
4	Les financements. Les capacités d'investissement.
5	La géographie. Les obstacles géographiques, technologiques ou financiers pour les voies de communications, rail et route.
6	La Tech. Les apports de la IT technology et de l'IA pour les facilitations des échanges commerciaux et des transports ainsi que les aspects sûretés des échanges.
7	La planète. La fin des énergies fossiles, et les dérèglements climatiques.
8	La géopolitique et le *soft-power*. Les aspects géopolitiques, les alliances et les conflits possibles.
9 La stratégie marketing. L'offre crée le besoin (une nouvelle ligne ferroviaire va inciter des clients à l'utiliser). La stratégie de l'océan bleu, proposer une nouvelle solution. (c.f. W. Chan Kim et Renée Mauborgne)	

1.2.6. Un modèle économique à trouver pour le succès des corridors.

Une problématique oppose deux modèles économiques pour les chemins de fer ; des prix basés sur des coûts réels et des prix basés sur des péréquations tarifaires.

En Europe, les aides aux transports ou aux corridors sont encadrées par des règles de libre concurrence ou de *yield management*. Mais les états et l'UE peuvent aussi subventionner des constructions ; par exemple supporter les coûts de construction du tunnel Lyon-Turin, ou actuellement la construction du corridor *Rail Baltica* de plusieurs milliards d'euros. Ou encore subventionner les prix des trains pour aider au report modal de la route vers le rail plus écologique, ou nécessaire pour l'aménagement des territoires. C'est l'économie du timbre-poste par la pratique de la péréquation par le prix unique pour envoyer un courrier au même tarif à Paris ou en Ariège. Compenser les coûts de zones non denses et non rentables par les revenus des zones denses et rentables ou par des subventions d'état pour rendre un projet viable et pérenne.

Les États d'Asie centrale et du Moyen-Orient auront-ils la capacité de largement subventionner pour toucher plusieurs objectifs : créer des corridors attractifs ; créer des pôles d'activités économiques et désenclaver des régions. En 2018, on estime que la Chine a subventionné les trains de la route de la soie à hauteur de 800 millions de dollars. Voilà le défi qui attend les corridors que nous étudions : *IMEC, INSCT* ou *TCITR*

Modèle économique des corridors sans ou avec subventions

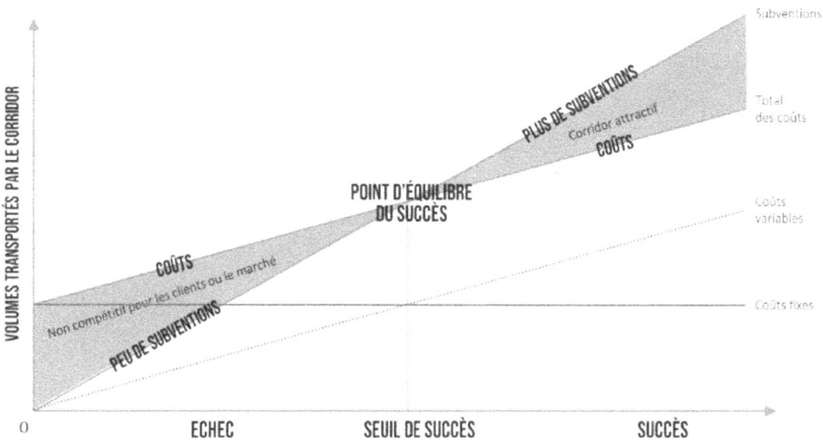

2. Les 3 Corridors

2.1. IMEC – *India-Middle East-Europe Economic Corridor*

2.1.1. Présentation

Ce corridor est un projet lancé lors du sommet du G20 en 2023 à New Delhi, il a le soutien de l'Inde de l'Europe et des Etats Unis, l'objectif est semble-t-il de proposer un axe tout autant logistique que politique entre les pôles d'avenir importants que sont l'Inde, l'Arabie saoudite reliés à l'Europe. Avec la tentation de montrer qu'il existe autre chose que les nouvelles routes de la soie et la Chine. C'est avant tout un positionnement de l'Inde et de l'Europe au moyen orient pour ne pas laisser la Chine seul partenaire de l'avenir.

Cette route est loin d'être finalisée et entre les travaux d'infrastructure et les difficultés politiques ou les conflits armés, il ne faut pas attendre de corridor fluide avant une dizaine d'années. La construction de la ligne principalement entre l'Arabie saoudite et Israël[1] prendra du temps dans un contexte politique compliqué en Israël depuis fin 2023.

Cependant depuis dix ans les étapes de construction des réseaux ferroviaires font leur chemin à l'image de l'extension des lignes ferroviaires entre les pays de la péninsules arabique, le projet *GCC Railway (Gulf Coopération Council)*[2].

En 2014, Rumaih Al Rumaih, vice-ministre des Transports d'Arabie saoudite déclarait que « Les minéraux deviendront le troisième pilier de l'économie et l'industrie minière ne peut exister sans le chemin de fer ».

Il faut noter que le programme du Conseil de Coopération du Golfe associé à la technologie Israélienne et son savoir-faire dans la haute technologie peut être un formidable levier d'innovation ferroviaire dans un environnement géographique qui pour certains aspects techniques, peut être particulièrement hostile à la technologie ferroviaire : sable, chaleur, énergie par exemple.

La Turquie et l'Irak ayant compris l'intérêt d'un tel corridor et l'opportunité d'un poumon économique ils proposent un itinéraire complémentaire via leurs pays[3].

L'Irak prévoit un projet de ligne à grande vitesse entre Bassora et la Turquie, un projet de 17 milliards de dollars, mais l'Irak n'a pas les financements et ceci nécessite une stabilité politique et non conflictuelle dans ces régions.

Quelle pertinence économique et logistique pour cette route comparée à la voie maritime ?

1 Cf. https://www.linkedin.com/pulse/all-aboard -startup-silk-express-israel -saudis-fast-tracks-samuel-shay-obwif/

2 Cf.https://de.wikipedia.org/wiki/Saudi_Arabia_Railways
https://www.imeche.org/news/news-article/lines-in-the-sand#:~:text=Fences%2C%20walls%20and%20dykes%20to,of%20the%20North%2DSouth%20Line.

3 Cf.https://www.lesclesdumoyenorient.com/La-route-du-developpement-la-Turquie-se-positionne-face-aux-routes-de-la-soie-3746.html
Cf. https://www.khl.com/news/erdogan-looks-to-build-new-world-with-turkey-Irak-road-and-rail-project/8031734.article
Cf. https://www.railway.supply/en/Irak-to-start-construction-of-railway-to-turkey-in-2024/
Cf. https://www.constructionbriefing.com/news/erdogan-looks-to-build-new-world-with-turkey-Irak-road-and-rail-project/8031734.article
Cf. https://www.lesclesdumoyenorient.com/La-route-du-developpement-la-Turquie-se-positionne-face-aux-routes-de-la-soie-3746.html
Cf. https://www.reuters.com/world/Irak-launches-17bn-road-rail-project-link-asia-europe-2023-05-27/

Nous connaissons les difficultés du transit maritime via la mer rouge avec les blocages dus aux milices Houtis, mais un tel projet ne se fait pas sur vingt ans pour contourner ce type de projet. Les délais maritimes entre Mumbai et Le Pirée sont de 16 jours en moyenne.[4]

Pour *IMEC* avec une connexion ferroviaire (figure 2) les délais ferroviaires sont assez équivalents si les horaires de circulations des trains* et des transits dans les ports sont respectés, on peut espérer un délai identique à quelques jours près. **Vitesse de circulation des trains fret = 600 km par jour, cette vitesse est possible si les lignes répondent à des critères de qualité et de productivité requis. Cette vitesse est celle des trains de la route de la soie.*

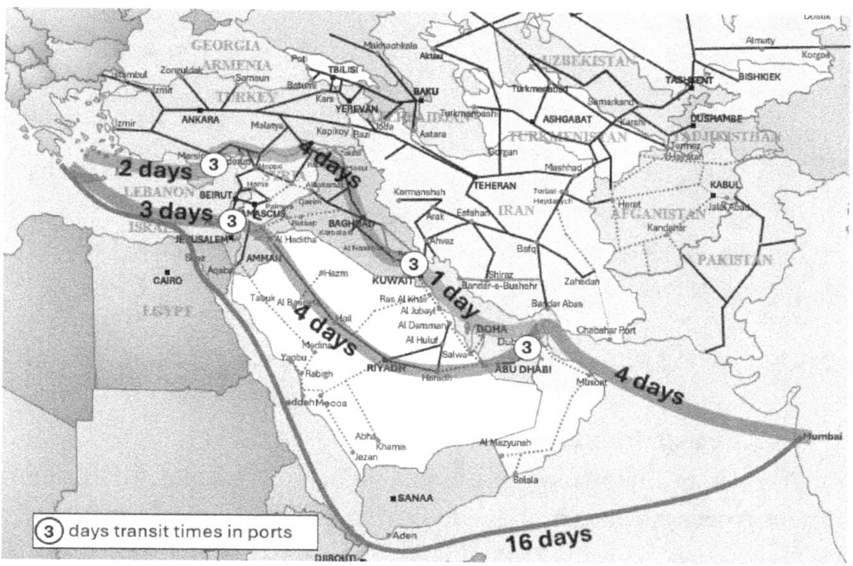

Figure 2

4 Cf. *Calculator sea transit time*, base de vitesse de navigation maritime 10 nœuds: http://ports.com/sea-route/port-of-mumbai,india/mina-rashid-port-dubai,united-arab-emirates/#/?a=0&b=0&c=Port%20of%20Mumbai%20&d=Port%20of%20Piraeus

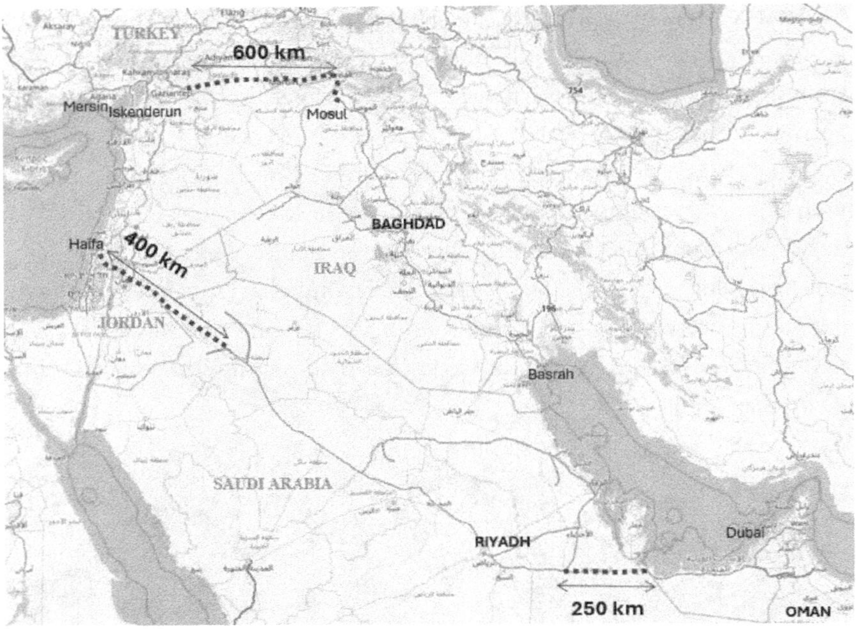

Figure 3
Figure 3 : les connexions ferroviaires à construire sont décrites en bleu
Les lignes existantes de couleur orange sont neuves ou à rénover
pour des vitesses commerciales performantes
Source réactualisée en mai 2024 par le site
https://www.openrailwaymap.org/ ainsi qu'avec l'outil google earth

2.1.2. Le marché du transport[5]

Les volumes de marchandises échangés entre l'Inde et l'UE pour l'année 2022, environ 21 millions de tonnes de marchandises depuis l'Inde vers la Chine et environ 12 millions de tonnes depuis l'UE vers l'Inde.

On parle essentiellement de matières premières : produit de la forêt, aciers, minerais, aluminium, et dans une moindre mesure des produits manufacturés ou des biens de consommation, tant en import qu'en export.

Pour comparaison avec la Chine, les imports vers l'Europe étaient en 2021 de 64 millions de tonnes soit 3 fois plus que depuis l'Inde. Pour l'export de l'UE vers la Chine les chiffres étaient de 52 millions de tonnes soit 4 fois plus que vers l'Inde. Les échanges de biens manufacturés et de consommations sont avec la Chine sans comparaison avec l'Inde qui n'est pas encore atelier du monde.

5 Cf. https://ec.europa.eu/eurostat/data/database

Pour le corridor *IMEC*, les matières premières qui sont l'essentiel des marchandises depuis ou vers l'Inde les sont plus difficile à conteneuriser et plus difficile à transborder. Le mode de transport maritime pour des marchandises en vrac entre Mumbai et Marseille se fait sans encombre, le même parcours par le train demanderait deux déchargements-rechargements en plus.

Les produits conteneurisables depuis l'Inde vers l'UE représentent environ 4 Mt, si l'on considère un part de marché pour la voie ferroviaire de 10 %, soit 400 000 tonnes, c'est-à-dire un potentiel de 400 trains de 1000 tonnes en conteneurs. Les chiffres exports sont équivalents. Ceci représente un marché de 1 à 2 trains par jour et par direction. Nous sommes loin des chiffres des trains Chine Europe entre 15 et 20 trains par jour. Nous ne parlons là que des échanges Inde – Europe, il est clair que viendront s'agréger des flux sur cet» il existe aussi un marché domestique futur entre

Quant au coût de transport, pour rappel, un conteneur transporté par train depuis la Chine sur l'Europe bénéficie d'une subvention par la Chine d'environ 4 000 *USD* afin que le prix par train toujours plus cher que le transport maritime reste à un prix supportable par les clients. Une subvention pour les conteneurs Inde vers Europe ou retour devra donc être subventionné. Qui sera d'accord pour subventionner ces transports ?

2.1.3 Bilan d'étape

- En raison des conflits dans la région, des incertitudes et des besoins en financement, le projet prendra encore de nombreuses années. Un tel corridor ne peut reposer que sur une véritable stabilité et sur la coopération entre les pays. Encore beaucoup de questions et de doutes se pose comme exposé dans cette note de l'IRIS[6]
- Le montant restant à investir dans les infrastructures, s'élève à 9 milliards d'euros, ce coût reste raisonnable. Il faudra compter entre 5 et 10 ans pour voir la fin de la construction des sections ferroviaires manquantes pour une liaison totale en train entre le port d'arrivée d'Inde et le port de départ du Moyen-Orient vers l'Europe.

6 Cf. https://www.iris-france.org/wp-content/uploads/2024/05/Asia-Focus-220.pdf

- Les prix devront être subventionnés pour rester dans les niveaux de prix du marché maritime. Dès lors quel intérêt pour l'Arabie saoudite de subventionner cette voie ? Il est difficile aujourd'hui d'avoir une vision claire de ce sujet
- Il faudra au moins 10 ans avant l'avènement de l'Inde dans un rôle de fournisseur « atelier du monde » pour l'Europe à côté de la Chine. Les marchandises actuellement échangées avec l'Europe sont peu aptes au transport en conteneur par train et n'ont pas un caractère d'urgence pour le transport.
- Transit time. En comparaison avec le corridor « route de la soie » *IMEC* n'a pas un réel avantage sur le délai maritime.
- Il faudra surtout observer dans les 10 ans qui viennent le plan Vision 2030 de l'Arabie saoudite et une évolution espérée des activités de la zone Moyen-Orient, par les initiatives « sortie des énergies fossiles », « les coopérations économiques plutôt que les conflits et les tensions, si on peut l'espérer... ».

2.2. INSTC - *International North–South Transport Corridor*

2.2.1. Présentation

Le corridor *INSTC* est depuis l'origine un sujet surtout au bénéfice des Iraniens, mais les conséquences de la guerre en Ukraine et les difficultés d'accès à la mer de la Russie font de cet axe un projet hautement nécessaire pour la Russie afin de se joindre à son allié Iranien et afin de se donner de meilleures connexions avec le Moyen-Orient, l'Inde et l'est de l'Afrique. Le dessein politique de la Russie d'être un acteur majeur du Sud global, passe par cet axe géographique.

Plus que sur d'autres corridors, les informations disponibles sont le plus souvent de la propagande ou de l'autosuggestion pour afficher une posture de pays moderne et leader. On peut commencer par résumer que ce projet existe depuis plus de 15 ans, à l'époque il faisait déjà l'objet de groupes de travail, mais faute de financements le projet avance lentement. L'Iran n'a pas les moyens, et la Russie ne veut pas payer pour des sujets d'infrastructure en Iran. Outre la construction des lignes il faut des wagons, des moyens, c'est-à-dire des coûts fixes à budgéter l'Iran en semble incapable. Il manque une section ferroviaire à construire entre la ville de Rasht en Iran et Astara, point frontière de l'Azerbaïdjan (figure 4). 150 km, en projet depuis 20 ans, par manque de financements et par difficulté politique.

En avril 2024, la presse évoque le déblocage par la Russie d'un budget de 1,6 Mrd d'euros pour la fin du chantier, mais ça reste à confirmer.

INSTC possède aussi un vecteur via le Kazakhstan.[7] La Russie essaie d'en faire un soft power, mais personne n'est dupe. L'axe par la rive droite de la Caspienne via le Turkménistan semble au point mort faute de financements, la Russie a d'autres besoins, et semble miser sur la rive gauche via Astara. D'autre part, des difficultés d'ordre géographique dans la zone Turkménistan et Kazakhstan semi-désertiques rendent la construction plus complexe.[8]

Un des points forts de cette route est sans aucun doute les délais de transports comparés à la voie maritime qui contournerait l'Europe ou la Turquie. Le port de Mumbai en Inde jusqu'à Moscou par la voie maritime est distant de 14 000 km, contre 6 000 km pour la voie *INSTC*. Le délai *INSTC* est donc plus performant que la voie maritime, c'est là son véritable atout.

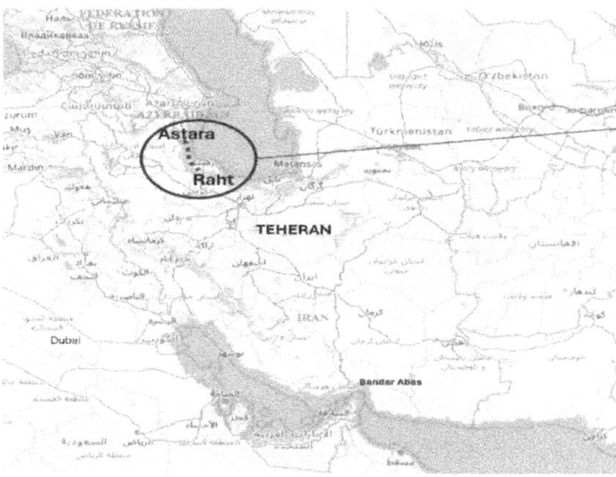

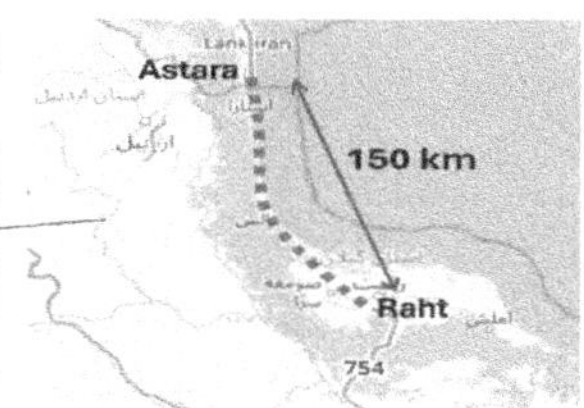

Figure 4 Figure 5

7 Cf. https://astanatimes.com/2022/10/kazakhstan-is-ready-to-enhance-transit-potential-of-international-north-south-transport-corridor-says-kazakh-minister-in-tehran/.

8 Cf. https://www.tresor.economie.gouv.fr/Articles/4be47469-d59b-4753-9ba4-394a8fcf6ccd/files/20cca440-eb75-4d00-9358-806bf275a5b7. Il est vraisemblabe que cette voie ne verra jamais le jour.

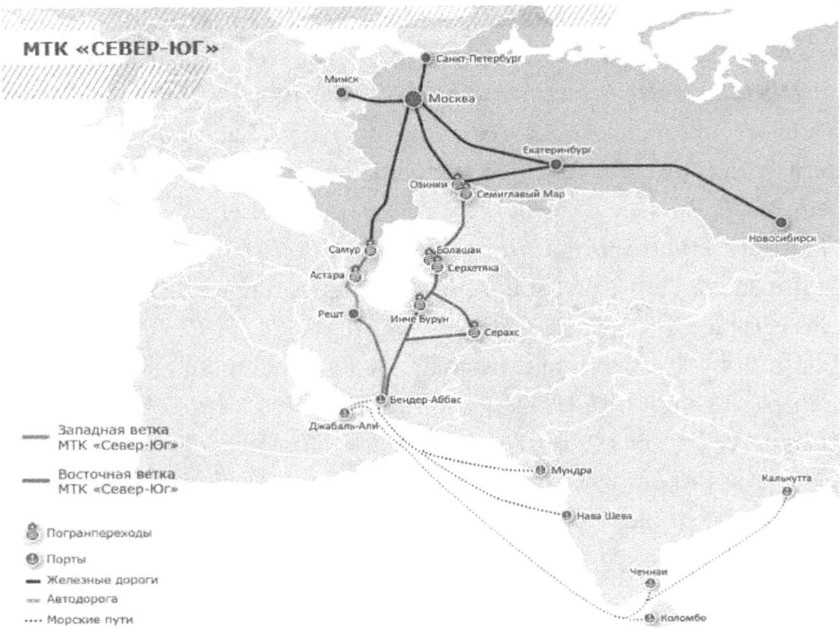

Figure 6
Les lignes existantes de couleur orange sont neuves ou à rénover pour des vitesses commerciales performantes.
Les connexions ferroviaires à construire sont décrites en bleu
Source https://www.openrailwaymap.org/

2.2.2. Le marché du transport

Ces corridors concernent en premier lieu des transports de conteneurs, donc des produits semi finis ou finis. D'autre corridors tels que Traceca[9] peuvent inclure des transports de wagons citernes avec du pétrole. Mais pas sur cet axe la compétition avec les bateaux tankers par la voie maritime serait trop chère avec une capacité d'emport trop limitée par train. Dans un article du 02 mai 2024, le vice-Premier ministre russe Marat Khusnullin[10], avance des chiffres qui semblent fantaisistes : « le trafic de marchandises le long du corridor Nord-Sud devrait doubler d'ici 2025 pour atteindre 30 millions de tonnes et d'ici 2030 pour atteindre 35 millions de tonnes. » Il amalgame sans doute tous les volumes, surtout maritimes y compris via la mer Caspienne.

9 Cf. https://fr.wikipedia.org/wiki/TRACECA
10 Cf. https://portnews.ru/news/362555/

Sachant qu'un train sur cet axe géographique transporte au maximum 2000 tonnes, pour 30 millions de tonnes, le vice Premier ministre évoque donc 43 trains par jour c'est purement fantaisiste, la réalité est loin de ces chiffres. Même s'il est ici question surtout de céréales exportées depuis la Russie, les coûts de transport de céréales en conteneurs comparé au bateau vraquiers d'une capacité de 20 000 à 60 000 tonnes rendraient les céréales beaucoup moins compétitives. Un tel développement semble en tous points illusoire. Pour preuve, lorsqu'un train complet de conteneurs est annoncé dans la presse, le sujet est tellement exceptionnel que les presses locales en Russie ou Iran relatent cet évènement tout empreint du nationalisme habituel.

Le vice-ministre russe de l'Industrie, du Commerce et de l'Énergie de la région d'Astrakhan, Mikhaïl Kabakov évoque les chiffres suivants : les céréales (64,5 % du volume total), les produits (11 %), le bois, le ciment et d'autres types de marchandises sont actuellement transbordés via les ports d'Astrakhan et d'Olia. La principale direction d'approvisionnement est l'Iran. Alexandre Sivertsev, directeur du transport de conteneurs et de l'agrilogistique des chemins de fer russes, *RZD Logistika* évoque un potentiel de 100 000[11] tonnes, ce chiffre est plus près de la réalité.

2.2.3. Bilan d'étape

- Le projet *INSTC* date des années 2010, on ne compte plus les retards pour des raisons de manque de financement, de problèmes géopolitiques, ou peut-être de défiance entre des pays autoritaires plutôt contraints par des PIB limités et le « chacun pour soi » plutôt que « des projets dans l'intérêt de tous ».
- Le montant restant à investir dans les infrastructures, selon les autorités iraniennes, s'élève à 1,6 Md d'Euros. C'est trop cher pour l'Iran dont le PIB par habitant est 10 fois inférieur à celui de la France. En mai 2024, la Russie a annoncé qu'elle prendrait en charge cet investissement.
- En période de tension avec la Russie sur le transport maritime, cette alternative est une solution pour certains flux, mais les lois du marché une fois les conflits apaisés pourraient déprécier cette route pour la limiter à un échange Russie – Iran.

11 Cf. https://logirus.ru/news/transport/rzhd_logistika-_otpravila_pervyy_polnosostavnyy_agroekspress_po_mtk_-sever-yug-_i_nadeetsya_narastit.html

- Cette voie peut trouver sa place face à la voie maritime. D'autant plus dans un contexte de conflit entre la Russie et l'Europe, des restrictions des transports maritimes ou des blocages dans la mer Rouge, il est indéniable que cette niche peut être un axe de développement. Mais elle pourrait ne rester qu'une niche et ne pas devenir un axe majeur.

2.3. *TCITR - Trans-Caspian International Transport Route*

2.3.1. Présentation

Middle Corridor est une marque, gérée comme un produit par les différents réseaux concernés avec un site internet, et une offre technique, des prix et des délais communiqués aux clients. C'est un des points forts de cet axe, qui sur ce point, propose un concept moderne et attractif.

Historiquement, l'Asie centrale zone enclavée est reliée à l'Europe par le rail via la Russie et par la mer via la mer Noire, mais avec des contraintes et des délais importants. En 1993 l'Union européenne et les pays d'Asie centrale ont lancé le *TRACECA*[12], (Transport Corridor Europe-Caucasus-Asia) précurseur du *Middle Corridor*, qui fut et reste surtout un groupe d'échanges sur des améliorations techniques de circulation des trains de marchandises. Depuis 20 ans, *TRACECA* s'est concentré sur les améliorations de trafics existants d'hydrocarbure.

Avec les nouvelles routes de la soie, lancées par la Chine et son programme *B.R.I.*, des partenaires sur cet axe géographiques ont considéré que ce qui était possible entre la Chine et l'Europe sur 9000 km, par la voie Nord, pouvait l'être aussi via leurs pays. Comme les autres corridors évoqués dans cette étude, le premier intérêt reste pour les échanges régionaux entre des pays tels que le Kazakhstan, l'Ouzbékistan et la Turquie ou l'Europe centrale par exemple. La guerre en Ukraine et la volonté si possible de contourner la Russie, pays encombrant, ont braqué les regards vers ce corridor de contournement possible.

12 Cf. https://en.wikipedia.org/wiki/TRACECA

L'Union européenne veut investir 10 milliards d'EUR dans le corridor de transport transcaspien reliant l'Europe à l'Asie centrale par son programme *Global Gateway*.

Il est ici question de ne pas laisser l'Asie centrale aux seules mains de la Chine et de la Russie. C'est sans doute le prix à payer par l'Europe pour donner les moyens à l'Asie centrale de s'émanciper de ses deux voisins et permettre de créer des liens avec l'Europe.

Avec un budget de 10 milliards d'Euros, on peut penser que les principaux points de ralentissements des liaisons rail-mer de cette route deviendront plus rapides. Un délai de 5 jours et une régularité pour le transit entre la frontière chinoise et le port de Poti permettrait de rendre cette route attractive.

Selon les retards ou attentes des bateaux, un délai entre un lieu de chargement en Chine et un lieu de déchargement en Allemagne constaté en 2023 est de l'ordre de 4 à 6 semaines.

En 2022 et 2023, les conteneurs expédiés par la Chine sur cet axe du *Middle Corridor* ont déçu la plupart des clients. Des délais chaotiques, entre 4 et 6 semaines, pour des prix 2 à 3 fois plus chers que la voie Nord par la Russie ou la voie maritime. Ce corridor souvent annoncé comme un itinéraire bis pour la voie nord via la Russie des trains de la route de la soie ne pourrait compenser son handicap de délai que par des prix ultra subventionnés, la Chine n'en a pas envie. *TCITR* est donc avant tout un axe interrégional, fort utile au demeurant

Les différents itinéraires du Middle Corridor

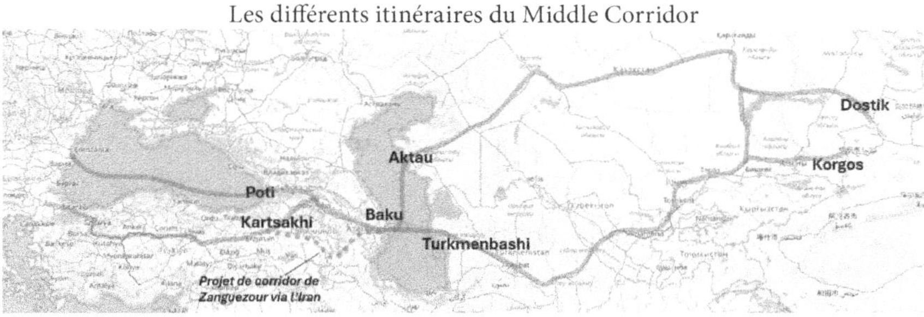

Figure 7

2.3.2. Le marché du transport

Cet itinéraire pour les échanges régionaux connaît actuellement son apogée avec plus de 13 millions de tonnes[13] (Source, ministère des transports azerbaïdjanais). En transit via la mer Caspienne depuis 2022, soit une augmentation de 45 % des volumes, due sans doute à la volonté de certains acteurs de contourner la Russie ou du fait des embargos qui touchent les productions russes. Mais on parle ici de transports de pétrole, de produits sidérurgiques ou chimiques. Il n'est pas question de produits de grande consommation exportés depuis la Chine vers l'Europe.

2.3.3. Bilan d'étape

- L'itinéraire *Traceca / Middle Corridor*, connaît déjà un trafic régional de plus de 13 millions de tonnes de matières premières. Le défi est de créer sur cet itinéraire un lien entre l'Asie centrale et l'Europe une solution alternative et compétitive à la voie via la Russie. Les pays d'Asie centrale devront miser sur ce lien pour se désenclaver et réduire leur dépendance de la Russie. Pour ne citer que 3 exemples, la fin des ressources des énergies fossiles c'est environ -20 % de PIB pour le Kazakhstan ou le Turkménistan et c'est – 40 % pour l'Azerbaïdjan pour ces pays ce corridor est vital.
- *Middle Corridor* peut donc s'appuyer sur des flux ferroviaires déjà importants pour utiliser cette voie en pratiquant des prix ultra subventionnés pour aider les économies de ces pays.
- Si cette voie veut être un axe Chine – Europe devra être subventionnée par la Chine ce qui semble peu réaliste et la Chine n'en a pas besoin et n'en a sans doute plus les moyens.
- Les 10 milliards apportés par L'Union européenne sont un véritable support pour moderniser ces axes ferroviaires y compris les ports. À ce prix il faut espérer que les pays d'Asie centrale sauront jouer la coopération et la reconnaissance à l'égard de l'Europe. Mais on sait qu'en géopolitique il n'y a ni reconnaissance ni amitié, il n'y a que des intérêts.

13 Cf. Bilan d'étape https://www.unescap.org/sites/default/d8files/event-documents/1.%20Azerbaijan.pdf

3. Conclusion générale

Nous pourrions résumer ces corridors par « Des ponts entre des régions pour créer du développement économique » Le meilleur exemple est la volonté de transformation de son économie par l'Arabie Saoudite, qui depuis 10 ans, a investi plus de 100 milliards de dollars dans les infrastructures ferroviaires.

L'actualité souvent tragique nous oblige cependant à penser que ces ponts Est-Ouest et Nord-Sud ont une part d'utopie. Mais le processus est en marche malgré les conflits : l'achèvement d'ici 10 ans des lignes en Arabie Saoudite, dans les Monarchies du Golfe. La fin programmée des travaux entre l'Azerbaïdjan et l'Iran c'est-à-dire un axe Russie - Iran. Les financements européens du *Golbal Gateway* en Asie centrale, etc.

Dans 10 ans la cartographie quelles que soient les situations géopolitiques devrait monter un réseau presque abouti. Pour les entreprises françaises et européennes cela signifie des chantiers de développement dans les infrastructures de tout type, la transition énergétique, les minerais, le tourisme, etc. Avec les budgets disponibles des réserves financières des monarchies pétrolières de la région, peu de régions sur la planète connaîtront une telle croissance.

On peut ajouter une recommandation : Ces sujets de corridors dans cette région d'Asie centrale et du Moyen-Orient, sont hautement sensibles et sont souvent un outil d'influence pour certains de ses pays. La presse : sous influence dans les pays autoritaires ; ou en Europe peu experte, communique parfois sur de nouvelles liaisons ferroviaires fret, une fois l'inauguration faite, pas de réel développement. Les compagnies ferroviaires ou les entreprises logistiques amplifient les effets trompeurs en ne communiquant que sur les aspects flatteurs pour valoriser des sujets insignifiants. Et finalement il s'agit d'une niche en termes de volumes transportés. Malgré cela la toile ferroviaire se construit depuis 10 ans, et dans 30 ans le train sera, pour les pays et les régions qui auront su saisir cette opportunité, un formidable outil pour le bien des populations. Il est rappelé aux lecteurs que les choses évoluent rapidement, la situation décrite fin 2024 peut être différente quelques semaines plus tard.

Cependant, faire du commerce et développer de nouveaux moyens d'échanges pour les voyageurs et les marchandises se conçoit mieux si ces développements sont accompagnés par plus de liberté des peuples c'est-à-dire plus de liberté d'entreprendre pour les entreprises. Les lois de la mondialisation et les besoins de déplacement sont inéluctables. Certaines démographies en fort développement obligeront les États à accepter des échanges avec les voisins mais qui peut prédire ? Il reste un sujet de compétitivité et de pérennité de ces trains. Si la concurrence avec les autres modes, mer et route se fait sur les prix et les délais, ces trains resteront une niche. Cependant si les pays trouvent les ressources pour subventionner ces trains, ils deviendront de véritables poumons économiques.

La connectivité entre le golfe Persique et la méga région Asie centrale/Caucase : une priorité stratégique pour l'Arabie saoudite

Michel Makinsky

Résumé

L'essor de la connectivité multimodale entre le golfe Persique et la méga-région Asie Centrale/ Caucase est un bouleversement majeur, où l'Arabie saoudite joue un rôle moteur aux côtés des autres monarchies du Golfe. Ils ont très considérablement accéléré leurs programmes de connectivité ferroviaire, et surtout maritime avec l'Asie Centrale. Sur terre, le corridor russe Nord Sud et les Routes de la Soie chinoises visant à relier le Golfe via l'Iran se font concurrence. Le port iranien de Chabahar, le port Pakistanais de Gwadar sont des hubs en développement accéléré. La Turquie a conclu un accord pour construire le Development Road Corridor pour rejoindre le port irakien de Fao, avec le concours financier du Qatar et des Émirats. Les États-Unis et l'Inde promeuvent IMEC, un corridor multimodal qui devrait relier l'Inde à l'Europe via la Péninsule Arabique, avec un tronçon passant par Israël mais à horizon lointain. Les pays d'Asie Centrale sont en train de se coordonner avec leurs partenaires du Golfe pour se relier à ces marchés.

Abstract

The rise of multimodal connectivity between the Persian Gulf and the Central Asia/Caucasus mega-region is a major upheaval, where Saudi Arabia is playing a leading role alongside the other Gulf monarchies. They have considerably accelerated their rail connectivity programmes, and especially maritime connectivity with Central Asia. On land, the Russian North-South Corridor and the Chinese Silk Roads aimed at linking the Gulf via Iran are competing with each other. The Iranian port of Chabahar and the Pakistani port of Gwadar are hubs that are undergoing rapid development. Turkey has reached an agreement to build the Development Road Corridor to reach the Iraqi port of Fao, with financial support from Qatar and the Emirates. The United States and India are promoting IMEC, a multimodal corridor that should link India to Europe via the Arabian Peninsula, with a section passing through Israel but with a distant horizon. The countries of Central Asia are in the process of coordinating with their partners in the Gulf so as to connect with these markets.

Introduction : un symptôme des nouvelles priorités

Le 10 mars 2023 l'Arabie saoudite et la République islamique d'Iran signent (sous la houlette de Pékin, après une longue période de maturation grâce à la médiation irakienne) un accord[1] d'une importance stratégique qui marque une étape critique de leur rapprochement. Outre la réouverture de leurs missions diplomatiques respectives, cet accord comprend deux volets. Le premier, qui a principalement retenu l'attention des observateurs, est de nature sécuritaire, a vocation à engager les deux parties à s'abstenir d'actions ou comportement hostiles l'une envers l'autre. Il doit mettre en application l'accord de « coopération sécuritaire » du 17 avril 2001 qui n'a pas connu de concrétisation. Le second, passé (à tort) quelque peu inaperçu, entend relancer (ou plutôt) lancer une ambitieuse coopération économique, notamment en mettant en vigueur l'Accord Général de Coopération dans le domaine de l'Economie, du Commerce, de la Technologie, de la Science, de la Culture, des Sports et de la Jeunesse, signé le 27 mai 1998, lui aussi resté lettre morte. L'hostilité croissante, les nombreux avatars qui ont affecté les relations des deux pays (rivaux), n'ont pas permis de traduire en acte ces intentions.

Le contexte stratégique découlant de la mise en évidence de la grande vulnérabilité saoudienne lors des frappes iraniennes de missiles de croisière le 14 septembre 2019 sur des installations pétrolières à Abqaiq et Khurais, et de l'incertitude affectant l'appui prodigué par l'allié américain, a conduit le royaume à une révision drastique de sa posture stratégique qui donne priorité absolue à une baisse des tensions régionales. Elle se traduit par un désengagement du bourbier yéménite et par une politique de détente avec le voisin iranien. Ce virage est opportun puisque ledit voisin s'est également donné comme priorité absolue (avant même le dossier nucléaire) une normalisation avec le royaume, et un apaisement régional. Point très important à souligner, les deux protagonistes ont un intérêt essentiel à cette détente, car un cadre régional apaisé est nécessaire au développement de leur commerce extérieur et de leurs investissements à l'étranger qui est une des conditions essentielles à l'expansion de leurs économies ; l'Iran a un besoin vital de recettes à l'exportation et de devises pour financer d'importants investissements nécessaires pour moderniser et développer son outil industriel. Quant à l'Arabie saoudite, celle-ci doit accélérer la croissance durable de son économie sur le chemin de la diversification, ce qui suppose

1 https://www.spa.gov.sa/w1867376

non seulement une vigoureuse accélération de la connectivité intra-golfe Persique, mais de se relier par voie terrestre et maritime à l'ensemble Asie centrale/ Caucase qui connaît une expansion résolue des différents corridors ferroviaires et maritimes (Nord-Sud russe, Est-Ouest chinois). Sans parler des 'corridors' énergie, data, etc. Officiellement concurrents, ces corridors ont vocation à se connecter. Riyad a perçu que ce mouvement d'ampleur stratégique est irréversible et entend y être associé, d'autant que l'accès à ces zones est indispensable à son économie au moment où les ambitions parfois pharaoniques de son Plan Vision 2030 se heurtent à de sérieuses difficultés.

Les Saoudiens n'ont initialement guère nourri d'illusions sur le volet sécuritaire de l'accord, et n'anticipaient pas un changement radical de comportement de la République islamique. Or, depuis que la crise de Gaza ouverte le 7 octobre 2023 dégénère en un conflit direct entre Israël et l'Iran dont l'intensité croît dangereusement, le royaume a affiché un discours apaisant à l'égard de la République Islamique[2] et, surtout, mis en place des mesures de confiance inattendues jusqu'ici. En effet, les deux protagonistes ont participé à un exercice naval conjoint en mer d'Oman en octobre 2024[3]. Bien plus, le 10 novembre suivant, le chef d'état-major des armées saoudien, Fayyad Al-Ruwaili, a rencontré Mohammad Baqeri, son homologue iranien à Téhéran, pour discuter de la sécurité régionale et de « coopération bilatérale »[4]. Cet événement inédit est hautement révélateur de la volonté des deux parties d'aplanir les sujets d'antagonisme et de diminuer la tension régionale, une priorité essentielle non seulement pour leur sécurité mais aussi pour leurs économies[5]. C'est la seconde visite d'un haut responsable saoudien en

---

2 Lors du sommet de l'Organisation de la Conférence islamique à Riyad, le prince Mohammed ben Salmane a enjoint (à Israël) le 11 novembre 2024 de respecter la souveraineté de la « nation sœur » iranienne. Le qualificatif employé est hautement significatif :
https://thearabweekly.com/saudi-crown-prince-signals-durable-re-balancing-relations-iran.

3 https://www.timesofisrael.com/iran-and-saudi-arabia-hold-joint-naval-exercise-in-sea-of-oman/;

4 Saudi Armed Forces General Travels To Iran In Rare High-Level Visit, RFERL,10 novembre 2024. Le général Baqeri a invité l'Arabie saoudite à participer à un exercice militaire conjoint en 2025 :
https://www.aljazeera.com/news/2024/11/10/saudi-armed-forc es- chief-visit s-iranian-counterpart-for-rare-meeting.

5 https://www.crisisgroup.org/middle-east-north-africa/gulf-and-arabian-peninsula/iran-saudi-arabia/b92-great-expectations-future. https://moderndiplomacy.eu/2024/07/13/saudi-arabias-interests-in-normalizing-ties-with-iranexistence-economic-progress-and-pragmatism/.Pour Riyad, il s'agit d'un changement de paradigme stratégique, s'écartant d'un alignement total sur Washington au profit d'une

Iran depuis l'accord du 10 mars 2023, précédée par celle du ministre des affaires étrangères, Faisal bin Farhan en juin 2023. Le 17 avril 2025, c'est au tour du ministre saoudien de la défense, le prince Khalid ben Salmane, de se rendre à Téhéran où il a rencontré son homologue iranien, mais aussi le chef d'état-major des armée,ainsi que le président Pezeshkian. Surtout il est porteur d'un message des Etats-Unis pour le Guide ; cette démarche vise à instaurer un dialogue avec Washington. Lors de la tournée de Trump dans le Golfe du 13 au 16 mai 2025, il est apparu clairement que les 3 monarchies visitées par le locataire de la Maison-Blanche ont fait comprendre à celui-ci qu'elles souhaitent une baisse de la tension avec Téhéran.Il a d'ailleurs reconnu l'utilité de leur rôle diplomatique pour diminuer les risques de frappes américaines et/ou israéliennes sur l'Iran. Contrairement à une opinion reçue des Occidentaux, les deux parties accordent une grande importance au volet économique de l'accord du 10 mars. Le 15 mars, juste après sa signature, Muhammad al-Jadaan, ministre saoudien des finances, avait déclaré que des investissements saoudiens pourraient intervenir 'très rapidement' [6]après le rétablissement des relations diplomatiques. Il ajoute : « Il y a plein d'opportunités pour des investissements saoudiens en Iran. Nous ne voyons pas d'obstacle à partir du moment où les termes d'un accord seraient respectés ». Cette déclaration peut surprendre, dans la mesure où l'on imagine mal comment l'Arabie saoudite pourrait investir en Iran, compte-tenu des sanctions et pressions américaines. La lucidité impose de reconnaître qu'à court terme des investissements saoudiens en Iran ne sont guère envisageables en raison de ces sanctions et des pressions américaines.

En revanche, les deux acteurs peuvent agir sur des marchés tiers en particulier en Irak où il est possible d'envisager de se partager des marchés mais aussi de s'impliquer sur des projets communs[7]. Le secteur des voyages et du tourisme, notamment religieux, en plein développement, est celui où se concrétise déjà cette coopération. Signe de ce progrès, les vols directs entre Mashhad et Dammam ont repris après 9 ans d'interruption De même des discussions sont en cours pour la mise en place de chambres

priorité à l'intérêt national. La réalisation (compliquée) du Plan de développement économique Vision 2030 exige un tel tournant : https://www.internationalaffairs.org.au/australianoutlook/saudi-iran-rapprochement-signals-shifting-regional-power-dynamics-in-the-middle-east/.

6 https://www.reuters.com/world/middle-east/saudi-investment-iran-could-happen-very-quickly-after-agreement-minister-2023-03-15/.

7 L'Irak peut en effet servir de test à l'émergence de 'deals' : https://amwaj.media/article/will-growing-saudi-investment-in-iraq-hit-iranian-roadblock.

de commerce conjointes afin de structurer les flux bilatéraux à venir.[8]Pour l'heure, les échanges bilatéraux sont modestes[9] même s'ils ont vocation à augmenter. Lors de la seconde réunion du comité trilatéral (Chine, Iran, Arabie saoudite) de suivi de l'accord saoudo-iranien, le 19 novembre, les parties se sont félicitées du nombre important de pèlerins qui ont pu se déplacer, ainsi que des progrès dans les services consulaires réciproques. Plus récemment, Gholamreza Nouri, ministre iranien de l'Agriculture, a entamé des négociations avec Riyad pour entamer une coopération en matière d'infrastructures agricoles au moment où le royaume cherche à pallier l'insuffisance de sa production agricole.

Certains analystes estiment qu'outre les échanges commerciaux, les deux pays devraient amplifier une coopération dans le domaine de la logistique et du transport, notamment dans le cadre des BRI chinois, du corridor Nord-Sud, pour permettre « à Riyad l'accès aux économies d'Asie Centrale et à l'Union Economique Eurasiatique via l'Iran », sans oublier « le plan pour connecter l'Arabie saoudite à la Ligne Ferroviaire Iran du Koweït et d'Irak »[10], avec la perspective pour l'Iran d'un accès plus facile à l'Afrique via l'Arabie saoudite qui bénéficiera aux deux partenaires. Dès juin 2023 des responsables saoudiens confirmaient que le royaume souhaite que ses lignes ferroviaires atteignent Bassora (Basra) en Irak pour se connecter au réseau ferroviaire iranien[11].Symptôme de l'intérêt porté par Téhéran et Riyad à leurs liaisons ferroviaires, un train de fret parti de Russie a rejoint l'Arabie saoudite via l'Iran en fin août 2023[12]. Un message clair. La ligne Shalamsheh-Basra est d'une importance stratégique pour le désenclavement économique de l'Iran, d'un intérêt critique pour l'Irak[13], et une carte utile pour permettre à l'Arabie saoudite de se connecter via l'Iran aux marchés

8 Deux terrains d'entente identifiés comme prometteurs : https://carpo-bo nn.org/ medi a/pages/publikationen/carpo-briefs/moving-from-rapprochement-to-economic-cooperation/c7daf98680-1733145184/carpo_brief_25_05-08-24_en.pdf.

9 Des responsables iraniens prétendent que les échanges bilatéraux pourraient atteindre $2mds à court terme et que depuis l'accord l'Iran a exporté environ $ 14 millions d'acier vers le royaume ; The value of trade between Iran and Saudi Arabia can reach 2 billion dollars : official, ILNA, 11 mai 2024.

10 Farzad Ramezani Bonesh, Iran-Saudi Relations, Opportunities and Challenges,Prospects,Middle East Political and Economic Institute, 19 avril 2024.

11 Saudi Arabia eyes linking its railways to Iran : report, Tehran Times, 26 juin 2023.

12 https://thecradle.co/articles-id/7227.

13 Ce tronçon pourrait être prolongé ultérieurement jusque Bagdad, projet qui fait l'objet de consultations auprès d'entreprises ferroviaires espagnoles : Spanish rail company to Expand Operations in Iraq ? Iraq Business News, 1er décembre 2024.

centre-asiatiques[14]. Autre signal particulièrement significatif : au début janvier 2024, un responsable iranien a annoncé que l'Arabie saoudite a l'intention d'ouvrir une ligne maritime entre Dammam et le port iranien Bandar Kangan[15]. Ce dernier fait l'objet de travaux pour lui permettre d'accueillir des navires de plus grand tonnage. D'ores et déjà des prestataires logistiques offrent leurs services[16]. Au vu de l'état actuel des infrastructures, plusieurs options logistiques pour livrer du fret de l'Arabie saoudite vers l'Iran sont disponibles. La voie maritime est la moins onéreuse et la plus favorable à l'environnement. La plus rapide est le transport par route. [17]

Nous comprenons dès lors combien ce rapprochement atteste l'option stratégique de l'Arabie saoudite de se connecter à la mega- région Asie Centrale/Caucase.

Les corridors iraniens : 1) le réseau ferroviaire va-t-il émerger ?

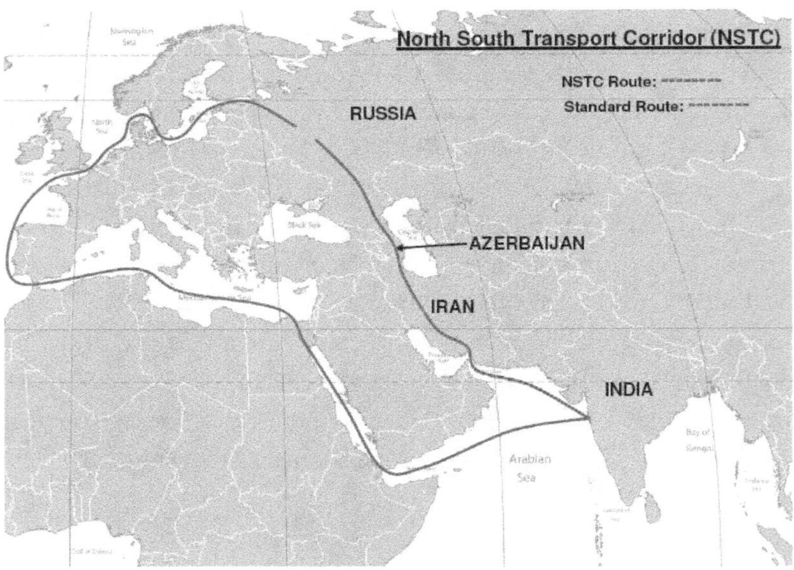

Source : Wikipédia

14 Mohammad Salami,Ahmed al-Rubaie, The new Iran-Iraq railway, a track to prosperity and markets, The Craddle,27 septembre 2023 ; https://thecradle.co/articles/the-new-iran-iraq-railway-a-track-to-prosperity-and-markets .
15 Saudi Arabia to establish shipping route with Iran, AGBI, 29 janvier 2024.
16 https://rowyal.com/en/transport-from-iran-to-saudi-arabia-2024/. Ce groupe est par ailleurs lié au secteur agroalimentaire,secteur qui est au centre de discussions entre Téhéran et Riyad.
17 Voir l'évaluation comparative par des professionnels du fret (novembre 2024) : https://www.cargorouter.com/ freight-shipping/Saudi-Arabia-to-Iran/.

De ce qui précède, on a bien compris qu'à cette option saoudienne de connectivité correspond une ambition iranienne identique en direction de l'Asie Centrale, un des moyens de desserrer l'étau qui étouffe l'économie iranienne. D'où l'importance de poursuivre en Iran le déploiement de corridors ferroviaires[18] et routiers, mais aussi d'accentuer la montée en puissance des infrastructures portuaires. De ce point de vue, le retard accumulé sur le réseau ferroviaire iranien en général pèse sur la connectivité terrestre. Par comparaison, le réseau routier et autoroutier a connu une forte expansion en 20 ans. Du coup, l'impérieuse nécessité de compléter le 'puzzle' du corridor Nord-Sud[19] exige des efforts substantiels que l'économie iranienne peine à financer. La Russie joue un rôle de premier plan dans l'avenir du tronçon du corridor Nord-Sud[20]. Jusque récemment la Russie ne semblait pas avoir été convaincue de s'engager résolument. Les raisons sont multiples : priorités financières russes différentes, doutes sur la rentabilité du trafic (le fret ferroviaire est traditionnellement parent pauvre en Iran), obstacles bureaucratiques, état insatisfaisant du réseau existant). Un tournant a été pris avec la signature, le 17 mai 2023, d'un accord entre les ministres des Transports des deux pays en vue du financement (détail essentiel) « et de la construction de la ligne ferroviaire Racht-Astara (162 km), qui doit permettre l'achèvement de la ligne Téhéran-Astara et l'opérationnalisation de l'axe ferroviaire du corridor de transit international nord-sud [21]. « Le financement serait assuré par un prêt russe de 1,3 Md EUR (85 % de la valeur du contrat), et la construction sous maîtrise d'ouvrage iranienne, avec des partenaires de mise en œuvre des deux pays. Le délai d'achèvement du projet de ligne à deux écartements est estimé à quatre ans par la partie iranienne. M. Novak,

18 https://uic.org/IMG/pdf/a_nazari-rai.pdf;.

19 Pour une vision d'ensemble actualisée, voir : https://en.wikipedia.org/wiki/International_ North%E2%80%93South_Transport_Corridor et surtout : https://maritimeducation.com/irans-strategic-role-in-the-international-north-south-transport-corridor-instc/.

20 Pour l'Inde, ce corridor présente aussi un intérêt stratégique car il lui offre un accès à l'Asie Centrale qui évite le Pakistan, et correspond aux grands objectifs indiens de connectivité tout en faisant contrepoids à l'influence de la Chine et de ses Routes de la Soie. Dans ce corridor le port iranien de Chabahar est un point nodal d'une importance critique : Eldaniz Gusseinov, Is There a Future for Central Asia's Indian Ocean Transport Projects ? The Diplomat, 11 octobre 2024.

21 https://www.lorientlejour.com/article/1337754/accord-iran-russie-pour-finaliser-une-route-commerciale-nord-sud.html. https://french.presstv.ir/Detail/2023/05/23/703930/Iran-Russie-Regard-vers-l%E2%80%99Est-Accord-ferroviaire.

premier vice-ministre de la Fédération de Russie, voit dans cette ligne ferroviaire une alternative au Canal de Suez, et ambitionne une hausse du commerce de transit de 2,3 Mt actuellement à 15 Mt, à un horizon non précisé ».[22] Cette étape reflète la concrétisation de la priorité accordée par les autorités iraniennes dans le transit comme une des futures sources majeures de revenus de l'économie iranienne[23]. Naturellement, les prévisions de rentabilité de cet axe ferroviaire ne peuvent être complètement anticipées. Notamment au vu des coûts comparatifs par rapport au transport maritime. Au-delà des seules recettes économiques, un tel corridor est un « game changer » non seulement pour ces partenaires mais aussi au niveau de la région. La mise en service du corridor renforcera également les liens déjà importants entre l'Iran et l'Inde[24]. Farzaneh Sadegh, ministre iranienne en charge des routes et du développement urbain, a réaffirmé l'intérêt de Téhéran pour les deux corridors (Nord-Sud et Est-Ouest),et son souhait de combler le retard en la matière malgré les obstacles persistants.[25] Parmi les 3 branches (Ouest, Centre, Est) que comporte le corridor Nord-Sud, la branche Est (voir carte ci-dessous) qui traverse le Kazakhstan et le Turkmenistan est la plus avancée au début de l'année 2025 avec une liaison ferroviaire opérationnelle.[26]

22 http://government.ru/en/news/48499/ .

23 Voir l'analyse de Bijan Khajehpour, Will transit become Iran's new top revenue generator ? Amwaj.media, 8 mars 2023 ; https://amwaj.media/article/will-transit-become-iran-s-new-top-revenue-generator. Le transit connaît une croissance spectaculaire : +31 % du 20 mars 2024 au 21 décembre 2024 : Tehran Times, 5 janvier 2025.

24 How Iran-Russia railway deal could be game-changer for global transit, Amwaj.media, 18 mai 2024.

25 Iran Seeks to Boost Freight Transit via North-South and East-West Corridors-minister, Trend News, 4 mars 2025.

26 Eastern Section Of the North-South Transport Corridor Transport Volumes Threefold in 2024, Russia's Pivot to Asia, 18 janvier 2025 ; https://russiaspivottoasia.com/eastern-section-of-the-north-south-transport-corridor-volumes-increased-threefold-in-2024/.

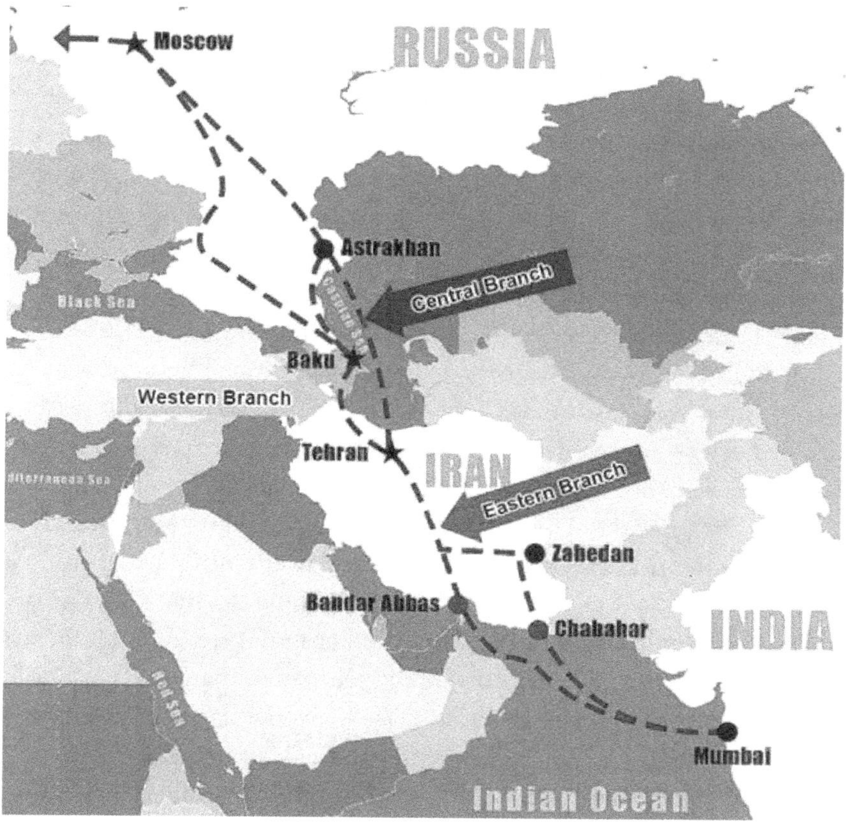

Source : Russia's Pivot To Asia, 18 janvier 2025.

Le corridor Nord-Sud n'est pas la seule 'route' reliant les pays d'Asie Centrale et les ports iraniens. Par exemple, en 2011, sur la base de l'Accord d'Ashgabat, un corridor multimodal Ouzbekistan/Turkmenistan/Iran/Oman a été créé. N'oublions pas, in fine, que les pays d'Asie Centrale ont la possibilité d'accéder au golfe Persique via le port géorgien de Poti, en tirant profit du Middle Corridor. Les appétits de connectivité iraniens peuvent paraître démesurés à certains égards. En février 2025, Sheikh Tamin bin Hamad al Thani, émir du Qatar, a confirmé lors de sa rencontre avec le Guide Khamenei à Téhéran son intérêt pour un projet de méga-tunnel qui relierait son pays à l'Iran. L'idée en avait été lancée en 2022. S'il voit le jour, ce tunnel de 190 km (le plus long du monde) relierait le nord de la péninsule qatarie à la côte iranienne près de Dayyer. Une commission mixte devrait bientôt être créée pour étudier ce projet dont le financement serait principalement assuré par l'Émirat. Pour le Qatar (comme pour l'Iran), ce nouvel itinéraire va non seulement permettre d'augmenter significativement ses échanges avec son partenaire, mais va réduire sa dépendance par rapport aux routes terrestres traversant l'Arabie saoudite (on se souvient du blocus organisé par Riyad au moment de la brouille du royaume avec l'Émirat). Mais au-delà des avantages bilatéraux, ce tunnel aura des répercussions plus vastes : il contribuera à la connectivité entre les pays d'Asie Centrale et le Golfe. Pour l'Iran, il facilitera son accès à cette région, et au-delà, à l'Europe. En contournant l'Irak, la Syrie, et le Liban, la République islamique pourrait rejoindre le Canal de Suez et la Méditerranée. Pour l'Arabie saoudite, il offrira une route directe vers l'Asie Centrale, la Russie et la Chine. À ce jour, il est trop tôt pour prédire un calendrier de concrétisation de ce projet, mais constatons que les deux partenaires affichent la volonté d'aller de l'avant sur lui.[27]

Mais les pays d'Asie Centrale ont pris une importante initiative visant à dynamiser l'Eurasian Corridor ferroviaire qui relie la Chine à l'Europe en passant par l'Asie Centrale, la Turquie et l'Iran[28]. Les média azéris signalent le 14 mai qu'un important accord a été signé à Téhéran sous la présidence du Kazakhstan entre l'Azerbaïdjan, la Turquie, le Turkménistan, le Kazakhstan, l'Iran et la Chine pour harmoniser les tarifs de façon compétitive. Les participants ont décidé également d'améliorer les process logistiques. Cet accord vise à répondre à la demande croissante de flux ferroviaires. Ces mesures devraient doper les flux vers et provenant du Golfe via l'Iran et renforcer la connectivité entre celui-ci et l'Asie Centrale. Un enjeu important pour la République islamique.

L'essor accéléré des ports, l'exemple de Chabahar

Alors que le gouvernement accorde une priorité au développement de ses infrastructures maritimes[29],le port de Chabahar est d'une importance stratégique cruciale pour l'Iran car il est une des rares fenêtres pour ses importations et exportations échappant aux sanctions. Sa situation

27 The World's Longest Tunnel : Iran and Qatar's Ambitious Connectivity Project, ifpinfo.com, 24 février 2025 ; https://www.ifpinfo.com/the-worlds-longest-tunnel-iran-and-qatars-ambitious-connectivity-project/.

28 https://www.business.com.tm/post/13587/uzbekistan-kazakhstan-turkmenistan-turkiye-iran-china-reach-rail-tariff-agreement.

29 Le gouvernement iranien va prioriser son développement maritime : Pezeshkian emphasizes prioritizing maritime-oriented economy in development plans, Tehran Times, 17 novembre 2024.

actuelle résulte d'une longue histoire d'accords successifs avec l'Inde (pour qui il est d'une égale importance) dont l'application a connu des retards démesurés liés notamment aux pressions américaines (malgré la dispense qui avait été accordée pour Chabahar) et les indécisions politiques indiennes. Brevitatis causa nous renvoyons à l'excellente synthèse de Wikipédia.[30] Une étape clé de cet énorme projet a été la signature en 2016 d'un accord tripartite Inde/Iran/Afghanistan qui vise à établir un hub portuaire, ferroviaire et routier reliant ces 3 pays et leur donnant accès aux marchés centre-asiatiques et moyen-orientaux. Son importance stratégique[31] dépasse de très loin les seuls enjeux commerciaux. C'est dire si la signature d'un accord majeur de 10 ans avec l'Inde le 13 mai 2024 où l'Inde s'engage à investir $120 millions pour le développement du port constitue une étape décisive. L'Inde, dont des gestes concrets tardaient indéfiniment, a franchi un pas dont la portée est lourde de signification. New Delhi a fait un choix (bravant les pressions américaines), l'Inde se lassant des blocages pakistanais à ses échanges extérieurs.[32] Cette étape cruciale pour le développement du port va permettre à ce chantier considérable de progresser. L'Ouzbékistan souhaite également avoir accès à Chabahar dont l'attrait ne cesse de croître. Ainsi le pouvoir taliban afghan a annoncé investir $35millions dans le port iranien. Pouvoir y accéder désenclaverait ce pays fragile, faciliterait considérablement les exportations et importations d'Afghanistan[33] qui sont bloquées par le Pakistan. L'Inde, heureuse de contrarier ce rival, et de profiter de l'aubaine, appuie cette démarche paradoxale. Les progrès de Chabahar sont scrutés dans le Golfe dans la mesure où ce hub pourrait contribuer à la connectivité de ces monarchies à la Zone Asie Centrale/ Caucase.[34] Des défis significatifs

30 Pour une présentation précise de cet historique, de ses enjeux et de l'état des lieux actualisé à la présente date, voir : https://en.wikipedia.org/wiki/Chabahar_Port.

31 https://www.orfonline.org/expert-speak/chabahar-port-indias-counterweight-to-chinas-bri-in-eurasia.

32 Voir : EFSAS Commentary, India's 10-year deal to develop Iran's Chabahar port has both commercial and strategic significance,24 mai 2024 ; https://www.efsas.org/commentaries/india-and-chabahar-port-may-2024/.

33 https://www.middleeasteye.net/news/iranian-press-review-taliban-makes-surprise-35m-investment-iranian-port . https://www.rferl.org/a/taliban-investment-iran-port-chabahar-pakistan-azadi-briefing/32863147.html. La démarche des talibans peut surprendre. Mais l'Iran est un des principaux partenaires de l'Afghanistan sans avoir reconnu officiellement ce régime, Téhéran a besoin d'amadouer ce dangereux voisin.

34 https://agsiw.org/india-and-iran-move-forward-on-long-delayed-chabahar-port-project/.

restent à résoudre, notamment la construction d'une voie ferrée Chabahar-Zahedan, celle de Rasht-Astara bénéficiant enfin d'un engagement financier russe. L'attitude chinoise est restée prudente, même si Pékin qui pilote le port concurrent de Gwadar peut en être contrarié[35]. Mais la Chine a préféré tenir un discours sur le thème « deux ports compatibles » plus que concurrents, thème repris par les Iraniens qui veulent cultiver 'en même temps' leur accès au marché pakistanais et leurs relations avec cet ombrageux voisin. Pékin a d'ailleurs quelque peu investi à Chabahar. De fait chacun des deux ports comporte des avantages comparatifs mais aussi des obstacles et difficultés spécifiques[36]. Une certaine logique voudrait qu'une sorte de modus vivendi ou de convergence émerge.

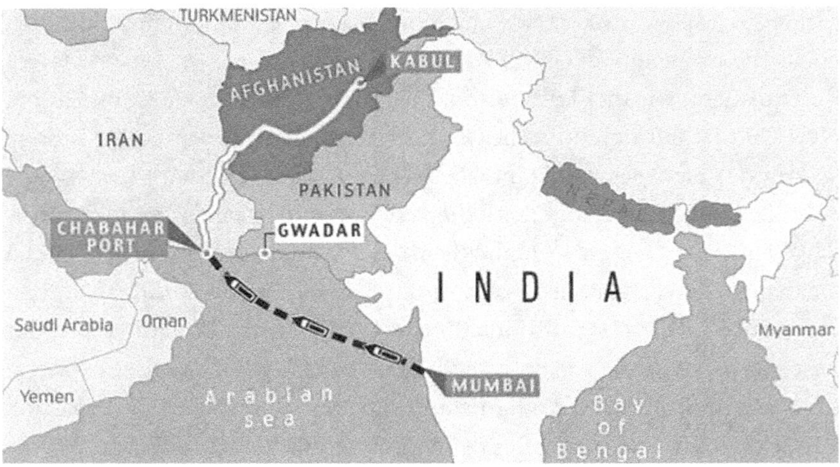

Source : Iran Chamber of Commerce, Industries, Mines and Agriculture, 2022.

Les premières décisions de Donald Trump risquent de contrarier les projets de New-Delhi. Le locataire de la Maison-Blanche, exaspéré par le fait que l'Iran ne s'effondre pas malgré les coups portés par Israël, l'empilement imposant de sanctions déjà en vigueur mais qui ne l'empêchent pas en particulier d'exporter son pétrole principalement vers la Chine, a

35 https://www.stimson.org/2024/despite-a-recent-india-iran-agreement-challenges-loom-for-chabahar-port/.

36 Voir : https://futureuae.com/en-ae/Mainpage/Item/9366/rivalry-by-the-sea-the-gwadar-chabahar-standoff. Pour un plaidoyer Pakistanais sous couvert de comparaison, voir : file:///D:/T%C3%A9l%C3%A9chargements/33-53-1.pdf. Pour un plaidoyer Indien, voir : https://www.orfonline.org/research/the-chabahar-gambit-india-s-play-for-influence-in-central-asia.

décidé d'exercer de nouvelles « pressions maximales ». Le 4 février il publie un Executive Order qui non seulement prononce une nouvelle rafale de sanctions, mais amende ou retire les suspensions de sanctions, « en particulier celles qui offrent à l'Iran un soulagement économique ou financier, y compris celles qui concernent le projet portuaire de Chabahar ». [37] Il est important de noter que ce texte a spécifiquement cité Chabahar. Il est trop tôt pour en évaluer les effets mais il est certain que ceci constitue une sérieuse contrariété pour l'Inde qui accorde une importance croissante à son implication dans ce hub. Peu après la publication de ces mesures, un représentant du ministère indien des affaires étrangères a rappelé la priorité accordée par l'Inde et l'Iran au développement de leur connectivité, et sa contribution humanitaire pour l'Afghanistan et l'expansion du commerce régional[38]. Il est étrange que Trump n'ait pas hésité à « punir » l'Inde dont il veut faire un partenaire central en Asie face à 'l'adversaire' chinois, et ce quelques jours avant sa rencontre avec Modi le 13 février suivant où les 2 pays 'amis' sont supposés renforcer leur coopération. Un geste qui peut paraître contradictoire et surtout humiliant. La déclaration commune publiée par les deux 'amis'[39] n'évoque pas ce douloureux épisode mais célèbre les 'gestes indiens' (retour d'immigrés indésirables) et les ambitieux projets dans l'énergie, les technologies avancées, l'intelligence artificielle, l'accès aux minerais critiques, etc., et se réjouit des perspectives de ventes d'armes massives, voire de la perspective d'éventuelles fournitures de F35. Trump annonce au passage que l'Inde et l'Amérique vont 'ensemble ' bâtir une route exceptionnelle qui reliera l' Inde à l'Europe, via l'Italie[40] et Israël (allusion à IMEC), voire plus loin (il cite les États-Unis !), y compris avec un réseau de câbles. Mais le blocage mis à la participation indienne à Chabahar constitue

37 National Security Presidential Memorandum/NSPM-2 Executive Order, 4 février 2025 ; https://www.whitehouse.gov/presidential-actions/2025/02/national-security-presidential-memorandum-nspm-2/.

38 Indian Official Stresses Importance of Iran's Chabahar Port, Caspian News, 13 février 2025 ; https://caspiannews.com/news-detail/indian-official-stresses-importance-of-irans-chabahar-port-2025-2-12-0/ .

39 https://www.whitehouse.gov/remarks/2025/02/remarks-by-president-trump-and-prime-minister-narendra-modi-of-the-republic-of-india-in-joint-press-conference/.

40 https://www.whitehouse.gov/remarks/2025/02/remarks-by-president-trump-and-prime-minister-narendra-modi-of-the-republic-of-india-in-joint-press-conference/. On relèvera que Trump désigne l'Italie comme point de contact avec l'Europe, sans doute une amabilité à Giorgia Meloni qui affiche un soutien spectaculaire au président américain, alors que c'est Le Pirée qui est la destination favo- rite plutôt que Trieste ou…. Marseille.

assurément un sujet de discorde future. Il reste que visiblement Modi a choisi au moins provisoirement une retenue diplomatique et certainement de mener des conversations discrètes après avoir évalué l'impact de cette mesure.

Les observateurs estiment que priver l'Inde d'un accès à Chabahar est un rude coup car ce projet « représente plus qu'une durée de vie économique. C'est un atout stratégique qui renforce ses liens économiques à une région voisine volatile tout en contrebalançant l'influence croissante de la Chine en Asie du Sud,Asie Centrale et à travers le Moyen-Orient »[41]. Si la suspension du 'waiver" qui autorisait l'Inde à s'impliquer dans Chabahar est maintenue, Modi sera condamné à une révision douloureuse. L'Inde sera pénalisée dans ses échanges vers l'Asie Centrale dont l'expansion est une des motivations significatives de son investissement dans ce projet. Bien que le mutisme du Premier ministre ne laisse rien paraître il est permis, comme le soulignent les mêmes sources, de penser que ceci affectera la participation indienne au sein du Quad, un des outils privilégiés de Washington pour organiser des coalitions pour contrer les ambitions chinoise dans l'Indo-Pacifique. C'est probablement une erreur stratégique au moment même où Trump prétend concentrer ses efforts face aux ambitions chinoises. Il faudra également guetter l'attitude de l'Inde au sein d'autres structures multilatérales comme les Brics ou le groupe de Shanghaï. Il est donc essentiel de scruter l'évolution de ce dossier. Si un compromis est trouvé, moyennant des concessions économiques indiennes, la qualité des relations entre Washington et New Delhi se maintiendra, voire pourrait s'épanouir davantage. Au cas contraire, l'Amérique pourrait connaître quelques déconvenues. Paradoxalement, même si l'Iran sera fatalement gêné par ces nouvelles mesures, leur impact pourrait s'avérer moins pénalisant que pour l'Inde en raison du savoir-faire iranien en matière de contournement, et de l'hostilité des partenaires de Téhéran à ces sanctions. Par exemple, Pékin ne semble pas disposé à renoncer à ses achats de pétrole iranien. La Chine reste le premier (environ 90 %° destinataire des exportations pétrolières iraniennes, notamment grâce aux transbordements de cargaisons au large de la Malaisie, et aux livraisons à des « teapot refineries » chinoises (= « raffineries théières dans le jargon habituel, ») officiellement indépendantes mais très certainement

41 Haris Gul, Chabahar : Where Trump is hurting India and helping China, AsiaTimes Online, 22 février 2025.

sous l'étroite supervision des autorités[42]. Cette défiance exaspère Trump qui a décidé de tenter de bloquer ces flux en prononçant une nouvelle vague de sanctions ciblées : le 20 mars 2025,l'OFAC (Trésor américain) a pour la première fois sanctionné une raffinerie théière (Luqing Petrochemicals), 12 structures et un individu, et surtout 8 navires qui font partie de la 'flotte fantôme' qui transporte le pétrole iranien[43]. Même si ces vigoureuses pressions ne tarissent pas les exportations de pétrole iranien, elles les perturbent[44]. Périodiquement les réserves de pétrole stockées en mer (non déchargées) augmentent, ce qui entraîne mécaniquement des baisses de revenus liées notamment aux coûts associés à ces exportations. À cela s'ajoutent la dégradation de la monnaie iranienne et l'interruption des importations de pétrole par la Syrie[45].

Toutefois Chabahar n'est pas le seul hub iranien de connectivité maritime avec l'Asie Centrale .Le port de Bandar Abbas connaît un développement renouvelé par des initiatives telles que celles du Kazakhstan. Ce dernier a signé le 29 avril 2025 un Mou portant sur un investissement dans le port de Shahid Rajaee[46] où devrait être construit un terminal et un centre logistique. Le terminal ne traitera pas que le fret provenant du Kazakhastan mais aussi les marchandises des autres pays d'Asie Centrale. Ceci devrait renforcer le rôle de l'Iran comme axe de transit entre cette région et notamment le Golfe.

42 Les exportations de pétrole iranien atteignaient entre 1,5 millions de barils/jour et 1,6 millions de barils/jour en février 2025 : Iran-China Oil Flows Persist Despite U.S. Crackdown, Oil Price.com, 10 mars 2025 ; https://oilprice.com/Energy/Crude-Oil/Iran-China-Oil-Flows-Persist-Despite-US-Crackdown.html.

43 https://www.state.gov/sanctioning-entities-purchasing-and-transporting-iranian-oil-to-further-impose-maximum-pressure-on-iran/; U.S.Department of The Treasury, Treasury Sanctions Network Supporting Iran's Oil Exports, 20 mars 2025 ; https://home.treasury.gov/news/press-releases/sb0056

44 New us sanctions to slow but not stop China's Iranian oil imports, traders say, Reuters, 21 mars 2025.Après une phase de baisse des exportations, les analystes prévoient que Téhéran utilisera des tankers non-sanctionnés pour retrouver les niveaux atteints en février : Oil prices shrug off US-Iran's cat-and- mouse game over sanctions, Kpler,19 mars 2025.

45 Dalga Khatinoglu, Iran's oil sales to China plummet, revenue decline deepens, Iran International, 15 février 2025 ; https://www.iranintl.com/en/202502150560. Voir aussi : https://www.iranintl.com/ en/202502276278.

46 https://www.railway.supply/en/kazakhstan-invests-in-development-of-bandar-abbas-port-in-iran/

Gwadar, symbole des intérêts stratégiques saoudiens vers l'Asie Centrale

Les relations saoudo-Pakistanaises sont de nature stratégique. Pour les 2 parties les enjeux couvrent l'ensemble des domaines car chacune a besoin de l'autre. Nous ne les passerons pas en revue ici, brevitatis causa[47]. Il suffit de rappeler que le royaume est le principal fournisseur d'hydrocarbures à un pays qui en est largement dépourvu; celui-ci est en outre en état de dépendance financière à l'égard de Riyad qui vient régulièrement au secours d'une économie malade. L'incapacité du pouvoir pakistanais à redresser celle-ci a d'ailleurs fini par lasser les bailleurs de fonds saoudiens. Le Pakistan, pour sa part, contribue à la sécurité de l'Arabie saoudite, notamment par une étroite coopération militaire. Par ailleurs, le savoir-faire nucléaire militaire du Pakistan bien connu (qui l'avait transmis à la Libye puis à l'Iran) est regardé avec beaucoup d'intérêt par l'Arabie saoudite qui poursuit un programme nucléaire civil mais qui a annoncé clairement qu'elle se doterait de l'arme nucléaire si l'Iran y parvenait. Malgré force démentis, des interrogations subsistent quant à ce caractère purement civil au vu des nombreuses ambiguités de ce programme.

Dans ce contexte Gwadar [48]présente pour le royaume un intérêt stratégique comme pour le Pakistan. Ce dernier a donné une priorité majeure au développement d'un hub destiné à non seulement irriguer son économie mais surtout pour relier le pays aux marchés d'Asie Centrale et du Moyen-Orient. Pour lui, Gwadar est la pièce maîtresse d'une artère vitale dont l'impact dépasse de loin son territoire. Ne pouvant mener seul cette tâche Islamabad a signé en avril 2015 avec Pékin l'énorme projet multimodal CEPC (China-Pakistan-Economic-Corridor) pour faire de Gwadar un hub qui reliera le Pakistan à la Chine dans le cadre des BRI (Routes de la Soie). Les entreprises chinoises ont pris une part déterminante de ce chantier colossal. Pékin est en outre impliqué dans la gestion de ce port.[49] Le Pakistan s'emploie à convaincre le royaume que Gwadar est le pivôt de la relation maritime entre les deux pays[50]. Pour Riyad, le hub de Gwadar présente de nombreux attraits tant pour ses exportations vers le Pakistan

47 Pour un panorama synthétique, voir : https://en.wikipedia.org/wiki/Pakistan%E2%80%93 Saudi_Arabia_relations.
48 https://en.wikipedia.org/wiki/Gwadar_Port.
49 https://en.wikipedia.org/wiki/Gwadar_Port.
50 https://www.scienceopen.com/hosted-document?doi=10.13169/polipers.21.1.ra4.

et à partir de ce pays, que comme point d'appui majeur dans une zone où pouvoirs globaux et régionaux (dont l'Iran, l'Inde et la Chine) se disputent âprement influence et relais stratégiques. Le volet hydrocarbures est un des enjeux majeurs de cette localisation : non seulement les saoudiens vendent du pétrole aux pakistanais mais ils y investissent pour conforter leurs intérêts. Ils disposent d'un levier efficace : les financements ; non seulement pour renflouer périodiquement les caisses pakistanaises vides, mais pour prendre le relais de la Chine dont les ressources financières baissent en raison de la diminution de la croissance chinoise mais aussi de la propension de Pékin à redéployer ses financements critiqués pour les redéployer ailleurs. Aussi, quand Riyad convient d'investir $10 milliards en juillet 2023 pour la construction à Gwadar de la plus grande raffinerie du pays[51], c'est un signal fort qui est envoyé. D'autant qu'en même temps le Pakistan souhaite faire progresser la construction du pipe-line qui doit le relier à l'Iran, une autre priorité freinée par la crainte de sanctions américaines malgré les pénalités que Téhéran veut infliger à son partenaire défaillant.

Il reste que Gwadar, malgré les ambitions (peut-être démesurées) affichées par le duo Pékin/Islamabad, est loin d'avoir rempli ses promesses (en termes de volumétrie, emplois créés), notamment du fait des insuffisances chroniques d'investissements, d'un management chinois bureaucratique et détaché des réalités[52]. En plus, l'insécurité chronique et les manifestations de mécontentement à l'égard des chinois ont compliqué encore plus les chantiers. Pékin, quelque peu déçu, a « réduit la voilure » (financière) sur ce dossier dont les retours sur investissements lui semblent problématiques[53]. Malgré ces avatars, Riyad continue de donner des signaux clairs de l'importance stratégique du Pakistan. Son accès lui permet de

51 https://www.outlookbusiness.com/news/saudi-arabia-invests-10-billion-to-build-pakistan-s-largest-oil-refinery-in-gwadar-news-306386. En 2021 le royaume avait renoncé à cette localisation au profit de Karachi. Le nouvel accord confirme l'importance de Gwadar.

52 Pour un bilan lucide, voir : https://asialyst.com/fr/2024/05/18/gwadar-chine-pakistan-heurs-malheurs-ambition-mal-nee/ ; et : Hong Zhang & Amar A. Malik,Delivering Promises for the China-Pakistan Economic Corridor : Lessons Learned and the Path Forward,Georgetown Journal of International Affairs, 16 décembre 2024. https://gjia.georgetown.edu/2024/12/16/13728/ ; une évaluation réaliste conduite aussi au Pakistan : file:///D:/T%C3%A9l%C3%A9chargements/_54.+CEPC+and+Gwadar+Port+Viabilities+and+Challenges.pdf.

53 https://www.chinausfocus.com/finance-economy/why-is-ch ina-miss ing-from -pakistans-foreign-investment-plans.

diminuer sa dépendance des marchés occidentaux pour les hydrocarbures (on a vu par ailleurs croître les exportations de pétole saoudiens vers la Chine). Au plan géopolitique, le Pakistan, avec Gwadar, conforte l'assise saoudienne dans cette méga région. Pour avancer ses pions, l'outil financier combiné à un tissu d'accords est un levier idéal, comme le montre la signature, le 10 octobre 2024, d'un panier de lettres d'intention (MOU) d'une valeur de $ 2,2mds. C'est la 2e intervention financière 'lourde' depuis 2023[54]. Notons que l'Arabie saoudite n'est pas le seul pays du Golfe courtisé par le Pakistan[55].

La connectivité : un enjeu saoudien majeur comme pour les États du Golfe

Les États du Golfe ont compris que leur développement économique passe non seulement par l'accélération de la connectivité interne à la région, mais la construction d'une véritable connectivité entre le Golfe et la méga région Asie-Centrale/ Caucase. Cette option repose elle-même sur une révision de la posture stratégique des membres du Conseil de Coopération du Golfe (CCG)[56]. À l'évidence, ce tournant a été pris par le CCG comme l'atteste la publication, le 28 mars 2024, d'un document, la Vision du CCG sur la Sécurité Régionale, la première doctrine du CCG en la matière depuis sa création[57].

Faire de l'Arabie saoudite un « hub » logistique[58] 'entre 3 continents' associé au développement de la connectivité avec les autres monarchies

54 Voir l'analyse de Kaswar Klara,Scrutinizing Riyad's Big Bet on Pakistan, Global Asia, vol.19,n° 4, décembre 2024. http://globalasia.org/v19no4/feature/scrutinizing-riyadhs-big-bet-on-pakistan_kaswar-klasra.

55 https://eastasiaforum.org/2024/10/24/pakistans-struggle-to-secure-gulf-investments-amid-economic-crises/ .Les pays du Golfe y trouvent des débouchés mais aussi un accès à certaines matières premières (minerais). Mais l'instabilité chronique du Pakistan, le manque de fiabilité locale,constituent des freins à ces investissements; https://amwaj.media/article/pakistan-gulf-investment.

56 Celle-ci s'est manifestée lors du premier sommet Golfe/Asie Centrale le 19 juillet 2023, avec l'accent sur les partenariats dans le domaine de l'énergie et de la sécurité et la nécessité de prioriser la connectivité : Diana Gleeva, GCC-Central Asia Summit : An Opportunity for the Two Regions, Gulf International Forum, 8 août 2023.

57 Mehran Haghirian a souligné l'extrême importance de cette novation dans : To Succeed, the GCC Requires Cooperation With Iran for Regional Security, Commentary, the H.L. Stimson Center,29 avril 2024 ; https://www.stimson.org/2024/to-succeed-the-gcc-requires-cooperation-with-iran-for-regional-security/.

58 https://www.hellenicshippingnews.com/steering-a-new-course-saudi-arabi as-maritime-sector-is-set-to-take-on-a-more-prominent-role-in-the-global-supply-chain/. https://www.linkedin.com/pulse/saudi-arabias-expansion-logistics-zones-infrastructure-3d3ac/.

du Golfe est une des objectifs stratégiques du Plan Vision 2030 .Comme le soulignent Eric Carrey et Florent Parmentier,» L'Arabie saoudite qui se rêve en hub logistique mondial, a dévoilé le 27 août son plan directeur pour se positionner dans le top 10 de l'Indice mondial de performance logistique d'ici 2030, alors qu'il est actuellement classé à la 38e place. Pour y parvenir, le pays prévoit de construire 59 centres logistiques dans les sept prochaines années, dont 12 dans la région de Riyad, 12 dans la région de La Mecque, 17 dans la région orientale en particulier pour faciliter l'acheminement des flux vers l'Iran et 18 répartis dans le reste du royaume. 21 centres sont actuellement en cours de développement, et l'ensemble représentera une superficie totale de plus de 100 millions de mètres carrés. »[59] En matière d'infrastructures portuaires, les investissements saoudiens sont spectaculaires sous la direction de la Saudi Ports Authority (Mawani), notamment sur les ports de Jeddah et King Abdulaziz. De son côté,Maersk a ouvert en août 2024 le plus grand parc logistique du monde au port de Jeddah.[60] Tandis que se développent de nouvelles lignes vers l'Inde et les pays voisins.[61]Le groupe français CMA CGM n'est pas en reste : il a signé un accord de coopération avec le royaume en matière de développement portuaire et logistique lors de la dernière visite du président Macron.[62] Il marque sa volonté de devenir un acteur majeur en Arabie saoudite où il est déjà solidement implanté. L'accent est mis sur la priorité de caler les futurs investissements et prestations sur les objectifs du Plan Vision 2030.

Le royaume a en effet convaincu ses partenaires du Conseil de Coopération du Golfe de rattraper leur retard en matière de liaisons ferroviaires intra-Golfe. C'est pourquoi d'ambitieux projets couvrant 1 200 km sont en cours d'étude (pour un coût entre $120mds et $125mds) en vue de la construction de plusieurs lignes pour relier ces différents partenaires[63].

59 Voir leur excellente analyse : Accord Diplomatique Arabie saoudite/ Iran, une victoire logistique pour la Chine, Diplomatie N° 124,11,2023.

60 https://www.hellenicshippingnews.com/steering-a-new-course-saudi-arabias-maritime-sector-is-set-to-take-on-a-more-prominent-role-in-the-global-supply-chain/.

61 https://folkmaritime.com/news-insights/Folk-Maritime-Sets-Milestone-as-the-First-Saudi-Company-to-Connect-the-Arabian-Gulf-with-New-Liner-Service.

62 https://www.lloydslist.com/LL1151717/CMA-CGM-to-help-develop-Saudi-freight-and-logistics.
https://theloadstar.com/cma-cgm-signs-ambitious-port-and-logistics-partnership-with-saudi-arabia/ .

63 Pour une présentation, voir : Suzanne Block, Connecting the Gulf : Railway in Middle East Take Center Stage, AXO 3 juillet 2024.
https://axotrack.de/en/connecting-the-gulf-railway-in-middle-east-takes-center-stage/. La connectivité intra-Golfe visée par le grand projet ferroviaire régional

Lors de la conférence Global Rail qui s'est tenue à Abu Dhabi du 8 au 10 octobre 2024, Le CCG a réaffirmé qu'il est prioritaire d'accélérer la construction des segments du projet qui reliera les membres de cette organisation.[64] Mais il faut bien comprendre que la connectivité ferroviaire, maritime, etc., n'est que le reflet d'une prise de conscience de nouveaux équilibres des marchés et des rapports géostratégiques. Les membres du Conseil de Coopération du Golfe (CCG) ont réalisé depuis plusieurs années qu'ils devaient rapidement s'engager vers une diversification de leurs économies, se dégager de la rivalité conflictuelle entre l'occident et un certain nombre de ses compétiteurs/adversaires, sortir d'une logique de blocs, donc accorder une plus grande priorité à des partenaires comme l'Inde et la Chine qui deviennent leurs principaux importateurs d'hydrocarbures (la Chine en absorbe à elle seule 20 %).[65] Bien plus, alors que l'Arabie saoudite et les Émirats s'engagent dans d'importants projets en Inde, ces deux acteurs nouent des partenariats avec des compagnies chinoises publiques et privées dans des projets pour le développe- ment des énergies renouvelables tant dans le golfe Persique qu'en Asie Centrale le long des Routes de la Soie Chinoise.

Pour leur part, les Émirats arabes unis ont l'ambition de devenir un hub maritime de premier plan, comme en témoigne le développement accéléré de Port Khalifa (phare du dispositif portuaire émirati), auquel le groupe français CMA CGM est associé, qui a inauguré en décembre 2024 un nouveau terminal à conteneurs.[66] Dans le golfe Persique, les Émirats occupent une place particulière. En effet, comme le relève un

facilitera, même si elle n'en est pas la condition absolue, la connectivité avec l'Inde et la grande zone Asie Centrale/Caucase; https://fanack.com/gulf-cooperation-council/gcc-railway-project-on-the-right-track/ . Voir aussi une revue d'ensemble actualisée : https://en.wikipedia. org/wiki/ Gulf_Railway . Les monarchies du Golfe ont fini par s'accorder sur l'urgence de développer leurs liaisons ferroviaires : https://fanack.com/gulf-cooperation-council/gcc-railway-project-on-the-right-track/ .

64 https://www.gcc-sg.org/en-us/MediaCenter/NewsCooperation/News/Pages/news2024-10-8-3.aspx .

65 Pour une description documentée de ce nouveau panorama, voir : Alexandre Kateb,The GCC's Multipolar Pivot : From Shifting Trade Patterns to New Financial and Diplomatic Alliances,Malcolm H.Kerr Carnegie Middle East Center,28 mai 2024 ; https://carnegieendowment.org/research/ 2024/05/the-gccs-multipolar-pivot-from-shifting-trade-patterns-to-new-financial-and-diplomatic-alliances?lang=en&center=middle-east.

66 https://www.actu-transport-logistique.fr/journal-de-la-marine-marchande/port/peu-implante-dans-le-golfe-persique-cma-cgm-entre-en-scene-a-abou-dhabi-960803.php ; https://www.cmacgm-group.com/fr/actualites-media/le-groupe-cma-cgm-et-abu-dhabi-ports-inaugurent-cma-terminals-a-khalifa-port.

analyste avisé, « alors que l'Arabie saoudite s'est tout particulièrement investie dans sa politique de collaboration économique avec la Chine, les Émirats arabes unis, eux, ont davantage privilégié l'option indienne ».[67] Il souligne que « l'Inde accroît sa présence au Moyen-Orient de façon de plus en plus visible ». Pour lui, les Émirats sont un pion 'incontournable' dans la stratégie de l'Inde, la collaboration ayant acquis un niveau « stratégique » comme en témoigne la collaboration financière 'inédite', spatiale, militaire et sécuritaire. Le caractère stratégique et privilégié de cette relation est, comme le relève l'auteur, partagé par l'Inde avec un autre partenaire critique : Israël que l'Inde cultive avec soin[68], et qu'elle implique dans ses projets de connectivité au service de sa vaste ambition[69] dans tout le Moyen-Orient.

Toutefois, ce qui précède ne signifie en rien que l'Arabie saoudite tiendrait pour secondaire de tisser des relations fortes avec l'Inde. Au contraire, le royaume s'emploie à structurer considérablement ses flux avec New-Delhi, ce qui implique des investissements -notamment logistiques- très substantiels. Symétriquement, très soucieuse de ne pas laisser la Chine occuper ce terrain, l'Inde consolide son implantation saoudienne, considérant non seulement que le royaume est un marché attractif mais surtout que la connectivité intra golfe en plein essor lui sert de clé d'entrée à des horizons autrement plus vastes, dont l'Europe.

IMEC, pion américain contre Pékin et Téhéran, ou tracé complémentaire ?

Le 9 septembre 2023, en marge du sommet du G20 à New-Delhi, Joe Biden fait signer une lettre d'intention (Memorandum of Understanding/ MOU)[70] à l'Inde, l'Arabie saoudite, les Émirats arabes unis, l'Italie, la France et l'Union Européenne pour créer IMEC (India-Middle East-Europe Economic Corridor) pour relier l'Inde à l'Europe dans le cadre

67 Emile Bouvier, L'Inde, nouvelle puissance montante au Moyen-Orient (1/3) ? Les Émirats arabes unis, tête de pont de New Delhi dans la région, Les Clés du Moyen Orient, 23 février 2024. https://static.lesclesdumoyenorient.com/L-Inde-nouvelle-puissance-montante-au-Moyen-Orient-1-3-Les-Emirats-arabes-unis.html.

68 https://www.lesclesdumoyenorient.com/L-Inde-nouvelle-puissance-montante-au-Moyen-Orient-2-3-Les-relations-avec.html .

69 https://www.lesclesdumoyenorient.com/L-Inde-nouvelle-puissance-montante-au-Moyen-Orient-2-3-Les-relations-avec.html .

70 https://www.whitehouse.gov/briefing-room/statements-releases/2023/09/09/memorandum-of-understanding-on-the-principles-of-an-india-middle-east-europe-economic-corridor/.

du PGII (Partnership for Global Infrastructure Investment) une initiative lancée en 2021 pour favoriser le développement, une alternative aux BRI chinois. IMEC vise à créer une dynamique de développement économique non seulement entre le point de départ et d'arrivée mais dans les ensembles régionaux traversés grâce à cette connectivité qui ne se limite pas à des infrastructures multimodales, mais comprend aussi des cables de fibre optique et...un pipeline de transport d'hydrogène ! Le futur corridor comprend deux branches, le corridor est reliera les pays du Moyen-Orient et du Golfe, l'autre reliera le Moyen-Orient à l'Europe. Nous ne décrirons pas ici les caractéristiques techniques ni les perspectives économiques de ce projet[71] qui suscite de fortes réserves notamment chez les spécialistes de la logistique[72], et parmi la communauté des experts[73]. Nous nous limiterons à son évaluation stratégique. En effet, s'il ne faut pas négliger les bénéfices attendus du futur corridor, il faut se demander si les motivations géopolitiques qui sont avancées, en particulier par Washington, pour le justifier, ne sont pas prioritaires par rapport à sa viabilité économique qui est loin d'être validée. En tout état de cause, ce corridor, s'il voit le jour dans son entièreté (ce qui n'est pas démontré), doit être envisagé dans un horizon d'au moins 10 ans.

Or, comme l'observe justement Jean-Loup Samaan, expert à l'Institut Montaigne,[74] « C'est à la Maison Blanche qu'IMEC a été initialement conçu comme un outil au service de deux objectifs. À l'échelle régionale le projet entend consolider le mouvement de normalisation des relations d'Israël et les pays du Golfe depuis les Accords d'Abraham en 2020 » Il précise d'ailleurs qu'Israël n'est pas signataire du MOU précité, mais « sa contribution, via le port de Haïfa, est au programme de l'administration Biden ». Le second objectif consiste à « servir d'alternative à la nouvelle route de la soie chinoise ». Nous en ajouterons un troisième, lié au second : éviter tout corridor iranien russe. Notons, au passage, que le point princi-

71 Pour une synthèse rapide vue d'un établissement bancaire tourné vers le marché indien : https://www.businessgo.hsbc.com/en/article/imec-economic-corridor .

72 Hervé Deis parle d'une 'absurdité logistique' : Le corridor Imec : une aventure fantastique mais sans lendemain, Ports et corridors, 25 février 2024.

73 https://ecipe.org/blog/imec-the-road-that-should-not-be-taken/ . https://www.hellenicshippingnews.com/beyond-the-houthis-attacks-on-shipping-the-absurdity-of-the-india-middle-east-corridor/.

74 Jean-Loup Samaan, Corridor entre l'Inde, le Moyen-Orient et l'Europe : l'avenir incertain du projet américain, Institut Montaigne, 13 mai 2024. Voir aussi du même : https://www.atlanticcouncil.org/ blogs/the-india-middle-east-corridor-a-biden-road-initiative/.

pal de contact avec l'Europe serait le port du Pirée (opéré par un groupe chinois !). Le lancement de ce projet a été accueilli avec force enthousiasme par Ursula von der Leyen et Emmanuel Macron.

La place significative d'Israël est le premier indice du biais géopolitique introduit dans ce projet par l'administration américaine. Depuis au moins 2012, Israel Katz, ancien ministre des transports, puis des Affaires étrangères, et actuel ministre de la défense, (à la date de rédaction de cette note) ambitionne de créer un corridor économique connectant l'Europe, Israël, le Moyen-Orient, l'Inde. Au passage il éviterait le Canal de Suez[75]. Par ailleurs, l'Inde poursuit son ancrage stratégique avec Israël (ce qui ne peut déplaire à Washington agacé de certaines coopérations israélo-chinoises[76]). Le milliardaire indien Gautan Adani via l'Adani Ports and Special Economic Zones a acquis 70 % du port de Haïfa, « un des plus gros investissements étrangers de l'Inde dans un secteur israélien ».[77] Il reste qu'en relation ou pas avec le projet IMEC, Israël considère comme stratégique la nécessité de construire un corridor terrestre entre les Émirats et l'état hébreu pour éviter la Mer Rouge et les risques posés par les attaques des Houthis yéménites. La société logistique Trucknet a signé en décembre 2023 un accord à cet effet avec la société émiratie DP World pour une route reliant les ports de Dubai ou Bahrein, traversant l'Arabie saoudite et la Jordanie, pour rejoindre Haïfa, l'Égypte pour des expéditions vers l'Europe.[78]

Comme le souligne Jean-Loup Samaan, l'enthousiasme indien pour IMEC s'explique : « La volonté de Washington de faire d'IMEC un outil d'endiguement de l'expansion économique chinoise séduit Delhi ».

75 Israel as a regional transport hub : Could this pipe dream come true ? – analysis, Jerusalem Post, 10 septembre 2023.

76 L'implication chinoise dans les infrastructures israéliennes avait connu un essor considérable dans le cadre des routes de la soie : https://www.cdr-news.com/cdr-essential-intelligence/belt-and-road-initiative/israel/ ; https://www.mei.edu/publications/israel-and-china-time-choosing .En confiant à un groupe chinois la construction et l'exploitation d'un terminal du port de Haïfa, Israël avait beaucoup contrarié Washington et l'état hébreu s'est employé à écarter les entreprises chinoises de divers appels d'offres et projets. https://www.inss.org.il/social_media/involvement-of-chinese-companies-in-israels-infrastructure-is-it-the-end/ .

77 Azad Essa, Le port de Haïfa, l'Indien Adani et le projet d'Israël pour le Moyen Orient, Middle East Eye,14 avril 2024. https://www.middleeasteye.net/fr/decryptages/israel-inde-port-haifa-adani-achat-projet-integration-moyen-orient-palestine.

78 https://www.timesofisrael.com/israel-logistics-startup-forges-overland-trade-route-to-bypass-houthi-red-sea-crisis/ . D'autres acteurs proposent des initiatives dans le même sens (éviter le risque Houthi) : https://www.timesofisrael.com/houthi-bypass-quietly-goods-forge-overland-path-to-israel-via-saudi-arabia-jordan/ .

D'autres analystes mettent en avant toute une série d'objectifs géostratégiques indiens : depuis la défiance à l'égard du Pakistan, en passant par l'implication stratégique de l'Inde dans la Péninsule Arabique dont le projet favorisera la pacification grâce à la connectivité, et bien sûr une alternative aux BRI chinoises[79], et un moyen d'amener l'Europe à contribuer par ses financements à l'intégration de l'Inde. Vu du Pakistan, IMEC est naturellement vu comme une démarche visant à le défier frontalement et le marginaliser (ainsi que les corridors chinois) mais d'aucuns invitent à une certaine sérénité au vu de la liste conséquente d'obstacles et d'inconnues qui pèsent sur ce projet qui ne constituerait pas en soi une véritable menace.[80] L'ensemble des avantages stratégiques de ce projet pour l'Inde a été décrit (et plaidé) par le lieutenant général (cr) P R Shankhar, qui conclut qu'au bout du compte IMEC suscitera une nouvelle architecture de sécurité régionale[81]. Il reconnaît (prudemment) que ce corridor dont il vante la supériorité, pourrait cependant être complémentaire des autres. L'Union Européenne a bruyamment applaudi au lancement d'IMEC. Ursula von der Leyen parle de 'percée historique' ! IMEC présente des avantages potentiels pour les futurs participants mais ne signifie pas que les monarchies de la péninsule arabique abandonneront leur implication dans les autres corridors et accords : les analystes de l'ECFR rappellent que les États du Golfe ne tourneront pas pour autant le dos à la Chine ; ils veillent plutôt à doser leurs appuis.[82] Il reste que la perturbation régionale qui s'étend depuis le début de la crise de Gaza au Liban, puis en Syrie, qui persiste au Yémen, et s'étend en Syrie, alors que les islamistes de daech poursuivent leurs dangereuses menaces, n'encourage pas les investisseurs potentiels à financer IMEC. Lors de la visite en France du Premier ministre indien en février 2025, le projet a été évoqué au cours de plusieurs entretiens avec le président de la République qui a vanté l'attractivité du

79 C.Raja Mohan, Connecting India, Arabia and Europa, ISAS Briefs, 11 septembre 2023 ;
80 https://issra.pk/pub/insight/2024/India-Middle-East-Economic-Corridor-(IMEC)-and-Challenges-for-Pakistan/India-Middle-East-Economic-Corridor-(IMEC)-and-Challenges-for-Pakistan.html
81 Lt General P R Shankhar, Potential and Challenges for the Proposed India-Middle East-Europe Corridor (IMEC), India Foundation, 8 novembre 2023.
82 Julian Barnes-Dacey, Cinzia Branco, Intersections of influence : IMEC and Europe's role in a multipolar Middle East, Commentary, ECFR, 15 septembre 2023.

port de Marseille [83] et le groupe CMA CGM, qui ont accueilli Narendra Modi au siège du groupe... à Marseille.[84]

Or face au projet IMEC d'autres monarchies du Golfe ne restent pas inertes : Le sultan d'Oman a signé le 16 avril 2025 au cours de sa visite aux Pays-Bas un Accord de Développement Conjoint pour transporter par mer de l'hydrogène depuis le port omanais de Duqm à Amsterdam, comportant des hubs logistiques en Allemagne (dont le port de Duisbourg) et, de là, potentiellement ailleurs en Europe. Ce corridor maritime constituera un axe majeur de connectivité énergétique[85].

L'Irak Development Road (Dry Canal ») : Plus qu'une riposte, un joker qui change le jeu régional

Erdogan a vigoureusement protesté contre l'exclusion de la Turquie du corridor Imec qui devrait aboutir en Grèce (qui cultive ses relations avec Israël, choix vu comme une provocation) :» Nous disons qu'il n'y a pas de corridor sans la Turquie». Il ajoute :» La Turquie est une importante base de production et d'échanges. La ligne la plus adéquate pour le trafic d'est en ouest doit passer par la Turquie »[86]. L'exclusion de la Turquie dans d'autres groupes où l'Inde, ou la Grèce sont présents, reflèterait notamment une volonté américaine délibérée de 'punir' la Turquie de son comportement jugé parfois hostile notamment à l'égard d'Israël, ou

83 https://www.euractiv.com/section/politics/news/macron-pitches-new-trade-route-with-india-defying-beijing/ . https://www.dw.com/en/macron-pitches-france-as-indias-european-trade-gateway/a-71605928 . Modi a vanté la place de la France en général dans la posture extérieure de l'Inde au cours de cette visite où les 2 partenaires ont réaffirmé et amplifié le caractère stratégique de la relation bilatérale et leur grande ambition partagée. https://in.ambafrance.org/Visite-du-Premier-Ministre-Narendra-Modi-en-France-20500 ; le chef du gouvernement indien a souligné la place croissante de la France dans la connectivité indienne, (et s'est par ailleurs montré intéressé par l'industrie de défense française). Certains observateurs estiment cependant que la crédibilité d'IMEC est loin d'être assurée mais que l'Inde est intéressée à la contribution de la France au développe- ment de sa connectivité (qui ne se limite pas à IMEC)

84 CMA CGM entend jouer un rôle-clé dans ce corridor, https://www.cmacgm-group.com/fr /actualites-media/visite-du-premier-ministre-indien-narendra-modi-et-du-president-de-la-republique-emmanuel-macron-cma-cgm.

85 Oman signs historic agreement to establish world's first Liquid Hydrogen Corridor to Europe ,The Times of Oman, 16 Avril 2025 Times of Oman https://timesofoman.com/article/156943-oman-signs-historic-agreement-to-establish-worlds-first-liquid-hydrogen-corridor-to-europe.

86 Turkey' Erdogan opposes India-Middle East Transport project, Middle East Eye, 11 septembre 2023 ; https://www.paturkey.com/news/erdogan-angry-at-india-middle-east-europe-corridor-no-corridor-without-turkey/2023/ .

comme membre de l'Otan pour l'acquisition du système AS400 russe, quand bien même celui-ci ne sera sans doute jamais activé. Le caractère imprévisible du président turc engendre une perte de confiance.[87] Washington veut conforter ses alliés privilégiés : Israël, l'Inde, l'Arabie saoudite. Pour répondre à cette impasse, celui-ci s'est empressé d'activer les négociations avec l'Irak, le Qatar et les Émirats, pour mettre sur pied un corridor rapidement opérationnel[88]. L'Arabie saoudite n'en fait pas partie mais suit ce dossier. Le soutien appuyé de l'Europe à IMEC suscite une vive irritation chez Erdogan : « nous pourrions nous écarter de l'Europe ». Le 22 avril 2024, à l'occasion de la visite du président turc en Irak (la première en 13 ans), 26 MOU (lettres d'intention) sont signés[89], dont un accord quadripartite entre la Turquie, l'Irak, les Émirats et le Qatar pour la mise en œuvre du Development Road Project (alias Dry Canal) destiné principalement à relier Bassora (= Basra ou Basrah) à la Turquie, et, de là les marchés européens et asiatiques. Objectif tout aussi important, il s'agir de relier la Turquie au golfe Persique et vice-versa. Mais cet accord n'aurait pas pu être conclu sans que les relations entre Bagdad aient été fermement encadrées par la Turquie dans un engagement sécuritaire qui sert de base à des dispositions de mise en œuvre[90] . Ce document - cadre a conditionné la signature des plus critiques parmi les 26 MOU, en particulier sur l'eau[91], enjeu essentiel pour l'Irak. Bagdad avait été notamment obligé de bannir le PKK, d'accepter la création de zones-tampons, et sera sans doute obligé d'accepter la présence de contingents militaires turcs. Il est vrai que si certaines des mesures gênent Bagdad, elles ont le mérite de sécuriser les zones où passeront les pipelines et le corridor, une importante condition de sa crédibilité.

87 Fatih Yurtsever, The geopolitical impact of IMEC on Turkey, Turkish Minute, 15 septembre 2024.

88 Turkey moves against Europe with trade corridor alternative to IPEC,Railway Technology, 20 septembre 2023.

89 https://www.iraq-businessnews.com/2024/04/24/list-if-mous-sign ed-between-iraq-and-turkey/.
https://www.iletisim.gov.tr/english/haberler/detay/26-agreeme nts-sig ned-between-turkiye-and-iraq

90 https://www.stimson.org/2024/will-a-turkey-iraq-security-agreement-diminish-irans-hold-over-iraq/.
https://www.setav.org/en/opinion/a-fresh-start-in-turkiye-iraq-relations ;voir aussi : https://nlka.net/eng/ankara-baghdad-security-agreements-turkey-writes-iraq-signs/

91 https://epc.ae/en/details/featured/turkish-iraqi-security-agreement-security-in-exchange-for-trade-water .

Le projet 'Development Road' est beaucoup plus qu'une réplique au corridor IMEC, c'est l'occasion inespérée pour l'Irak de se désenclaver tant par des corridors terrestres (ferroviaires et routiers) que maritimes, sans parler des couloirs énergétiques, câbles divers, etc. Brevitatis causa, nous n'en présentons pas ici la description détaillée[92], qui n'est pas l'objet du présent texte, mais sa signification stratégique. Un corridor de plus soumis à divers aléas ? Non, car la présence de deux signataires d'importance, le Qatar et les Émirats Arabes Unis ouvrent des perspectives sur une des conditions majeures de la viabilité du projet : le financement. La motivation de ces derniers est que les flux terrestres et maritimes qui seront portés par ces voies seront rentables et dynamiseront les marchés de plusieurs mega- régions. Par rapport aux autres corridors[93], il est en fait compatible et destiné à y être relié d'une façon ou d'une autre. En plus, le port de Fao[94], un des nœuds principaux de ce corridor, existe déjà : le hisser à une autre échelle ne part pas de rien. Et si l'application du 'Strategic Framework' permet de sécuriser les zones où sera déployé le corridor, les conditions de son succès émergent. Les experts ne s'y sont pas trompés, en soulignant le réalisme de la planification (commencer 'petit' pour parvenir progressivement à de grandes ambitions), et la volonté politique des parties, qui conforte la confiance des investisseurs.[95]

La crédibilité se vérifie dans l'action. L'Irak n'a pas tardé en désignant le 11 juillet 2024 le très important cabinet américain Oliver Wyman[96] pour

92 Pour une analyse équilibrée du projet, voir : Harith Hasan, Iraq's Development Road : Geopolitics,Rentierism, and Border Connectivity, Malcolm H.Kerr Carnegie Middle East Center, 11 mars 2024 ; https://carnegieendowment.org/research/2024/03/iraqs-development-road-geopolitics-rentierism-and-border-connectivity?lang=en&center=middle-east; Voir aussi : https://www.jstor.org/ stable/pdf/resrep58185.5.pdf. Et : https://www.thenationalnews.com/business/2024/04/24/can-iraqs-development-road-challenge-us-and-china-trade-routes/ . La Turquie a livré quelques détails sur son engagement : https://www.aa.com.tr/en/turkiye/development-road-project-to-realize-199b-total-investment/3405028 .

93 Iraq's 'Development Road' amid global trade projects, The New Region, 30 avril 2024.

94 Le développement du port de Fao est un des piliers associés au projet Development Road : The Importance of the Al-Faw Port and the Iraqi Development Road Project in the Iraqi-Turkish Cooperation : https://mepei.com/the-importance-of-the-al-faw-port-and-the-iraqi-development-road-project-in-the-iraqi-turkish-cooperation/.

95 Voir la note détaillée d'un responsable de Programme à la Délégation de l'Union Européenne en Irak : Ali Al-Naseri, Iraq's Development Road-Redefining Connectivity and Stability in the Middle East : https://www.linkedin.com/pulse/iraqs-development-road-redefining-connectivity-middle-ali-al-naseri-rcnrf/ .

96 https://www.consultancy-me.com/firms/oliver-wyman . Le Road Development Corridor n'est pas le seul dossier traité par ce très important cabinet américain : il travaille sur l'urgente réforme du système bancaire irakien d'une importance critique

piloter le projet[97], définir ses bases de viabilité (business plan, financement, gouvernance…)[98]; cette première mission de 9 mois découle d'un contrat de 9 mois financé par le ministère irakien des Transports, contrat « qui sera pris en charge *in fine* par la ou les sociétés qui investiront dans cette Route du développement. Sa valeur n'a pas été dévoilée »[99]. Les réunions de coordination/planification se succèdent et le 27 novembre, un groupe italien a été chargé d'étudier la faisabilité technique et économique et le tracé de la phase 1 du corridor ferroviaire. Le ministère irakien des Transports a annoncé le 14 mars 2025 que les études de faisabilité étaient achevées, et que le projet bénéficiera de la garantie de l'État, ce qui le met à l'abri des aléas politiques tandis que se poursuivent les discussions avec les États partenaires sur la finalisation de son financement.[100]Les autorités irakiennes ont commencé à consulter les entreprises (notamment les grands groupes mondiaux) sur les différents volets du projet.[101] Signe de la progression de ce projet, le système TIR de transit a commencé le 1er avril 2025 sa mise en service entre Mersin (en Turquie) en direction du

pour le développement de l'économie du pays, que Washington a sommé de mettre en place sous peine de sanctions : https://shafaq.com/en/ Economy/ CBI-hires-US-consultant-firm-to-revamp-Iraq-s-banking-sector . La place croissante de O.Wyman en fait le bras séculier du 'soft power' américain en Irak .

97 https://ina.iq/eng/33599-mot-announces-contracting-with-oliver-wyman-to-provide-consulting-services-for-the-development-road-project.html. À cette occasion, le ministère des transports indique les plans préliminaires du tracé ferroviaire sont déjà prêts à 80 % et que ceux du tracé autoroutier le sont à 75 % .

98 https://www.consultancy-me.com/news/8933/iraq-hires-oliver-wyman-for-development-road-economic-study . Le cabinet Wyman aura un rôle clé pour la crédibilité du projet. Celui-ci peut être perçu comme concurrent des autres corridors, mais est néanmoins compris par ses promoteurs comme une contribution irakienne aux 'nouvelles routes de la soie' qui couvrent le Moyen-Orient. Ce n'est pas par hasard que le cabinet Oliver Wyman présente ces dernières comme une opportunité pour le Moyen-Orient : https://www.consultancy-me.com/news/8484/the-new-silk-road-means-big-opportunities-for-asia-and-mena .Le premier ministre irakien a proposé à Pékin de relier le projet irakien aux routes de la soie chinoises, la China National Petroleum Corporation (CNPC) ayant souhaité y coopérer : Iraq's Development Road may link with China's Belt and Road, Iraq-business news, 12 juin 2024. https://www.intellinews.com/iraq-eyes-joining-china-s-belt-and-road-initiative-329078/ .

99 Irak : Oliver Wyman locomotive de la « Route du développement » du Golfe à la Turquie, Consultor, 1er août 2024.

100 https://www.aa.com.tr/en/middle-east/iraqi-transport-minister-development-road-is-a-state-project-not-tied-to-government-changes/3510549.

101 Pour le port de Fao, CMA CGM figure dans la shortlist des entreprises consultées : https://thecradle.co/articles/iraq-shortlists-firms-for-multi-billion-dollar-grand-faw-port-project .

Golfe via le port irakien d'Umm Qasr, un facteur important pour l'avenir de ce corridor.[102]

Source : KHL Construction Briefing,5 janvier 2024.

L'Iran est-il le 'perdant' de ce projet ? C'est loin d'être sûr même si la Turquie, dans le cadre des nouvelles relations sécuritaires qu'elle a conclues avec l'Irak, a obtenu non seulement le bannissement du PKK, mais aussi d'une certaine façon, la neutralisation des 'activités' iraniennes au Kurdistan et dans les zones traversées par le corridor. En fait, si l'Iran n'est pas signataire de l'accord quadripartite créant le corridor, il y est associé d'une certaine façon. Certes, Téhéran ne pouvait prétendre obtenir le chantier du port de Fao ni du très grand corridor ferroviaire qui reliera l'Irak à la Turquie et on peut considérer que Fao représentera un concurrent lourd pour la République islamique qui verra ainsi barrer ses ambitions de devenir un acteur majeur du transport maritime (et terrestre) régional voire inter régional.[103] Comme le souligne Giorgio Cafiero, la République islamique peut être à juste titre contrariée par

102 https://www.dailysabah.com/politics/diplomacy/development-road-guaranteed-as-project-of-iraqi-state-minister .
103 Voir Umud Shoki, Iran- Iraq competition in regional maritime and overland transit corridors, Middle East Institute, 11 avril 2023 ;

ce qu'elle perçoit d'une part comme mise à l'écart des grands corridors mais aussi par une sorte d'encerclement turc, qu'il s'agisse du corridor Zangazur mené conjointement avec l'Azerbaïdjan ou de l'Iron Silk Road, et du contournement possible de l'Iran depuis l'Azerbaïjan vers la Chine. Cafiero estime que provisoire ment Téhéran évitera de créer des troubles pour menacer le corridor turco irakien, ayant besoin de ménager Bagdad, mais n'exclut pas que dans un avenir plus lointain l'Iran ne s'emploie à le perturber.[104] Malgré tout, l'Iran dispose d'un « lot de consolation » qui peut sembler maigre par rapport au grand corridor turco irakien. Il n'en a pas moins une importance considérable pour l'Iran comme pour l'Irak qui amplifieront considérablement leurs flux bilatéraux (notamment touristiques) ; ce modeste tronçon de 32 km qui reliera Basrah à Shalmacheh en Iran augmentera très sensiblement la connectivité iranienne vers plusieurs directions. En inaugurant après un long retard et beaucoup d'incertitudes[105],ce chantier le 2 septembre 2023 (il devrait s'achever en 2025)[106], Bagdad et Téhéran ont montré qu'ils entendent bien rester partenaires (même si l'Irak sous pression américaine et saoudienne souhaite diminuer l'influence iranienne). De fait, dans le cadre de l'accroissement de la 'pression maximale' sur l'Iran, les États-Unis ont interdit à 5 banques irakiennes de faire des transactions en dollars[107]. Trump entend tout faire pour étrangler financièrement Téhéran. Ceci ne facilite pas la tâche de

https://www.mei.edu/publications/iran-iraq-competition-regional-maritime-and-overland-transit-corridors . Dans le même sens : https://gulfif.org/what-iran-stands-to-lose-from-iraqs-development-road-megaproject/ .

104 Voir son excellente analyse richement illustrée de cartes : Will Iran derail the 'Development Road' set to run through Iraq ? , Amwaj.media, 25 mars 2025 ; https://amwaj.media/en/article/will-iran-derail-the-development-road-set-to-run-through-iraq .

105 https://amwaj.media/article/deep-dive-will-iran-iraq-rail-ambitions-turn-into-reality .

106 https://mepc.org/commentaries/development-road-project-basra-chalamja-connection/ ; les responsables des deux pays s'emploient à faire progresser ce chantier; https://www.tehrantimes.com/news/502747/Shalamcheh-Basra-railway-project-progressing-in-a-good-pace .Le groupe espagnol Consultrans /Imathia a été retenu par le ministère des transports et a même proposé en décembre 2024 de prolonger cette ligne jusque Bagdad.
https://www.iraq-businessnews.com/2024/12/01/spanish-rail-company-to-expand-operations-in-iraq/ . Les Chemins de fer iraniens estiment le potentiel de la ligne à 8/10 millions de tonnes et à 12 millions de passagers. Mais l'ambition de Téhéran de relier Basra au port syrien de Lattaquié semble peu réaliste à horizon visible depuis la chute de Bachar el Assad.

107 https://www.mishcon.com/news/the-ban-on-five-iraqi-banks-from-us-dollar-transactions; httpus://www.iranintl.com/en/202502173845 .

Bagdad. Le 9 mars, Washington a supprimé le waiver qui autorisait l'Irak à importer de l'électricité d'Iran[108] pour l'obliger à se fournir ailleurs. Il ne semble pas que l'autorisation d'importer du gaz iranien ait été annulée en même temps.

Riyad : Sortir de l'alignement, pour une préférence nationale

Ce courant ne reflète pas seulement une réorientation des marchés mais prend place dans une évolution stratégique majeure : d'une part les conséquences du conflit russo-ukrainien qui pousse la Russie à rechercher des appuis mais aussi des alternatives à ses débouchés, approvisionnements, investissements ; et d'autre part le développement accéléré des BRICS. Ce dernier ne doit pas être caricaturé comme la création d'un bloc anti-occidental, voire spécifiquement anti-américain. La présence de l'Inde, dont l'implication dans « l'alliance » de coopération multiforme QUAD[109] atteste la qualité de sa relation avec Washington, suffit à écarter ce fantasme. Il faut voir les BRICS une structure où se rassemblent des États[110] (qui ont par ailleurs leurs propres alliances, solidarités ou affinités) qui tiennent à cultiver leur indépendance, leur liberté d'action par rapport à elles, conformément à leurs intérêts propres. Les cristallisations autour des conflits russo-ukrainien et moyen-orientaux ont considérablement accru l'attractivité des BRICS où la liste des candidats s'allonge, comme on l'a vu au sommet de Kazan ; la présence du président turc Erdogan, celle du Premier ministre vietnamien, en sont l'illustration. La Malaisie est également intéressée. Il est permis de noter que l'organisation a reçu une marque d'attention par la participation d'Antonio Guttieres, secrétaire général de l'Onu. L'Arabie saoudite était représentée au nom de son souverain par son ministre des affaires étrangères Faisal bin Farhan au sommet de Kazan en tant que 'puissance invitée' qui, jusqu'ici décrit

108 US ends sanctions waiver for Iraq to buy electricity from Iran ; Al Jazeera, 9 mars 2025.

109 Elle regroupe les États-Unis, l'Australie, l'Inde, le Japon. Elle s'inscrit dans le cadre de la compétition/conflictualité américaine avec la Chine et de la crainte que Pékin inspire à ses voisins. Outre ses 4 membres, Quad entretient une coopération avec d'autres partenaires régionaux.
https://en.wikipedia.org/wiki/ Quadrilateral_Security_Dialogue .

110 https://en.wikipedia.org/wiki/BRICS . Regroupant initialement Brésil, Russie, Inde, Chine rejoints par l'Afrique du Sud, l'organisation s'est étoffée le 1er janvier 2024 des Émirats arabes unis, de l'Égypte, de l'Ethiopie, de l'Iran. L'Arabie saoudite a annoncé son intention d'y adhérer mais ne l'a pas concrétisée lors du sommet des BRICS qui s'est ouvert en Russie à Kazan le 22 octobre 2024.

sa candidature comme « en cours d'examen » (chez elle) alors que son officialisation était attendue. Cette prudence s'explique par la volonté du royaume d'éviter de paraître faire partie d'un bloc anti-américain. Le ministre a déclaré que le royaume entend poursuivre sa coopération avec les Brics mais n'a pas été plus précis pour son adhésion. Les démonstrations spectaculaires de satisfaction de Poutine comme puissance invitante à Kazan, et l'affichage de sa proximité avec son 'ami' le président chinois, ont sans doute puissamment agacé Washington et par voie de conséquence embarrassé Riyad.

Ce n'est pas un alignement géopolitique qui séduit Mohammed ben Salmane, mais la perspective d'améliorer les relations économiques entre les membres, en les dotant d'outils permettant de faciliter l'accès à des marchés, intéresse au plus haut point Riyad. Si le royaume devait se joindre aux Émirats comme nouveau membre des Brics (ce qui n'est pas acquis), il renforcera leur poids au sein du G20 par rapport au G7. Par une adhésion aux Brics, les Émirats renforceront leur statut de hub majeur de transactions commerciales et financières, tandis que l'Arabie saoudite non seulement conforterait son leadership au sein du CCG mais pourrait encore plus facilement concrétiser son ambition de devenir un hub industriel. À cet égard, en rejoignant les Brics, les deux monarchies pourraient bénéficier de la mise en place de mécanismes financiers échappant aux contraintes du dollar, ce qui leur permettra de développer considérablement leurs échanges avec l'Inde et la Chine. On se rappelle que Riyad a déjà recouru à des yuans pour des transactions avec Pékin.

En attendant l'apparition très hypothétique d'une devise digitale commune aux membres du Brics, ceux-ci procéderont aux paiements de leurs opérations en utilisant leurs devises nationales.[111] Une telle devise digitale ne serait pas exclusive de l'utilisation du dollar. C'est une alternative. Preuve de la complexité d'un tel projet, et aussi des divergences de vues parmi les membres de ce groupe, la devise digitale n'est même pas mentionnée[112] dans le communiqué final (Déclaration de Kazan) qui

111 Nous suivons içi l'approche décrite par Alexandre Kateb, op.cit. Voir aussi : https://en.mehrnews.com/news/222929/BRICS-Bank-to-finance-members-projects-in-local-currencies .

112 https://www.reuters.com/markets/commodities/russias-pu tin-out lines-brics-grain-exchange-proposal-2024-10-23/ .

évoque l'utilisation des devises nationales pour les transactions[113]. On comprend que ceci représente une déception pour Moscou et Téhéran qui appellent ce mécanisme de leurs vœux. La préservation de l'indépendance des systèmes financiers (par rapport aux États-Unis) sera renforcée par la création d'un BricsClear. Ceci n'est pas anodin quand on connaît l'importance des Clearing Houses.

Un des attraits des Brics pour l'accès aux marchés et le développement des échanges commerciaux entre les membres est le recours à la Nouvelle Banque de Développement (auparavant dénommée Banque de Développement des Brics)[114]. Sa taille actuellement modeste ne lui permet pas (malgré certains commentaires extérieurs irréalistes) de rivaliser avec les grandes institutions régionales mais la Banque devrait d'une part permettre de faciliter les opérations de toute nature entre ses membres, mais aussi de financer des projets qui pour diverses raisons, ne peuvent l'être par d'autres structures. La Déclaration de Kazan affiche l'intention des participants de renforcer la Banque et sa coopération avec les grandes institutions financières. L'Iran pourrait être un des destinataires possibles de ces financements, notamment pour des projets d'infrastructures contribuant à la connectivité entre le Golfe et l'Asie. C'est une des raisons pour lesquelles la République islamique qui souhaite rejoindre la Banque[115] plaide pour une devise digitale BRICS invulnérable aux sanctions. Cette perspective, comme on l'a dit, a été écartée, l'accent ayant été mis sur le recours aux devises nationales. Les participants ont refusé de s'engager dans un front anti-dollar. Donald Trump, fraîchement élu, a menacé d'exclusion du marché américain quiconque écarterait le dollar, visant directement ce projet de devise 'Brics'. Les Émirats arabes unis, le Bengladesh, l'Égypte, l'Uruguay, puis l'Algérie, ont rejoint la Nouvelle Banque de Développement. Les avantages qu'elle présente font partie des attraits d'une future adhésion aux BRICS pour l'Arabie saoudite mais le royaume ne veut pas créer un sujet de dispute avec le nouveau locataire de la Maison-Blanche.

113 http://static.kremlin.ru/media/events/files/en/RosOySvLz GaJtm x2wYFvolN4NS-PZploG.pdf;

114 https://en.wikipedia.org/wiki/New_Development_Bank .

115 Iran Plans to become member of Brics Development Bank, Tehran Times, 14 octobre 2024.

Conclusion

Au bout du compte, Mohammed ben Salmane et les monarchies du Golfe tiennent pour acquis que leur développement économique non seulement passe par le développement de la connectivité intra-Golfe mais aussi, que connecter cette région à la méga région Asie centrale/Caucase, ciblant aussi bien l'Inde que le Pakistan, mais aussi l'Iran via l'Irak par voies terrestres autant que maritimes, suppose de se 'brancher' aux divers corridors concurrents, Nord-Sud (INSTC favorisé par Moscou), Est-Ouest (poussé par Pékin) sans en exclure aucun. En effet, contrairement aux occidentaux, le jeune prince saoudien a compris que ces corridors concurrents sont en réalité complémentaires. Ils ont vocation à se combiner et il faut tirer parti de tous. Ce mouvement de complémentarité est irréversible et les résistances et contre-feux que les occidentaux s'emploient à bâtir sont inopérants. En clair, les monarques du Golfe ne choisiront pas entre le projet IMEC et l'insertion dans les corridors russes et ceux de la route de la soie chinoise. Ils se serviront des uns et des autres, y compris comme leviers à l'égard de divers acteurs, tablant sur leur concurrence, sur cette complémentarité, et ils joueront sur les calendriers de mise en œuvre respective comme l'explique parfaitement une excellente analyse de la Direction Générale du Trésor (à laquelle nous renvoyons), qui a passé en revue les scénarios de déploie- ment d'IMEC[116]. Le mot de la fin (?) appartient aux acteurs du Golfe. Dans une étude minutieuse où il passe en revue très détaillée l'implication des membres du CCG dans les BRI auxquelles ils ne sauraient renoncer, Johan Burger confirme que ceux-ci ont clairement intérêt à ne pas choisir entre les routes chinoises et IMEC qu'il considère comme ne pouvant être concurrents[117]. Mais c'est le 'terrain' qui arbitrera : le Moyen-Orient est secoué durablement par les crises et conflits (Gaza, Syrie, Liban, Irak, Iran, Yémen, etc.) sans parler des risques d'instabilité, et de la persistance de groupes islamistes ultra violents (dont -mais pas que- daech). En bref, des arguments géopolitiques ont poussé la

116 https://www.tresor.economie.gouv.fr/Articles/2024/06/13/derriere-les-corridors-breves-economiques-de-la-peninsule-arabique-semaine-du-10-au-16-juin-2024. Dans le même sens : Eleonora Ardemagni, The Belt and the Corridor : Gulf States capitalize on competing economic projects, Commentary, ISPI, 12 septembre 2023.

117 BRI and IMEC Cooperation Opportunities and Regional Impact, Trends Research Advisory, Dubai, 22 mai 2024 ; https://trendsresearch.org/insight/bri-and-imec-cooperation-opportunities-and-regional-impact/?srsltid=AfmBOooeMZD7657_HcWnZEK7wz6UcQAIHggDQsz4zTrVbwwh47QfsfUs.

promotion d'IMEC, il est permis de douter de la robustesse des diagnostics qui l'ont nourrie. Comment, par exemple, faire traverser en sécurité un pipeline d'hydrogène à travers la Péninsule Arabique ? Serait-elle paisible comme un canton luxembourgeois ? La question se pose d'autant plus que d'autres acteurs ont une autre approche : le Sultanat d'Oman projette de faire transporter de l'hydrogène vert (donc pas transformé en ammoniac) dans des tankers équipés pour convoyer du gaz naturel liquéfié (GNL) ; » selon un accord conclu en 2023 pendant la Cop28 à Dubaï entre Oman, le port d'Amsterdam, Zenith Energy Terminals et GasLog, Oman va construire une unité de production à Duqm, d'où des navires Ecolog (de capacité de 2000 tonnes d'hydrogène) le livreront au terminal d'hydrogène d'Amsterdam ; il pourrait de là être distribué par pipeline vers l'Allemagne. La décision sur l'investissement nécessaire devrait être prise en 2026 en vue d'une mise en service en 2029 ou 2030 »[118].

118 Eva Levesque, Oman advances liquefied hydrogen export project, Arab Gulf Business Insight, 13 février 2025.

L'Arabie saoudite, acteur majeur de la connectivité maritime entre le Golfe et la méga-région Asie centrale-Caucase

ERIC CARREY

Résumé

Grâce au programme Vision 2030 lancé en 2016 et ses ressources financières solides, l'Arabie saoudite se positionne comme un acteur clé de la connectivité maritime entre le Golfe et la région Asie centrale-Caucase et dans les réseaux commerciaux mondiaux tout en renforçant son influence économique et géopolitique comme le montrent les dernières négociations menées à Djeddah sur le conflit russo-ukrainien. Le pays, riche en hydrocarbures, s'appuie sur sa position géographique et ses vastes côtes pour développer des infrastructures portuaires performantes et renforcer son influence régionale. La stratégie nationale de transport et logistique, initiée en 2021, ambitionne de transformer le Royaume en plaque tournante mondiale grâce à des projets dans le fret aérien, le transport maritime, et les chemins de fer.

Abstract

Thanks to the Vision 2030 program launched in 2016 and its solid financial resources, Saudi Arabia is positioning itself as a key player in maritime connectivity between the Gulf and the Central Asia-Caucasus region and in global trade networks while strengthening its economic and geopolitical influence as shown by the latest negotiations in Jeddah on the Russian-Ukrainian conflict. The country, rich in hydrocarbons, relies on its geographical position and its vast coasts to develop efficient port infrastructures and strengthen its regional influence. The National Transport and Logistics Strategy, launched in 2021, aims to transform the Kingdom into a global hub through projects in air freight, shipping, and railways.

Introduction

La péninsule Arabique compte au total sept états. L'Arabie saoudite, située au cœur du Moyen-Orient, est le plus grand pays de cette région puisqu'il occupe environ 80 % de cette péninsule. Sa superficie est estimée entre 1 960 582 km² et 2 240 000 km², ce qui en fait le 13ᵉ plus grand pays du monde. Le pays est grand comme quatre fois la France mais deux fois moins peuplée car 33 millions d'habitants, dont 38 % d'étrangers, vivent dans cet immense désert ponctué d'oasis ou de mégalopoles. Le territoire saoudien présente une grande diversité géographique, malgré la prédominance des zones désertiques. On peut distinguer plusieurs régions principales :

La région des déserts avec le désert du *Rub al-Khali*, ou « Quart Vide », occupe une large partie du sud du pays. C'est l'un des plus grands déserts de sable continu au monde, caractérisé par des dunes spectaculaires.

La région des montagnes avec la chaîne montagneuse de l'Asir, située à l'ouest du pays qui borde la mer Rouge et s'élève à plus de 3 000 mètres d'altitude. Le point culminant du pays est le *Jabal Sawda*, qui atteint 3 133 mètres.

Le Nadj, situé au centre du pays, est l'élément principal de la région des plateaux. Il s'agit d'une vaste plateforme peu élevée traversée du nord au sud par la chaîne de montagnes *Tuwaiq*.

La région des plaines côtières s'étend le long de la mer Rouge et du golfe Persique.

L'Arabie saoudite partage ses frontières au nord avec l'Irak et la Jordanie, au nord-est le Koweït, à l'est le Qatar, les Émirats arabes unis et Oman, au sud le Yémen. Avec une façade maritime d'environ 2 600 km, l'Arabie saoudite se situe à un emplacement stratégique entre l'Europe, l'Asie et l'Afrique. Bordé par la mer Rouge, bénéficiant d'un trafic maritime intense grâce au Canal de Suez, et par le golfe Persique, le Royaume a su exploiter ses côtes pour permettre le développement d'infrastructures portuaires performantes.

Depuis 2015, l'Arabie saoudite est dirigée par le roi Salman, fils du fondateur du royaume Abdelaziz ibn Séoud. Mais elle est gouvernée, de fait, par son fils, le prince Mohammed bin Salman (MBS). Ce dernier a été nommé prince héritier par son père le 21 juin 2017 est devenu également

Premier ministre le 27 septembre 2022. Il a engagé le pays dans un programme de transformations profondes.

Ainsi, forte d'un projet « Vision 2030 » ambitieux qui met la logistique au cœur du développement, d'une situation économique florissante et d'investissements massifs dans les ports et le ferroviaire, l'Arabie saoudite est un acteur majeur de la connectivité maritime entre le Golfe et la méga-région Asie centrale - Caucase.

I/ Vision 2030, un projet ambitieux qui met la logistique et la connectivité au cœur de l'évolution économique de l'Arabie saoudite

Le programme « Vision 2030 », dévoilé en 2016 par Mohammed bin Salman a fixé une série d'objectifs extrêmement ambitieux pour le pays à l'horizon 2030, dans le domaine économique, mais aussi dans le domaine social, la santé, l'environnement, etc. Cette « Vision 2030 » repose sur les trois piliers majeurs que sont la transformation économique, la gouvernance et la transformation sociétale. Cette vision est née du constat que la forte instabilité des cours du pétrole remettait en cause ce secteur en tant que moteur de la croissance, faisant naître à terme un risque majeur de forte augmentation du chômage, de baisse globale des revenus des ménages et de détérioration durable de la situation des finances publiques.

Ainsi, pour faciliter l'émergence d'une économie diversifiée, productive et non dépendante du pétrole, une série de réformes sociétales ont été entreprises : levée des freins pesant sur l'activité des femmes et des règles strictes de séparation des sexes, suppression de la police religieuse, assouplissement des règles d'entrée sur le territoire, suppression des interdits pesant sur l'art, et particulièrement la musique…

Au sein de « Vision 2030 », le volet du développement de la logistique est très important et année après année, le pays a franchi plusieurs étapes.

En avril 2023, par exemple Mohammed bin Salman a lancé quatre Zones économies spéciales (ZES) afin d'engendrer l'implantation d'industries non traditionnelles, notamment liées aux secteurs du tourisme, de l'informatique, des énergies renouvelables et de la logistique. Dans le cadre de ce projet, le gouvernement saoudien a investi massivement dans les infrastructures nationales pour attirer notamment les investissements directs étrangers (IDE), les considérant comme l'un des moyens les plus efficaces de diversifier l'économie et de créer des emplois dans ces cinq zones économiques réparties stratégiquement à travers le pays (la zone économique spéciale de la ville économique du roi Abdallah (KAEC), la zone économique spéciale de Ras Al Khair, la zone économique spéciale de Jazan, la zone économique spéciale pour le cloud computing et les technologies de l'information dans la ville du roi Abdulaziz pour la science et la technologie (KACST) et la zone spéciale de logistique intégrée à Riyad.

Ces zones franches offrent des mesures d'incitation économiques pour attirer les entreprises, dont des réductions douanières, des avantages fiscaux ou encore des subventions à l'installation d'infrastructures. Pour l'Arabie saoudite, en quête de nouveaux investissements directs étrangers (IDE), ces mesures vont lui permettre de bénéficier d'un transfert de technologies, de la création de nouveaux emplois, de la formation de la main-d'œuvre nationale et de la valorisation des matières premières locales. Dans le cadre du développement de la connectivité maritime entre le Golfe et la méga-région Asie centrale - Caucase ces IDE vont surtout permettre la modernisation des principaux ports et infrastructures logistiques.

Si les flux d'IDE vers le royaume saoudien avaient progressivement ralenti, passant d'une augmentation de 200 % entre 2018 et 2019, à 20 % entre 2019 et 2020, notamment en raison de facteurs politiques et de la baisse des prix du pétrole, la récente réconciliation avec l'Iran en mars 2023, ainsi que la diversification économique en dehors du secteur pétrolier et gazier ont contribué à renverser cette tendance. Selon la Conférence des Nations unies sur le commerce et le développement (*UNCTAD*), le flux d'IDE entrant en Arabie saoudite en 2023 s'est élevé à 12,3 milliards de dollars américains. Par ailleurs, un rapport de la banque *Standard Chartered*, indique que la croissance économique de l'Arabie saoudite en 2024 sera notamment tirée par une hausse des IDE entrants. La banque estime que le flux d'IDE entrant en Arabie saoudite en 2024 s'élèvera à 24 milliards de dollars américains. Avec « Vision 2030 » l'Arabie Saoudite souhaite mettre fin à la dépendance aux combustibles fossiles et atteindre les 100 milliards de dollars d'IDE annuels d'ici à 2030.

Le 27 août 2023, le pays a annoncé qu'il prévoyait de construire 59 centres logistiques dans les cinq prochaines années, dont 12 dans la région de Riyad, 12 dans la région de La Mecque, 17 dans la région orientale et 18 répartis dans le reste du royaume. L'ensemble représentera une superficie totale de plus de 100 millions de mètres carrés. Les projets de centres logistiques devraient notamment permettre aux industries locales d'exporter plus efficacement des produits et de soutenir le e-commerce, en créant des liaisons rapides entre les centres logistiques et les centres de distribution dans les différentes régions et villes du pays. La stratégie consiste à développer le secteur logistique pour soutenir l'économie, accroître les connexions locales, régionales et internationales des réseaux commerciaux et des chaînes d'approvisionnement mondiales, stimuler les partenariats avec le secteur privé, et augmenter en parallèle les opportunités de création d'emplois. Début 2024, 197 des 243 indicateurs clés de performance de la Vision avaient atteint leurs objectifs sur leur trajectoire de 2030, dont 105 avaient dépassé leurs objectifs à horizon 2024/2025.

Au deuxième trimestre de 2024, un rapport du ministère du Commerce a souligné le leadership du secteur de la logistique. L'Arabie saoudite vise à améliorer son rang dans les classements logistiques internationaux comme l'indice de performance logistique de la Banque Mondiale. Au 55e rang mondial en 2018, elle se positionne au 38ème rang à ce jour, et cible une place dans les 10 premiers pays sur 160 d'ici 2030. Cette progression reflète des améliorations en matière d'efficacité logistique, de suivi et de traçabilité, de délais de livraison, de douanes, d'infrastructures de base et de transport maritime.

Le pays a aussi amélioré sa position dans l'indice de connectivité maritime de la *CNUCED*, atteignant 71,33 points grâce à l'ajout de nouvelles lignes et de nouveaux services de transport maritime en partenariat avec de grandes entreprises internationales.

Le ministère des transports a lancé une série d'initiatives visant à accroître l'efficacité de la logistique, à restructurer les procédures et à adopter les meilleures pratiques internationales. Ces initiatives comprennent notamment la création d'une zone logistique intégrée spéciale à l'aéroport international *King Khalid* de Riyad et la licence logistique unifiée pour faciliter l'environnement de travail et rationaliser les procédures d'octroi de licences.

La compagnie *CMA CGM* par exemple l'a bien compris et lors de la visite d'État du président Emmanuel Macron en Arabie saoudite du 2 au 4 décembre 2024, Rodolphe Saadé, PDG du groupe *CMA CGM*, a signé un protocole d'accord avec le ministère de l'investissement et le ministère des transports et de la logistique d'Arabie saoudite pour intensifier le développement de terminaux portuaires et de plateformes logistiques dans les secteurs du transport maritime, aérien et de la logistique terrestre, au sein du Royaume. Présent en Arabie saoudite depuis 1984, *CMA CGM* y dispose actuellement de trois bureaux, un réseau logistique intégré et 11 services escalant chaque semaine, lui permettant de connecter les principaux ports saoudiens, comme Jeddah, Dammam et Jubail, aux marchés mondiaux. En octobre 2024, sa filiale *Ceva Logistics* a créé une co-entreprise avec *Al-Majdouie Logistics*, fournisseur de chaîne d'approvisionnement intégrée au Moyen-Orient, étendant ainsi l'empreinte logistique du groupe dans le pays.

2/ Une situation économique particulièrement avantageuse qui permet de financer la stratégie nationale de transport et de logistique

En juin 2021, le prince héritier a donné le coup d'envoi de la stratégie nationale de transport et de logistique du Royaume en annonçant les détails d'un programme qui a pour but de transformer le Royaume en plaque tournante dans le secteur de la logistique mondiale. En plus de créer une plate-forme de correspondance entre trois continents, il compte améliorer l'ensemble des services de transport. Plusieurs projets ont alors été annoncés et le ministère des Transports est devenu le ministère des Transports et des Services logistiques. La stratégie s'appuie sur l'établissement d'une industrie de services logistiques de pointe, la création de systèmes de services de haute qualité, ainsi que par l'application de modèles commerciaux compétitifs afin d'améliorer la productivité et la durabilité dans le secteur de la logistique.

L'objectif était de propulser l'Arabie saoudite vers la cinquième place en termes de nombre de passagers en transit dans le monde, d'augmenter le nombre de destinations internationales desservies par le pays à plus de 250, et de créer un nouveau transporteur aérien national. La nouvelle stratégie visait en outre à améliorer les capacités du secteur du fret aérien en doublant sa capacité à plus de 4,5 millions de tonnes.

En ce qui concerne le transport maritime, l'objectif était d'atteindre une capacité de plus de 40 millions de conteneurs par an grâce au développement des infrastructures portuaires ainsi que l'intégration avec le secteur de la logistique, ainsi que l'extension des liaisons avec les lignes maritimes internationales et l'amélioration de l'intégration avec les réseaux ferroviaires et routiers.

Au sujet des chemins de fer, l'ambition était de porter la longueur totale du réseau ferroviaire à environ 8 080 km dont 450 kilomètres permettant de desservir le chemin de fer à grande vitesse d'Al-Haramain entre La Mecque et Médine, le plus grand projet de TGV de la région. Un projet de « pont terrestre » de plus de 1 300 km avec une capacité de transporter plus de 3 millions de passagers et 50 millions de tonnes de marchandise par an, permettant de relier les ports du Royaume sur la côte du golfe à ceux de la côte de la mer Rouge avait été annoncé.

Tous ces éléments contenus dans la stratégie nationale de transport et de logistique visaient à encourager l'interconnexion entre les États arabes du Golfe et à positionner le Royaume comme un acteur majeur de la connectivité maritime entre le Golfe et la méga-région Asie centrale - Caucase en disposant d'une forte influence dans les économies régionales et internationales dans le domaine des transports.

En ce début d'année 2025, force est de constater que l'Arabie saoudite a atteint une grande partie de ses objectifs contenus dans la stratégie nationale de transport et de logistique grâce à sa situation économique.

La principale force économique de l'Arabie repose sur ses réserves en hydrocarbures, soit 22 % des réserves mondiales prouvées. Localisées dans l'est du pays, dans la province du Hasa, ces ressources sont à l'origine de la prospérité et de la puissance de l'Arabie saoudite qui en tire des revenus financiers exceptionnels mais lui permettent aussi de rayonner sur la scène internationale en tant que producteur et régulateur du marché mondial au sein de l'Organisation des pays exportateurs de pétrole (OPEP). En 2022, l'Arabie saoudite était le premier exportateur de pétrole brut au monde avec près de 7,06 millions de barils par jour. Les quatre premiers clients de l'Arabie saoudite ont représenté près de 70 % de ses exportations de pétrole brut. L'Arabie saoudite est le premier fournisseur de pétrole de ses trois premiers clients (Chine, Japon et Corée du Sud), qui comptent pour 51 % de ses exportations de pétrole, contre moins d'1 % pour la France.

En 2023, les recettes pétrolières (200 milliards de dollars américains) ont diminué de 12 % par rapport à 2022, tandis que les recettes non pétrolières (118 milliards de dollars américains) ont augmenté de 7,3 % (ministère saoudien des Finances). En 2024, le niveau de dette publique a progressé, mais resterait limité à 27,5 % du PIB (26,2 % en 2023). La balance courante n'afficherait qu'un excédent de 0,5 % du PIB en 2024 après 3,9 % en 2023 et 13,7 % en 2022, ce qui consoliderait des réserves de change estimées à 468 milliards de dollars américains en avril 2024.

En 2024, selon le FMI, l'économie saoudienne devrait atteindre un taux de croissance de +2,6 %, après -0,8 % en 2023, et +7,5 % en 2022. La croissance est principalement tirée par l'activité non pétrolière soutenue par les réformes de la Vision 2030. En ligne avec la politique budgétaire adoptée par le pays, le déficit budgétaire devrait atteindre 30 milliards de dollars américains (- 2,8 % du PIB), après 21 milliards de dollars américains en 2023 (-2,0 % du PIB). Les scénarios pour 2025 et 2026 prévoient des déficits de -1,6 % et - 2,3 % du PIB. Les prix relativement faibles du pétrole induisent une augmentation du niveau de dette publique, qui demeure toutefois largement contenu (26,2 % du PIB en 2023 selon le FMI). D'après le FMI, l'équilibre budgétaire de l'Arabie saoudite pour 2023 aurait été atteint avec un baril à 93,3 dollars américains, et le serait en 2024 avec un baril à 96,2 dollars américains.

Les autorités saoudiennes prévoient également une augmentation du stock de dette publique à 294 milliards de dollars américains fin 2024, soit 25,9 % du PIB, contre 24,8 % estimé fin 2023. Les estimations et prévisions du FMI sont plus élevées : 26,2 % du PIB en 2023 et 27,5 % en 2024, et à un niveau qui resterait contenu à 31,5 % en 2029. Cependant, le niveau de dette publique reste très confortable et l'Arabie saoudite bénéficie de conditions favorables sur les marchés internationaux grâce à une notation souveraine solide. En novembre 2024, l'Arabie saoudite a vu sa note souveraine être rehaussée par *Moody's*, passant de A1 à Aa3, pour la première fois depuis l'évaluation initiale de 2016. Les récentes avancées économiques et sociales de l'Arabie saoudite ont été déterminantes dans ce rehaussement. Le Royaume poursuit sa transformation économique à travers « Vision 2030 », avec une part croissante des secteurs non pétroliers, qui représentent 52 % du PIB réel en 2024 (contre 47 % en 2016), et une croissance prévue de 4,6 % en 2025. Cette dynamique est soutenue par des investissements privés en hausse de 4,5 % en 2024 et des projets majeurs comme *NEOM*. Il s'agit d'un projet de ville nouvelle futuriste dans le Nord-Ouest du royaume d'Arabie saoudite, s'étendant sur 170 km entre la mer Rouge et des montagnes culminant à plus de 2 500 m, à proximité de la Jordanie, de l'Égypte et d'Israël. Son nom signifie « nouveau futur ». On peut aussi citer le *Red Sea Project*. Ce projet touristique saoudien s'étend sur deux cents kilomètres le long de la côte de la mer Rouge, au nord-ouest du Royaume, entre les villes de Umluij et Al-Wajh. Une fois achevé, le projet contribuera à renforcer la présence du

Royaume d'Arabie saoudite sur la scène touristique mondiale. Il permettra de doubler les gains économiques du Royaume en attirant des entreprises touristiques internationales, des investissements directs, tout en redirigeant les dépenses touristiques saoudiennes vers l'intérieur du pays. Le projet sera bâti sur 90 îles vierges, dont neuf ont été désignées comme sites d'une grande valeur environnementale afin de préserver le cycle de vie de la faune et la flore sauvages menacées qui habitent la région. La Red Sea Global Company (le promoteur des projets Red Sea et Amaala) met en place diverses politiques environnementales afin de garantir que le site soit exempt de déchets et de débris plastiques. Cela permet également d'interdire les rejets en mer et d'atteindre la neutralité carbone à 100 %, en s'appuyant entièrement sur les énergies renouvelables.

Le PIB nominal devrait ainsi atteindre environ 1 060 milliards d'euros en 2025, contre 997 milliards d'euros en 2024. Sur le plan social, le taux de chômage des Saoudiens est descendu à 7,1 % au T2 2024, avec un objectif ambitieux de 5 % d'ici 2030, tandis que la participation des femmes dans la population active a atteint 35,4 %, dépassant déjà les objectifs de « Vision 2030 ».

Cependant, des défis subsistent. Le budget 2025 prévoit une réduction des recettes à 85,1 milliards d'euros (-3,7 % par rapport à 2024) et des dépenses à 84,9 milliards d'euros (-4,5 %), tout en maintenant des investissements substantiels dans la diversification. Le déficit budgétaire, estimé à 2,8 % du PIB en 2024, devrait s'améliorer à 2,3 % en 2025, avant de se stabiliser autour de 2 % à moyen terme. La dette publique augmentera pour atteindre environ 325 milliards d'euros en 2025 (29,9 % du PIB), tout en restant inférieure à celle de nombreux pays aux notations similaires. Les réserves gouvernementales, maintenues à 97,5 milliards d'euros, constituent un filet de sécurité économique.

Dans cette optique, l'Arabie saoudite a annoncé le 7 janvier 2025, via son Centre national de gestion de la dette (*NDMC*), la clôture d'une émission de *Sukuk* de 12 *Md USD* sur les marchés internationaux. Les *Sukuk*, conformes aux principes de la finance islamique, constituent des instruments d'emprunt souverains permettant au Royaume de financer ses projets de développement à long terme et d'attirer des investisseurs internationaux. Cette émission, qui a suscité une demande trois fois supérieure à l'offre initiale, témoigne de la confiance des investisseurs internationaux dans l'économie saoudienne. Les fonds levés serviront à couvrir le déficit budgétaire prévu pour l'exercice 2025 de 27 milliards de dollars américains mais également à rembourser les emprunts arrivant à échéance au cours de l'année 2025, d'un montant d'environ 10,1 milliards de dollars américains en particulier ceux qui ont permis de financer le développement des grands projets logistiques et des infrastructures de transport.

L'Arabie Saoudite devrait rester en 2025, le premier émetteur d'obligations en dollars américains parmi les marchés émergents, hors Chine, et comme le premier émetteur mondial de *Sukuk*. L'agence de notation financière *Fitch Ratings* prévoit une augmentation significative des émissions d'obligations libellées en dollars américains par l'Arabie saoudite en 2025, alors que les revenus pétroliers se modèrent. À moyen terme, le marché des capitaux d'emprunt du Royaume devrait dépasser 500 milliards de dollars américains (485 milliards d'euros) de dette en circulation, sous l'effet du financement des giga-projets, du financement des déficits, des efforts de diversification économique et des réformes structurelles en cours dans le cadre de la « Vision 2030 ».

3/ Des investissements importants dans les principaux ports et dans le ferroviaire

Les ports saoudiens ont une longue histoire, remontant à l'époque préislamique. Cependant, le développement moderne des installations portuaires a véritablement commencé au milieu du 20ème siècle.

En septembre 2024, l'Autorité générale des statistiques du Royaume a annoncé qu'en 2023, les ports d'Arabie saoudite ont connu une augmentation de 14,6 % du trafic de conteneurs entrants et sortants par rapport à 2022. Le trafic de conteneurs entrants dans les ports du Royaume a atteint 3,4 millions d'équivalents vingt pieds, tandis que le trafic sortant s'est élevé à 2,2 millions d'*EVP (Equivalent Vingt Pieds)*. La quantité de marchandises sortantes s'est élevée à 203,5 millions de tonnes en 2023, une indication forte de l'augmentation des exportations du Royaume. La quantité de marchandises entrantes a atteint 105,1 millions de tonnes, le port islamique de Djeddah gérant la plus grande part, avec 38,9 millions de tonnes d'importations. Le trafic maritime dans les ports saoudiens avec 19 082 navires pour sa part a augmenté de 33,8 % par rapport à 2022. Le port industriel du Roi Fahd à Yanbu a enregistré le trafic maritime le plus élevé, avec 6 538 navires, suivi du port islamique de Djeddah avec 4 411 navires, et du port du Roi Abdelaziz à Dammam avec 2 516 navires. Le port islamique de Djeddah a enregistré le plus grand volume de marchandises déchargées, soit 38,9 millions de tonnes, tandis que le port industriel *King Fahd* de Yanbu a enregistré le plus grand volume de marchandises chargées, soit 89,8 millions de tonnes. Le trafic de passagers dans les ports du Royaume a également augmenté de 11,5 pour cent en 2023, avec plus d'un million de voyageurs à l'arrivée et au départ. Le port de Jizan a accueilli le plus grand nombre de passagers, soit 484 598.

À l'occasion du *Global Logistics Forum*, qui s'est tenu à Riyad du 12 au 14 octobre 2024, Omar Hariri, président de l'Autorité portuaire saoudienne a annoncé une augmentation de 55 % du volume de transbordement de conteneurs de l'Arabie saoudite entre 2017 et 2023. Le transbordement maritime consiste à faire transiter une marchandise du quai de réception vers le quai d'expédition, sans passer par un lieu de stockage. Cette croissance de 55 % souligne le rôle de plus en plus important des ports saoudiens en tant que hubs régionaux, renforçant leur place dans les chaînes logistiques mondiales. Le président a également souligné que le Royaume avait vu ses volumes d'importations et d'exportations de conteneurs augmenter de 31 % sur la même période.

Ces résultats s'inscrivent dans l'ambition de l'Autorité portuaire saoudienne de doubler la capacité portuaire, la faisant passer de 20 à 40 millions de conteneurs, tout en visant à accroître sa part de marché du transbordement régional de 32 % à 45 %.

Comme indiqué précédemment, les ports saoudiens connaissent une augmentation du trafic maritime en raison de l'ouverture récente de la région à de nouveaux investissements étrangers. Cela a permis à l'Arabie saoudite de développer des infrastructures modernisées pour attirer davantage de trafic commercial dans ses ports. Les principaux ports d'Arabie saoudite sont le port islamique de Djedda, le port industriel et le port commercial de Yanbu et le port du roi Abdulaziz à Damman. Un regard sur leur actualité permet de mesurer les efforts déployés par l'Arabie Saoudite, pour devenir un acteur majeur de la connectivité maritime entre le Golfe et la méga région Asie centrale Caucase.

3.1/ Le port de Djeddah

Le port islamique de Djeddah se trouve au cœur d'un corridor maritime international reliant l'Est et l'Ouest via le canal de Suez. C'est le deuxième port le plus grand et le plus fréquenté du monde arabe. Grâce à son terminal pour les pèlerins, les touristes et les passagers entrants et sortants, le port islamique de Djeddah est également le principal port desservant les villes saintes de La Mecque et Médine.

En octobre 2021, *Dubaï Port World* a lancé les travaux d'un programme en quatre phases, moyennant une enveloppe de 800 *M$*, afin de permettre au *Djeddah South Container Terminal*, dont le tirant d'eau a été porté à 18 m, d'accueillir des porte-conteneurs de 24 000 *EVP*. Ce projet a été cadré par une convention de 30 ans signée en avril 2020 avec l'Autorité portuaire d'Arabie Saoudite (Mawani), qui gère les six ports saoudiens (Djeddah, Dammam, Yambu, Jubail, Jizan et Dhiba). En juin 2022, l'opérateur émirati et l'Autorité portuaire saoudienne Mawani ont signé un accord qui prévoit la construction d'un hub logistique dans le cadre de la concession récemment attribuée pour le terminal à conteneurs sud. La nouvelle étape dans ce programme d'investissements comprend un parc logistique de 415 000 m² avec notamment un dépôt de conteneurs à terre avec une capacité de 250 000 *EVP* et un espace d'entreposage de 100 000 m². *DP World* a prévu d'y investir 133,33 milliards de dollars américains. En ce début d'année 2025, les travaux sont bien avancés et le parc logistique centré sur le port stimulera les activités de réexportation, en réduisant le temps et le coût de la logistique pour les importateurs comme pour les exportateurs. Il fournira une plateforme intégrée de services reliant les opérations portuaires aux activités du dernier kilomètre, offrant un stockage à température contrôlée pour les marchandises, ainsi que leur traitement, leur étiquetage, leur consolidation et déconsolidation.

Le 21 août 2024, le vice-gouverneur de la région de La Mecque, a inauguré dans le port de Djeddah le plus important investissement logistique de la société *Maersk* dans le monde, pour un montant total de 1,3 milliard de *SAR* (Riyal d'Arabie Saoudite). Cette zone logistique qui fait partie des 8 zones développées avec un financement du secteur privé vise à améliorer l'efficacité des services logistiques et à renforcer les capacités opérationnelles des ports saoudiens en partenariat avec des entreprises nationales et internationales. Il a été souligné le soutien important du gouvernement saoudien à ce secteur, qui a attiré plus de 10 milliards de *SAR* d'investissements étrangers et locaux au cours des quatre dernières années, générant plus de 10 000 emplois et consolidant la position du Royaume en tant que centre logistique mondial. La nouvelle zone logistique, utilisant 70 % d'énergie solaire, s'étend sur 225 000 mètres carrés. Elle comprend des zones de stockage pour les marchandises générales et les produits alimentaires réfrigérés, ainsi qu'une zone de transbordement *LCL* (Less Container Load soit moins d'un chargement de conteneurs complet ou expéditions de groupage en français) et un centre de commerce électronique. De plus, elle dispose d'une académie interne pour la formation des femmes. Cette zone fonctionne avec un système de gestion des entrepôts de pointe, intégrant des technologies modernes et des solutions numériques pour une gestion efficace des stocks. Des dispositifs de sécurité avancés sont également mis en place pour assurer la sécurité de la zone, des employés et des produits des clients. Le président de Mawani, Omar Hariri, a précisé que cette initiative représente des partenariats stratégiques visant à renforcer l'industrie des services logistiques, facilitant les exportations et soutenant les chaînes d'approvisionnement.

Le 10 septembre 2024, l'autorité portuaire saoudienne *Mawani* a annoncé l'intégration du service de transport maritime *IRS* de la société saoudienne *Folk Maritime* au Port islamique de Djeddah. Cette étape vise à renforcer les relations économiques entre l'Arabie Saoudite et le reste du monde, tout en répondant aux besoins croissants du commerce international dans la région. Le service maritime *IRS* relie désormais le port de Djeddah aux ports de Mundra et de Nhava Sheva en Inde, avec une capacité de 1 800 conteneurs standard. L'intégration de ce service s'inscrit dans les efforts continus de *Mawani* pour améliorer la connectivité des ports saoudiens avec les ports internationaux. Ce développement s'aligne avec les objectifs de la stratégie saoudienne en matière de transport et de logistique, qui cherche à établir le Royaume comme un centre logistique mondial reliant trois continents. Depuis le début de l'année 2024, le port islamique de Djeddah a ajouté neuf nouveaux services de transport maritime à son réseau. Il continue de développer son infrastructure avec des investissements de 6,6 milliards de *SAR*. Ces améliorations visent à renforcer sa position stratégique, à affirmer son avantage concurrentiel aux exportateurs et importateurs, et à accroître l'efficacité des services logistiques.

En fait, depuis 2020, toutes les concessions de conteneurs à Djeddah ont été renouvelées. À cette occasion, la présence chinoise s'est renforcée puisque *Cosco Shipping Ports* a pris pied dans la grande monarchie du Golfe persique en devenant actionnaire à hauteur de 20 % du capital du *Red Sea Gateway Terminal* (*RSGT*), terminal à conteneurs créé grâce à des financements saoudiens et internationaux et opérationnel depuis 2009 avec une capacité nominale de 1,5 *MEVP*. L'accord prévoit l'investissement de 1,7 milliard de dollars américains jusqu'en 2050 pour porter la capacité du terminal à 8,8 *MEVP*. Le port traite autour de 4,7 *MEVP*. Le terminal, pourtant idéalement planté au débouché de la mer Rouge, subit la concurrence de *King Abdullah*, à une centaine de kilomètres au nord, et hub de MSC, par ailleurs actionnaire du terminal.

3.2/ Yambu, plus grand terminal de grain de la péninsule Arabique :

La ville de Yanbu abrite un port industriel et un port commercial distants d'une cinquantaine de kilomètres. Le port commercial a notamment accueilli, en septembre 1990 jusqu'à leur départ au printemps 1991, les forces françaises lors de l'« Opération Daguet » (participation de l'armée française à la coalition internationale formée à la suite de l'invasion du Koweït par l'Irak dans la guerre du Golfe en 1990-1991). Le port industriel de *King Fahd* à Yanbu est situé sur la côte de la mer Rouge, dans le centre-ouest de l'Arabie saoudite. C'est l'un des ports maritimes les plus importants d'Arabie saoudite et le principal exportateur de pétrole brut, de pétrole et de produits pétrochimiques de l'Arabie saoudite sur la côte de la mer Rouge. Le port répond également aux besoins du complexe industriel du pays. Ces complexes industriels exportent des produits pétrochimiques liquides et solides et importent des équipements et instruments pour fabriquer divers produits. Le port commercial de Yanbu est construit autour du plus ancien port existant le long de la côte ouest de l'Arabie saoudite. Il s'agit du deuxième point d'entrée des pèlerins musulmans dans le royaume. Le port commercial a été ouvert en 1965, sous le règne du roi Faisal d'Arabie saoudite. Situé à mi-chemin entre le port islamique de Djeddah et le port industriel de *King Fahad* au sud et le port commercial de Dhuba au nord, le port commercial de Yanbu est stratégiquement situé pour desservir les économies locales des régions de Madina et de Qassim en Arabie saoudite, deux des centres commerciaux les plus prometteurs du Royaume

Ce complexe portuaire joue donc un rôle clé dans la diversification économique et le développement logistique du pays. Il contribue à faire de l'Arabie saoudite un hub commercial reliant l'Afrique, l'Asie et l'Europe. Aligné avec la « Vision 2030 », le port a bénéficié d'investissements pour améliorer ses infrastructures et attirer davantage de trafic commercial international. Des investissements massifs dans les technologies durables et des formations aux normes internationales ont renforcé l'efficacité et la durabilité des opérations portuaires d'une part et les capacités de traitement d'autre part notamment l'importation, le traitement et la réexpédition des grains, en contribuant à la sécurité alimentaire et le commerce maritime régional.

Le 22 décembre 2024, la *National Grain Company*, une joint-venture entre *Saudi Agricultural and Livestock Investment Co.* (*SALIC*) et *Bahri*, a inauguré le terminal de manutention des céréales de Yanbu. Le terminal est conçu pour traiter les céréales fourragères, renforcer la stratégie de sécurité alimentaire de l'Arabie saoudite et permettre le transport par connectivité notamment vers la méga région Asie centrale Caucase. L'installation comprend 12 silos d'une capacité totale de 96 000 tonnes, un tapis roulant de 650 mètres et une capacité de déchargement de 800 tonnes par heure. Le terminal peut traiter jusqu'à trois millions de tonnes de céréales par an. Il est équipé pour stocker 156 000 tonnes de céréales dont de l'orge, du maïs et du soja. Le nouveau terminal permettra d'améliorer l'importation et la distribution des céréales, renforcera les chaînes d'approvisionnement et contribuera à stabiliser les prix en Arabie saoudite. La combinaison de facteurs politiques et climatiques dans la région encourage le pays à disposer de denrées alimentaires essentielles suffisantes en cas d'urgence.

Le PDG de la *National Grain Company* a déclaré que le terminal servirait de plaque tournante régionale pour les importations de céréales. Il a également annoncé des plans d'expansion future, notamment l'ajout de silos supplémentaires pour augmenter la capacité de stockage et de manutention. La *National Grain Company*, créée en 2020, vise à répondre aux futurs besoins en céréales fourragères de l'Arabie saoudite et à améliorer la compétitivité. Le terminal de Yanbu devrait servir de passerelle logistique mondiale unique reliant trois continents.

En octobre 2024, le géant alimentaire suisse Nestlé avait signé un accord afin d'établir sa première usine de fabrication en Arabie saoudite. L'usine, dont l'ouverture est prévue pour cette année 2025, située à Djeddah sur un site de 117 000 mètres carrés au sein de la 3 rd *Jeddah Industrial City* représente un investissement initial de 72 milliards de dollars américains et devrait produire 15 000 tonnes de marchandises par an particulièrement des aliments pour enfants. Cette usine permettra par ailleurs au royaume d'achever sa stratégie de renforcement des capacités de production locales et de la sécurité alimentaire. L'Arabie saoudite cherche en effet à être en mesure de répondre à la forte demande locale tout en développant des capacités suffisantes pour permettre l'exportation vers d'autres marchés au Moyen-Orient et en Afrique du Nord.

3.3/ Le port du roi Abdulaziz à Dammam

Situé sur la côte du golfe Persique, le port *King Abdulaziz* à Dammam est le plus grand port maritime d'Arabie Saoudite, le plus fréquenté du golfe Persique et du troisième port le plus fréquenté de la région du Moyen-Orient et de l'Afrique du Nord (MENA). De par sa position stratégique et ses 43 postes d'amarrage entièrement équipés pour accueillir de grands navires, ce port est le principal port pétrolier d'Arabie Saoudite créé par *Saudi Aramco* afin de répondre aux besoins des clients.

Le port a bénéficié d'investissements majeurs ces dix dernières années et connaît une croissance et une modernisation significatives, renforçant sa position de plaque tournante majeure du commerce maritime en Arabie saoudite.

Au premier semestre 2024, le port a enregistré une augmentation impressionnante de son activité puisque le trafic total de conteneurs a augmenté de 37,4 %, atteignant 1 534 961 *EVP*. Les exportations de conteneurs ont progressé de 39 %, s'élevant à 624 710 *EVP* et les importations de conteneurs ont crû de 34,7 %, totalisant 872 445 *EVP*. Le tonnage total de marchandises a atteint 15 565 138 tonnes soit une augmentation de 37 %.

Cette croissance témoigne de l'importance croissante du port dans le commerce régional et international qui s'est engagé dans une démarche de modernisation et de durabilité. Dans cet esprit, 80 camions électriques ont été acquis en octobre 2024, marquant un pas vers des opérations plus respectueuses de l'environnement. De plus, 21 grues côtières et de pont ont été installés en 2024, améliorant l'efficacité des opérations de manutention et permettant une connectivité internationale renforcée grâce à une extension des liaisons maritimes avec des marchés clés. Ainsi, le lancement a été annoncé du service *Milaha Gulf Express 2* (*2-MGX*) reliant le port à des hubs importants en Inde et en Chine et une nouvelle ligne bimensuelle desservant sept ports stratégiques, dont Ningbo, Shanghai, et Shekou en Chine, ainsi que Nhava Sheva et Mundra en Inde.

L'Arabie saoudite dispose aussi d'autres ports comme le port commercial de Jubail, le port de la ville économique de Jazan, le port d'Al-Wajh, le port de la ville industrielle de Ras Al-Khair, le port de Ra's Tanura, le port de Ras Al-Khafji ou le port de Rabigh. Ces ports permettent de compléter l'offre logistique. Par exemple, le port de Jizan est le troisième plus grand port d'Arabie Saoudite en termes de capacité. Ouvert en 1976, c'est la principale porte d'entrée de l'Arabie saoudite pour les importations de bétail en provenance d'Afrique. Le port de Rabigh est un port en eau profonde abrité par une barrière de corail *offshore* parallèle à la côte et comprend le port et la raffinerie de fret pétrolier, le port Pioneer et le port de marchandises.

3.4/ Des investissements importants dans le ferroviaire

L'Arabie saoudite accorde une place privilégiée au secteur ferroviaire dans le cadre du développement massif de son secteur touristique, du transport de marchandises et d'une politique de désenclavement de certaines régions du nord et du sud du pays. Le développement du secteur ferroviaire occupe donc une place majeure dans la Vision 2030. Le gouvernement a lancé en 2021 sa stratégie nationale pour le transport et la logistique. Le réseau ferroviaire saoudien compte actuellement environ 3 650 km de voies opérationnelles, réparties sur trois lignes. Parmi elles, une ligne à grande vitesse est en activité depuis 2018, sur un tronçon de 449 km entre La Mecque et Médine, la *Haramain High Speed Rail*. La ligne relie les villes de La Mecque et Médine via Djeddah avec une antenne de 5 kilomètres pour desservir l'aéroport de Djeddah. Il existe aussi une ligne de 450 km reliant Riyadh à Dammam ainsi qu'une ligne de 2 750 km reliant Riyadh à Al Haditha, au Nord du pays à la frontière avec la Jordanie. Cette dernière, appelée *North Train Network* est composée de deux tronçons : une ligne passagers de 1 250 km et une ligne de fret de 1 550 km. En janvier 2022, le ministre de l'*Investissement Khaled Al Faleh* avait annoncé vouloir tripler la taille du réseau ferroviaire du pays avec 8 000 km de voies supplémentaires dans le cadre de la Stratégie nationale pour le transport et la logistique. L'un des projets phares en cours dans le Royaume est le *Saudi Landbridge*. Ce projet, estimé à 7 milliards de dollars américains, a pour objectif de relier les rives Est et Ouest du pays, de Dammam à Djeddah. Il comprend la construction et le renouvellement de six lignes pour un total de 2 178 km de voies.

Le projet comprend également sept plateformes logistiques : le centre logistique de la ville industrielle de Jubail, le port sec de Dammam, le port sec de Riyad, le centre logistique de l'aéroport *King Khalid* à Riyad, le port sec logistique de Djeddah, le centre logistique du port King Abdullah et le centre logistique de la ville industrielle de Yanbu. L'Arabie saoudite a également lancé des appels d'offres dans le ferroviaire pour son mégaprojet *NEOM*. Le pays souhaite y développer deux lignes à grande vitesse : *The Spine* et le *Connector South*. Ce dernier permettra notamment de relier la ville industrielle d'*Oxagon* à l'emblématique projet urbain *The Line*, projet de ville intelligente saoudienne futuriste faisant partie du projet NEOM et conçue de telle sorte qu'il n'y ait aucune voiture et que la ville n'émette pas de carbone. Ce projet urbain conçu en plein désert est constitué de deux parois en miroir de 500 m de hauteur, sur 170 km de longueur et environ 200 m de largeur. À l'intérieur de cet espace, une cité futuriste est censée naître à l'horizon 2030.

Le 10 septembre 2023, le Prince héritier et Premier ministre saoudien, Mohammed bin Salman, a annoncé la signature d'un protocole d'accord pour un projet de corridor économique reliant l'Inde au Moyen-Orient et à l'Europe. Le projet vise à renforcer la connectivité économique à travers les infrastructures pour stimuler les échanges commerciaux entre les différents pays. Les pipelines seront également concernés par ce projet pour l'exportation et l'importation d'électricité et d'hydrogène. La partie du corridor Inde/Moyen-Orient/Europe concernant l'Arabie saoudite devrait passer par l'Est du pays, à la frontière avec les Émirats Arabes Unis, jusqu'à la pointe Nord au niveau de la ville de Al-Haditha, située à la frontière avec la Jordanie. Ce tracé coïncide avec deux lignes existantes du pays, le North Railway, qui relie Riyad à Al-Haditha et une partie de la *Dammam-Riyadh Line 2* qui relie les deux villes en passant notamment par Haradh.

Conclusion

À l'analyse de l'ensemble de ces éléments, il apparaît que l'Arabie Saoudite joue un rôle crucial dans la connectivité maritime entre le Golfe et la méga-région Asie centrale-Caucase, en s'appuyant sur sa position géographique stratégique et ses infrastructures portuaires en développement. Grâce à la mer Rouge d'un côté et au golfe Persique de l'autre, elle est une plateforme stratégique entre l'Europe, l'Asie et l'Afrique, et peut ainsi jouer le rôle de passerelle entre l'Est et l'Ouest.

L'Arabie Saoudite a identifié la modernisation du secteur portuaire et ferroviaire comme un élément central de sa stratégie « Vision 2030 ». La transformation des ports témoigne en fait de la transformation économique du pays. D'installations rudimentaires principalement dédiées à l'exportation pétrolière, ils sont devenus des complexes modernes et diversifiés, essentiels à la stratégie de développement du Royaume. Leur rôle continuera de croître à mesure que l'Arabie Saoudite poursuivra sa vision de devenir un *hub* logistique global. Pour autant, les ports saoudiens doivent faire face à plusieurs défis majeurs aujourd'hui. Les ports doivent s'adapter pour soutenir la stratégie de diversification économique du pays, en s'éloignant de la dépendance au pétrole. Ils doivent se préparer à gérer une plus grande variété de marchandises et à soutenir de nouveaux secteurs industriels. Il y a un besoin constant de moderniser et d'améliorer les infrastructures portuaires pour rester compétitif à l'échelle mondiale. Cela inclut la construction de nouveaux ports et la mise à niveau des installations existantes. Ils doivent continuellement améliorer leur efficacité opérationnelle, notamment en réduisant les temps de transit et en optimisant les processus de chargement et de déchargement. L'adoption de nouvelles technologies, notamment pour l'automatisation des processus et l'échange d'informations, est un défi crucial pour améliorer la compétitivité. Les ports doivent s'adapter aux exigences croissantes en matière de durabilité, en devenant plus respectueux de l'environnement et en réduisant leur empreinte carbone. Ils doivent renforcer leur position en tant que centres logistiques régionaux, en améliorant leur connectivité avec les pays voisins et en attirant plus de trafic de transbordement. Face aux menaces croissantes, les ports doivent aussi constamment améliorer leurs mesures de sécurité, tant physiques que cybernétiques. L'instabilité géopolitique dans la région pourrait constituer un frein au développement du fret maritime dans le pays. Les attaques en mer Rouge depuis octobre 2023 ont affecté le trafic maritime et l'approvisionnement en matériaux pour certains projets emblématiques comme *NEOM* et *Red Sea*. Le volume de marchandises transitant par le canal de Suez a drastiquement diminué, passant de plus de 5,2 millions de tonnes métriques par jour fin 2023 à moins de 2 millions de tonnes métriques par jour en octobre 2024, de nombreux navires empruntant désormais le Cap de Bonne-Espérance. Le transport maritime via le canal de Suez a ainsi baissé de 70 % en volume en glissement annuel au cours du T3 2024.

En œuvrant au développement de ses ports, l'Arabie Saoudite sait qu'elle renforce sa place dans les domaines logistique et commerciaux mais que grâce à cela elle peut aussi jouer un rôle plus important dans les relations internationales. Le 12 février 2025, à l'issue d'un échange entre le président des États-Unis et le président de la Russie, il a été annoncé que l'Arabie Saoudite pourrait accueillir les négociations relatives au conflit en Ukraine. Ce ne serait pas la première fois que l'Arabie saoudite deviendrait le théâtre d'échanges relatifs à ce conflit car la monarchie saoudienne se distingue en entretenant des relations étroites avec l'Ukraine, les États-Unis et la Russie.

Le 19 mai 2023, le président ukrainien s'est rendu dans le port de Djeddah, où se tenait le 32ème sommet de la Ligue arabe et a remercié Mohammed bin Salman pour « son soutien à l'intégrité territoriale et à la souveraineté de l'Ukraine ». Il est à noter qu'en octobre 2022, Riyad avait annoncé l'envoi une aide humanitaire de 400 millions de dollars au profit de Kiev. Le prince héritier saoudien avait alors souligné « la position du royaume de soutenir tout ce qui contribuera à la désescalade, et la volonté du royaume de poursuivre les efforts de médiation ». Le 5 et 6 août 2023, le port saoudien de Djeddah a organisé des pourparlers sur la guerre en Ukraine. Ce choix, avait fait réagir car l'Arabie saoudite entretient de bonnes relations avec la Russie, son alliée dans l'Organisation des pays exportateurs de pétrole, avec qui elle se classe respectivement deuxième et troisième des plus grands producteurs de pétrole dans le monde derrière les États-Unis.

Le 6 décembre 2023, après être passé par les Emirats arabes unis, Vladimir Poutine s'est entretenu avec Mohammed bin Salman à Riyad, déclarant à l'issue que rien ne pouvait empêcher le développement de leurs relations amicales et invitant le dirigeant saoudien à effectuer une visite à Moscou. Depuis le début de l'invasion russe de l'Ukraine, Riyad n'a appliqué aucune sanction contre la Russie.

Le royaume saoudien entretient aussi d'excellentes relations avec les États-Unis. Donald Trump avait d'ailleurs choisi l'Arabie saoudite pour son premier voyage à l'étranger en tant que président en 2017. La relation avec Washington a continué durant la présidence de Joe Biden qui a apporté un fervent soutien à l'Ukraine. Le 23 janvier 2025, Mohammed bin Salman a été le premier dirigeant étranger appelé par Donald Trump depuis son retour à la Maison Blanche trois jours plus tôt. Le même jour, lors de son intervention en visioconférence devant 3 000 acteurs économiques, politiques et technologiques réunis au forum économique de Davos, le même jour, le 47e président des États-Unis a décrit « MBS » comme étant « un type fantastique ».

L'Arabie saoudite se trouvait donc, jusqu'à l'investiture de Donald Trump, face à un exercice d'équilibriste qui n'est plus de mise maintenant.

Le 18 février 2025, après avoir été accueillies par Mohammed bin Salman, les délégations américaines et russes ont pu échanger à Ryad et préparer un possible prochain sommet entre Donald Trump et Vladimir Poutine. La délégation américaine était composée notamment du secrétaire d'État Marco Rubio, de Mike Waltz, conseiller à la Sécurité nationale du président américain et de Steve Witkoff l'envoyé spécial pour le Moyen-Orient. La Russie pour sa part était représentée par le chef de sa diplomatie, Sergueï Lavrov et Iouri Ouchakov, le conseiller diplomatique de Vladimir Poutine.

Le président ukrainien Volodymyr Zelensky a annoncé le même jour reporter au 10 mars son voyage en Arabie Saoudite prévu pour le mercredi 19 février.

Il appartient donc désormais à l'Arabie saoudite de relever l'ensemble de ces défis économiques, technologiques, géopolitiques, sociétaux afin d'être à hauteur de l'ambition qu'elle affiche en souhaitant devenir un hub logistique mondial et de renforcer ainsi son rôle dans le commerce international et la connectivité maritime entre le Golfe et la méga-région Asie centrale - Caucase.

La méga-région Asie centrale et le golfe Persique : une connectivité maritime en essor, des lignes et infrastructures en pleine mutation

Eléonore Darasse

Résumé

Hier symbole du déclin d'une région au cœur de l'historique « Route de la Soie », la mer offre aujourd'hui un horizon prometteur pour l'Asie centrale. La connectivité de la région avec le golfe Persique, qui lui offre l'accès à l'océan Indien, connaît une dynamique croissante. Les ports du Golfe s'agrandissent et deviennent des hubs modernes. L'Iran, bien que sous sanctions, demeure un acteur incontournable. Acteurs influents dans la région, la Chine et l'Inde cherchent à sécuriser leurs routes d'approvisionnement et se mènent une lutte d'influence, notamment via les ports concurrents de Gwadar et de Tchabahar. Dans cette région incluant le Moyen-Orient compliqué et le Balouchistan instable, les enjeux économiques sont conséquents, et les défis sécuritaires restent nombreux et majeurs.

Abstract

A region once very much at the heart of the ancient Silk Road, its decline coincides with the rise of maritime routes for trade. For Central Asia, the sea now represents a much brighter horizon. The region's growing connectivity with the Persian Gulf provides access to the Indian Ocean. The Gulf's ports are growing and becoming major hubs. Iran, although under sanctions, remains a key player. China and India are both looking to secure their supply routes and are waging a struggle for influence in the Indian Ocean through competing ports of Gwadar and Chabahar. While the economic stakes are high, security challenges remain a significant concern in the area including both the complicated Middle East and the unstable Balochistan.

Introduction

Elle était le carrefour commercial le plus important de la « Route de la Soie », jalonnée par les caravansérails reliant l'Asie à l'Europe, avant de décliner à partir du XVIe siècle, avec le développement de la navigation et l'établissement de routes commerciales maritimes. Enclavée, l'Asie centrale devient périphérique. La Russie tsariste, et surtout l'Union soviétique, exploiteront la région pour ses nombreuses ressources : ses hydrocarbures, son eau, comme en témoigne l'assèchement de la mer d'Aral, ou encore ses céréales, le pouvoir soviétique s'étant montré déterminé à transformer le Kazakhstan en grenier à blé. Du fait de ce legs, les infrastructures de transport sont principalement orientées vers le nord. Depuis la chute de l'Union soviétique et l'indépendance, la région éveille les intérêts de ses voisins et des puissances régionales. Le poids de l'ex-puissance tutélaire russe, le lancement en 2013 du projet chinois de Nouvelle route de la soie (*Belt and Road Initiative*, *BRI*), ou encore les sanctions contre la Russie suite à son intervention en Ukraine en février 2022, ont poussé l'Asie centrale à diversifier davantage les partenaires et les marchés, afin de réduire tout risque de dépendance. L'ouverture vers le sud et l'accès aux mers chaudes représente une évolution géostratégique, en permettant et renforçant l'accès aux marchés dynamiques du Moyen-Orient, d'Asie du Sud, et de l'Inde en particulier.

L'enjeu est de taille, alors que le transport maritime représente environ 80 % du commerce mondial en valeur et 90 % en volume.

Le golfe Persique, que l'Iran sépare de la mer Caspienne et de l'Asie centrale, représente cette ouverture sur le Moyen-Orient et l'océan Indien. Avec plus de 60 % des réserves mondiales de pétrole, le Golfe est la plus grande réserve d'hydrocarbures de la planète et une artère vitale pour l'économie mondiale. Aussi, la circulation maritime y est dense, et les infrastructures portuaires ont longtemps été principalement destinées aux pétroliers et méthaniers. Les pays arabes du Golfe ambitionnent depuis quelques années de diversifier leur économie en développant des secteurs non liés aux hydrocarbures, et des chantiers de plusieurs milliards de dollars sont en cours pour transformer en véritables hubs logistiques les infrastructures portuaires du Golfe, mettant ainsi pleinement à profit sa situation géographique, entre Asie et Afrique, entre Orient et Occident. Outre des enjeux économiques, commerciaux et énergétiques, l'océan

Indien est aussi un espace de rivalités et de luttes d'influence entre acteurs régionaux et grandes puissances. À cet égard, la Chine et l'Inde y renforcent leurs positions, afin de sécuriser les routes maritimes garantissant leur approvisionnement énergétique respectif, mais aussi d'y asseoir leur influence rivale.

La mer Caspienne, nœud commercial

Plus grande mer intérieure du monde, la mer Caspienne ne possède pas de débouché maritime. Ce lac endoréique, bordé par les steppes d'Asie centrale et les chaînes montagneuses du Caucase et de l'Elbourz, est alimenté principalement par la Volga, depuis la percée du canal Lénine de navigation Don-Volga, la mer Caspienne est connectée par voie fluviale à la mer d'Azov et à la mer Noire, reliée à la mer Méditerranée par le détroit du Bosphore. Les 101 kilomètres du canal, dont la construction avait été entamée dans les années 1930, ont été achevés en 1952. La mer Caspienne est alors bordée par l'Union soviétique et l'Iran, et les deux puissances règlent par accords bilatéraux le statut de ce lac irano-soviétique.

La chute de l'Union soviétique entraîne la création de trois nouveaux États riverains : le Kazakhstan au nord-est, le Turkménistan au sud-est et l'Azerbaïdjan au sud-ouest. Ce n'est toutefois qu'en 2018 que les cinq États riverains s'accordent sur le statut juridique et le partage des zones maritimes. Pour la Russie, l'enjeu était grand, car le droit international qui découlerait du statut de mer aurait remis en cause le contrôle russe sur l'embouchure de la Volga. Mais l'accord de 2018 confère à la mer Caspienne un statut particulier : ni mer, ni lac, mais « eaux internationales ». Le fait que la Caspienne n'ait pas de débouché naturel sur la mer n'y rend pas applicable la Convention des Nations Unies sur le droit de la mer (CNUDM).

Quoique la Caspienne soit peu profonde, les flux y sont importants et les ports, dynamiques. Le développement des infrastructures portuaires en mer Caspienne est une priorité au-delà des États riverains. La Chine et les Émirats arabes unis, par exemple, investissent dans ces infrastructures afin de démultiplier les capacités de stockage et d'améliorer le transbordement et la connectivité.

Les environs de la mer Caspienne regorgent de ressources naturelles. À lui seul, le Kazakhstan dispose d'une réserve estimée d'environ 30 milliards de barils de pétrole (soit environ 1,8 % des réserves mondiales) et 2700 milliards de mètres cubes de gaz (1), principalement situés dans les gisements de Kashagan, un site *offshore*, et de Tengiz (« la mer », en kazakh), près de la côte.

Pour exporter son pétrole vers des pays tiers, et notamment vers l'Europe, le Kazakhstan doit utiliser principalement le *Caspian Pipeline Consortium* (*CPC*), qui passe par la Russie. En juillet 2022, par décision d'un tribunal russe, l'opérateur de l'oléoduc utilisé par Astana a du suspendre pour 30 jours le transport (2), ravivant le souhait des pays d'Asie centrale de recourir à des routes alternatives et de les sécuriser en cas de tensions géopolitiques, voire de crises ouvertes.

La route du sud passe par l'Iran

Au sud de la mer Caspienne, l'Iran, dont le territoire peut s'apparenter à la forme d'un chat assis. La percée d'un canal traversant le territoire iranien du nord au sud, serait censé permettre de relier par voie fluviale la mer Caspienne au golfe Persique, est étudiée pour la première fois dans la seconde moitié du XIXe siècle, lorsque l'Empire russe, en expansion, cherche à accéder aux mers chaudes. Plus tard, l'Union soviétique cherchera également un accès par l'Iran, soucieuse de pouvoir contourner les détroits turcs de Bosphore et des Dardanelles, la Turquie étant membre de l'OTAN. Il faut toutefois attendre 1968 pour qu'une première étude soit réalisée par Humaan Farzad, un ingénieur iranien. Deux itinéraires sont envisagés, chacun présentant ses avantages et inconvénients :

- un tracé occidental, qui part du sud-ouest de la Caspienne et débouche dans la province du Khuzestan, frontalière de l'Irak
- un tracé oriental, qui part du sud-est de la Caspienne et débouche à l'est du détroit d'Ormuz

Le tracé occidental est plus court (environ 950 kilomètres, contre environ 1500 kilomètres pour le tracé oriental), mais il demande de parcourir les monts Zagros, une chaîne de montagnes qui traverse le pays du nord au sud. En outre, l'Iran est un pays sujet aux tremblements de terre, certains particulièrement intenses et meurtriers. Le projet d'un canal à travers l'Iran est certes une garantie de bousculer l'équilibre stratégique de la région, mais la vulnérabilité sismique rend sa réalisation peu probable. L'Iran est par ailleurs l'objet de sanctions occidentales depuis plus de 40 ans, ce qui pose aussi la question du financement d'une telle entreprise.

La côte sud de l'Iran, qui s'étire sur 1770 kilomètres, offre plusieurs ports, du golfe Persique au golfe d'Oman. Avec l'Irak, le Koweït, l'Arabie Saoudite, Bahrein, le Qatar, les Émirats arabes unis ainsi qu'Oman, il est l'un des huit pays riverains du golfe Persique qui tient son nom de la Perse antique et qui s'étire sur 1200 kilomètres de long. Le port iranien de *Shahid Rajaee*, à Bandar Abbas, absorbe la majorité (85 % environ) du trafic maritime depuis et vers l'Iran. Le 26 avril dernier, une puissante explosion survenue sur un quai du port de *Shahid Rajaee* a fait des dizaines de morts et plus de 1 000 blessés (3). Un incendie dans le dépôt de stockage de matières chimiques serait à l'origine de l'explosion de la cargaison, possiblement du perchlorate de sodium en provenance de Chine. Les autorités iraniennes demeurent floues et ont évoqué « *une négligence* » et un « *non-respect des mesures de sécurité* ». Bandar Abbas est situé sur le détroit d'Ormuz, un goulot d'étranglement large de 40 kilomètres (dans sa partie la plus étroite) entre l'Iran et la péninsule omanaise de Musandam, qui offre deux couloirs maritimes, un dans chaque sens, reliant le golfe Persique et le golfe d'Oman, qui ouvre l'océan Indien. Par Ormuz transite près de 40 % du trafic pétrolier mondial.

La menace d'une fermeture du détroit d'Ormuz est régulièrement agitée par l'Iran. Mais le détroit d'Ormuz n'étant pas régi par une convention internationale spécifique, le droit coutumier et la CNUDM, adoptée à Montego Bay en 1982 et ratifiée à ce jour par 162 États dont Oman (mais pas l'Iran) s'y applique. Celui-ci fixe la largeur des eaux territoriales jusqu'à 22 kilomètres environ, ce qui signifie que l'Iran ne peut unilatéralement fermer le détroit. Du reste, et même au plus fort de la guerre Iran- Irak, le détroit d'Ormuz n'a jamais été fermé. Néanmoins, compte tenu des convulsions de la région, il demeure un de ces points chauds du globe.

La région est également marquée par la rivalité entre l'Iran chiite et l'Arabie Saoudite sunnite, qui se font face de part et d'autre du Golfe et se livrent une lutte d'influence dans la région. Les deux pays avaient rompu leurs relations diplomatiques en 2016, avant d'annoncer officiellement en mars 2023 un rétablissement de ces relations. Le rapprochement entre Riyad et Téhéran avait été parrainé par la Chine, pour la première fois médiateur au Moyen-Orient, et marquait une relative détente entre l'Arabie Saoudite, historiquement le premier allié des États-Unis dans la région, et l'Iran sous sanctions américaines.

Les ports de la région en mutation

Pour se faire une place dans le secteur concurrentiel du fret portuaire, les autorités saoudiennes ont fait de la modernisation du secteur portuaire une priorité. Elle s'inscrit dans cette volonté pour le Royaume de diversifier son économie, illustrée par le plan Saudi Vision 2030. Parmi les projets en cours, l'ambition de faire du site de Ras al Khair, au nord de Jubail, sur le golfe Persique, le premier chantier naval de la région (4), supplantant le port saoudien de Jeddah sur la mer Rouge. Comme souvent pour ces projets ambitieux de transformation des infrastructures portuaires, une zone économique spéciale a été créée à cet effet (5), afin d'offrir un environnement des affaires incitatif et transparent.

Les ports ne sont pas seulement en concurrence de part leur situation géographique ou en fonction de leur capacité à recevoir et gérer des grands porte-conteneurs. Leur capacité de transbordement, la simulation des flux d'import-export, des facilités douanières, ou encore la connectivité au réseau de transport multimodal entrent en ligne de compte. Les terminaux modernes, combinant innovations technologiques et normes environnementales contribuent à cette attractivité. Mais pour prétendre au statut de *hub* régional capable d'opérer des porte-conteneurs géants, il est parfois nécessaire d'investir des milliards.

En 2023, l'Autorité portuaire saoudienne (Mawani) a engagé la modernisation des terminaux à conteneurs du Port du Roi Abdulaziz, à Dammam, sur le Golfe (6). Le projet a nécessité près de 2 milliards de dollars (soit environ 1,9 milliard d'euros) et été confié à une entreprise chinoise, la *China Harbour Engineering Company.* Il comprend la modernisation d'un premier terminal à conteneurs, ainsi que l'extension d'un second terminal à conteneurs, et prévoit d'augmenter les capacités du port de 120 %, afin d'atteindre 7,5 millions EVP, ce qui lui permettra de traiter des porte- conteneurs géants. On mesure la capacité d'un porte-conteneurs à des *EVP* (équivalent vingt pieds). Un *EVP* équivaut à un conteneur de 20 pieds, ou 6 mètres.

Plus au sud, dans la zone industrielle de Dubaï, le port émirati de Jebel Ali, créé dans les années 1970, est de loin le plus important port à conteneurs du Moyen-Orient, et ne cesse d'accroître ses capacités. La création d'un troisième terminal lui permet de pouvoir traiter annuellement jusqu'à 19 millions *EVP* et Jebel Ali est aujourd'hui relié à plus de

140 ports dans le monde. Entre Dubaï et Abu Dhabi, l'extension du port émirati de Khalifa, l'un des ports à la croissance la plus rapide au monde, inauguré en 2012, a nécessité 4 milliards de dirhams des Émirats arabes unis, soit 1 milliard d'euros (7). Il prévoit d'augmenter la capacité du port de Khalifa à 15 millions *EVP* par an et jusqu'à 25 millions de tonnes de marchandises d'ici 2030.

Les pays du golfe Persique investissent de plus en plus en Asie centrale, et notamment dans les infrastructures portuaires sur la mer Caspienne. Les Émirats, en particulier, par l'intermédiaire de leur groupe *Abu Dhabi Ports* (*ADP Group*). En janvier 2025, *ADP Group* a signé un accord pour la construction du nouveau terminal céréalier de Sarzha, sur le port kazakh de Kuryk (8). L'investissement total représente environ 50 millions de dollars (47 millions d'euros), dont 30 millions de dollars (28 millions d'euros) pour *ADP*. La première phase terminée, le terminal céréalier sera en capacité de traiter 570 000 tonnes par an. Dans un second temps, la deuxième phase achevée, il devrait atteindre 1,5 million de tonnes par an.

Pour étendre ses opérations dans la région de la mer Caspienne, *ADP* Group a également signé des accords avec la compagnie nationale de transport maritime du Kazakhstan la *KazMorTransflot*, pour la construction de deux porte-conteneurs, conçus pour naviguer en mer Caspienne, une mer qui se trouve être peu profonde (9). À ce sujet, au port de Kuryk, des opérations de dragage ont récemment eu lieu, afin d'augmenter la profondeur, et donc le tirant d'eau, pour permettre à des chargements plus lourds d'être traités (10). Quatre navires ont dégagé plus de 990 000 mètres cubes de terre, la profondeur y est désormais de sept à huit mètres.

Un autre exemple pour illustrer la coopération maritime entre le Kazakhstan et les Émirats arabes unis est l'envoi de deux remorqueurs de la compagnie *KazMorTransflot* dans le Golfe en 2023 (11). Les deux navires, composés d'équipages kazakhs, ont rejoint le Golfe depuis la mer Caspienne, en passant par les voies navigables russes, les détroits turcs, le canal de Suez, la mer Rouge, le golfe d'Aden, pour atteindre le golfe Persique, après 52 jours en mer, afin d'être déployés dans des projets *offshore* aux Émirats arabes unis. « La location de remorqueurs permet à la compagnie maritime nationale *KazMortransflot* d'entrer sur le marché des services maritimes du golfe Persique, d'augmenter sa rentabilité et d'acquérir une nouvelle expérience », a rapporté le service de presse du groupe kazakh.

Enfin, des projets d'investissements dans le port turkmène de Turkmenbashi, qui traite actuellement 17 millions de tonnes par an, sont également envisagés par *ADP Group* (12). Une délégation turkmène à Abu Dhabi a sollicité *ADP Group* pour investir dans la construction de nouveaux navires. « La réunion a porté sur la présentation des meilleures pratiques des Émirats arabes unis en matière de gestion portuaire et de numérisation, ainsi que sur la coopération dans le transport maritime », a communiqué la délégation turkmène.

Les corridors se multiplient

Face à la concurrence d'autres acteurs régionaux, et soucieux de ne pas laisser le rival iranien occuper trop d'espace, les pays arabes du Golfe cherchent à renforcer leur influence dans la région, et les relations entre les pays d'Asie centrale et le Conseil de coopération du Golfe (CCG), l'organisation régionale regroupant les six pétromonarchies du Golfe mêlent intérêts économiques, géopolitiques et stratégiques. Les deux blocs régionaux ont en commun certains repères culturels (la religion musulmane, par exemple). Après Jeddah en juillet 2023, un sommet réunissant les cinq pays d'Asie centrale (C5) et le CCG était prévu à Samarcande en mai 2025, mais début mai, celui-ci a été reporté *sine die*.

Le rôle prépondérant des pays arabes du Golfe en Asie centrale n'efface pas pour autant la place de l'Iran, qui s'accommode par ailleurs de la présence importante de la Russie et de la Chine en Asie centrale, car elle représente pour Téhéran une garantie que la région ne sera pas déstabilisée pour atteindre l'Iran.

Pour permettre l'accès aux ports sur l'océan Indien, les pays coopèrent pour mettre en œuvre des corridors de transport. L'Accord d'Ashgabat vise à créer un corridor international multimodal permettant de faciliter le transport des marchandises entre les républiques d'Asie centrale et les ports iraniens et omanais. Il comprend des mesures concernant la réduction des barrières commerciales ou encore la simplification des procédures de circulation entre les pays membres. Signés en 2011, et entrés en vigueur en avril 2016, ils regroupent initialement le Qatar, Oman, l'Iran, le Turkménistan et l'Ouzbékistan. Le Qatar s'est retiré du projet en 2013, le Kazakhstan y adhère en 2015, le Pakistan en 2016 puis, enfin, l'Inde en 2018. L'Accord d'Ashgabat est pensé pour être relié au corridor international de transport Nord-Sud (*INSTC*).

Pour l'Ouzbékistan, l'un des deux États au monde à être doublement enclavé (avec le Liechtenstein en Europe), c'est-à-dire que non pas un pays, mais deux pays le séparent de la mer, ces corridors de transport sont d'autant plus vitaux. Et les routes maritimes qui mènent à Tachkent se multiplient.

En juin 2023, une cargaison de 39 conteneurs d'appareils électroménagers à destination de l'Ouzbékistan est arrivée au port iranien de Bandar Abbas, en provenance de Xiamen, en Chine, via la mer de Chine méridionale et l'océan Indien (13). À Bandar Abbas, les conteneurs ont été transférés vers des plates-formes ferroviaire, avant d'être transportés, via le Turkménistan, vers l'Ouzbékistan.

En août 2024, une autre route de conteneurs multimodale à destination de l'Ouzbékistan est inaugurée. En provenance cette fois des ports indiens de Mundra, Nava Sheva et Chennai, les conteneurs livrés par voie maritime jusqu'au port de Bandar Abbas ont ensuite été transportés par voie ferroviaire jusqu'à la gare iranienne de Sarakhs, frontalière avec la gare turkmène de Serakhs, avant de rejoindre leur destination finale en gare de Sergeli, à Tachkent. Ce premier train de marchandises, représentant 20 conteneurs, aura parcouru les 2 673 kilomètres en 20 jours (14).

Le Kazakhstan a de son côté annoncé en août 2023 la création d'une *joint venture* avec le groupe émirati ADP Group, afin de faciliter l'exportation de céréales kazakhes vers le golfe Persique, le Moyen-Orient, l'Inde et la côte est de l'Afrique, depuis le port de Kuryk, sur la Caspienne aux pays du Golfe via les ports iraniens d'Amirabad, le principal port iranien sur la Caspienne, et de Bandar Abbas, sur le Golfe et, in fine, jusqu'au port émirati de Khalifa (15). Cette nouvelle route représente une petite révolution pour les exportateurs kazakhs, car elle permet de traverser le territoire iranien en moins de 3 jours.

Pour pallier à l'engorgement du port de Bandar Abbas, qui présente également l'inconvénient de ne pas être en eaux profondes, ce qui impose aux navires les plus imposants (soit ceux de plus de 100 000 tonnes) d'accoster aux Émirats arabes unis pour y transférer les cargaisons qui sont ensuite transportés vers l'Iran sur des navires plus petits (16), le développement du port de Tchabahar, au sud-est de l'Iran, se poursuit. Le site est désormais exploité par l'Inde, qui occupe une place grandissante dans la mise en place de ces corridors de transport.

Tchabahar, la « Porte d'or » de l'Asie centrale

Situé dans la province iranienne du Sistan-Baloutchistan, sur la mer d'Arabie, Tchabahar, se compose de deux ports distincts, Shahid Beheshti et Shahid Kalantari. En eaux profondes, le tirant d'eau y est conséquent, ce qui permet à des navires de plus de 100 000 tonnes d'approcher. Sur le golfe d'Oman, il donne un accès direct sur l'océan Indien, et sa situation géographique, entre Afghanistan et Asie centrale lui vaut le surnom de la « Porte d'or » de ces pays enclavés. Tchabahar a le potentiel de relier l'Asie centrale à l'Asie du Sud, le Moyen-Orient ainsi que l'Afrique de l'Est. Il est la porte d'entrée de l'Inde pour l'accès aux marchés d'Asie centrale, ainsi que vers la Russie et l'Europe via le Corridor international de transport Nord-Sud (*INSTC*).

L'Inde fait part de son intérêt pour Tchabahar en 2003, soit deux ans après l'officialisation de la présence chinoise à Gwadar, dans le Pakistan voisin. Ce n'est toutefois qu'en 2014 qu'elle y intensifie ses activités. En 2015, Téhéran et New Delhi signent un protocole d'accord sur le développement du port. En 2016, un contrat de dix ans est signé pour l'équipement et l'exploitation du port de Tchabahar par l'Inde, dont le port le plus proche, Kandla (État du Gujarat) est à environ 550 milles nautiques (soit un peu plus de 1 000 kilomètres). Mumbai est à 786 milles marins (un peu moins de 1 500 kilomètres) de Tchabahar. En décembre 2018, l'Inde loue à l'Iran une partie du terminal portuaire de Tchabahar pour 18 mois, avec une option de prolongation de dix ans.

La connectivité du port au réseau de transport multimodal nécessite cependant de lourds investissements. D'autant que la partie orientale de l'Iran est moins développée et moins peuplée que la partie occidentale du pays. Le développement du port de Tchabahar ainsi que de son hinterland permettrait de désengorger une partie du territoire iranien. Non loin de Tchabahar, la région voisine du Makran a d'ailleurs été récemment identifiée par le gouvernement pour accueillir la future capitale iranienne, Téhéran étant surpeuplée, congestionnée, polluée et traversée de failles sismiques. Or, l'Iran est sous sanctions occidentales, ce qui a ralenti le développement des infrastructures. D'autant que suite au retrait des États-Unis de l'accord de Vienne (*Joint Comprehensive Plan of Action*, ou *JCPOA*) sur le nucléaire iranien, dans le cadre de sa « politique de pression maximale » (2018-2020), une nouvelle salve de sanctions avait été prononcée contre l'Iran en mai 2018. L'Inde avait alors obtenu de Washington d'exempter Tchabahar du programme de sanctions économiques, même si l'Administration Trump avait toutefois laissé entendre que l'Inde pourrait être sanctionnée si elle persistait à investir à Tchabahar.

Tchabahar est en effet vital pour approvisionner l'Afghanistan, dont les relations avec le Pakistan sont houleuses, et qui cherche à contourner les ports pakistanais de Karachi et de Gwadar. Le port est également crucial pour l'Inde, allié régional des États-Unis, qui doit contourner le Pakistan pour acheminer ses marchandises en Asie centrale ainsi qu'en Afghanistan, le Pakistan lui refusant le transit de marchandises indiennes. En mai 2016, un accord avait été signé entre l'Iran, l'Inde et l'Afghanistan afin de créer un corridor international de transport et de transit pour les marchandises, faisant de Tchabahar une plaque tournante de transit contournant le Pakistan. En octobre 2017, une première cargaison de blé indien avait été acheminée vers l'Afghanistan via Tchabahar.

Le Premier ministre indien Narendra Modi, en 2021, appelait les pays d'Asie centrale à s'impliquer dans le port de Tchabahar pour étendre leurs relations commerciales. L'accord de Tchababar a depuis été rejoint par l'Ouzbékistan, au début de l'année 2022 (17). « L'objectif ultime de cet accord est d'inclure tous les pays de la communauté d'Asie centrale, puis de l'étendre au Caucase et à l'Europe de l'Est. Le port de Tchabahar est le moyen le plus rentable, le plus sûr et le plus économique de commercer pour plus de 3 milliards de personnes dans différentes parties de l'océan Indien, de l'Asie centrale, du Caucase et de l'Europe de l'Est », a communiqué un responsable iranien à l'occasion de la signature de l'accord par l'Ouzbékistan. La participation ouzbèke permet à l'Inde d'accéder plus en profondeur aux marchés d'Asie centrale, une région où la Chine avance ses pions.

La chute du gouvernement afghan et le retour des talibans au pouvoir à Kaboul en août 2021 n'a pas perturbé la présence indienne à Tchabahar, bien que New Delhi n'a pas officiellement reconnu le gouvernement taliban. En se rapprochant de l'Afghanistan, l'Inde fait d'une pierre deux coups. D'une part, elle profite des tensions entre l'Afghanistan et le Pakistan, et d'autre part elle veille à ne pas laisser à la Chine, qui fut le premier pays à nommer un ambassadeur à Kaboul en décembre 2023, trop d'espace dans la région.

Le 13 mai 2024, l'*India Ports Global Limited* (*IPGL*) et la Port and Maritime Organization d'Iran ont signé un contrat pour le développement et l'exploitation du terminal de Shahid Beheshti du port de Tchabahar (18). « L'importance du port de Tchabahar transcende le rôle de simple conduit entre l'Inde et l'Iran ; il sert d'artère commerciale vitale reliant l'Inde à l'Afghanistan et aux pays d'Asie centrale », a déclaré le ministre indien du Transport maritime, Sarbananda Sonowal, lors de la signature de l'accord. *IPGL* investira dans un premier temps environ 120 millions de dollars (114 millions d'euros). Un financement supplémentaire de 250 millions de dollars (238 millions d'euros) portera la valeur totale du contrat à 370 millions de dollars (352 millions d'euros). Présente à Tchabahar depuis 2018, l'*IGPL* y a depuis traité un trafic de conteneurs de plus de 90 000 *EVP* et plus de 8,4 millions de tonnes de marchandises, a déclaré un responsable du gouvernement indien.

Plusieurs pays du Caucase et d'Asie centrale multiplient ces dernières années les démarches afin de pouvoir utiliser les infrastructures de Tchabahar. En octobre 2021, « le ministre Mirzoyan et moi avons discuté de l'intérêt manifesté par l'Arménie pour l'utilisation du port de Tchabahar en Iran, que l'Inde développe », déclarait le ministre indien des Affaires étrangères lors d'une rencontre avec son homologue à Erevan (19), la première visite en Arménie d'un ministre des Affaires étrangères indien depuis l'indépendance de l'Arménie en 1992. Les deux pays sont membres de l'*INSTC*. En janvier 2024, l'Iran a accordé à l'Arménie l'accès aux ports de Tchabahar et de Bandar Abbas pour commercer avec l'Inde (20). La guerre au Haut-Karabakh en 2020 a poussé l'Arménie à diversifier ses partenaires de sécurité et à se tourner davantage vers l'Inde.

Fin 2016, l'Inde et le Tadjikistan annonçaient leur intention mutuelle de développer le commerce et la logistique dans le port de Tchabahar. Les possibilités pour les transporteurs de fret tadjiks d'utiliser le port de Tchabahar ont été discutées à l'été 2019, l'Iran proposant au Tadjikistan de louer un terrain sur le port pour le transit de marchandises tadjikes (21). « Si le gouvernement du Tadjikistan décide de louer un terrain sur le territoire du port maritime de Tchabahar, cela serait bénéfique pour la république en termes de transport de marchandises tadjikes. Il est toutefois nécessaire d'y construire des infrastructures, notamment des entrepôts », relevait à l'époque le vice-ministre des Transports du Tadjikistan. En mai 2023, le président du Tadjikistan officialise l'intérêt de son pays pour l'utilisation du port, ainsi que dans la construction de routes terrestres reliant le port au Tadjikistan. En novembre 2023, les ministres des Transports d'Iran et du Tadjikistan ont signé un protocole d'accord sur l'utilisation future du port de Tchabahar par les transporteurs de fret tadjiks (22). La route la plus courte, pour l'heure, entre le Tadjikistan et Tchabahar passe par l'Afghanistan, mais en raison de la situation politique en Afghanistan, le pays n'est pas considéré comme une voie de transit sûre vers le port par le Tadjikistan. En janvier dernier ont également été signés de nouveaux documents de coopération entre le Tadjikistan et l'Iran (23). Parmi lesquels figure un programme de mise en œuvre de la coopération entre le ministère des Transports de la République du Tadjikistan et l'Organisation portuaire et maritime d'Iran, concerne le développement du transit de marchandises tadjikes à Tchabahar.

En 2022, l'Ouzbékistan rejoint l'Iran, l'Inde et l'Afghanistan et intègre l'accord de 2016 de Tchabahar. En décembre 2024, les représentants iraniens, indiens, afghans et ouzbeks ont discuté à Mumbai de la simplification des opérations commerciales et du transit des marchandises via le port de Tchabahar. Les capacités et les infrastructures du réseau de transport, ainsi que les obstacles identifiés dans ce domaine ont été abordés (24). La ligne ferroviaire Tchabahar-Zahedan, non loin de la frontière avec l'Afghanistan et le Pakistan, est en construction et devrait être achevée d'ici mars 2026.

Le Turkménistan a également fait part de son intérêt pour le port de Tchabahar. Dans un discours prononcé en janvier 2022 à l'occasion du premier sommet Inde-Asie centrale, le président turkmène affirme soutenir « les propositions de l'Inde d'inclure le port de Tchabahar dans la structure du corridor de transport international Nord-Sud et de créer un groupe de travail conjoint sur le port de Tchabahar », et suggère au passage d'inclure dans ce corridor le port de Turkmenbashi, sur la Caspienne (25).

Gwadar, un port chinois au Pakistan

À 170 kilomètres de là, au Pakistan voisin, le port de Gwadar est le terminus du Corridor Economique Chine-Pakistan (CPEC), ce vaste ensemble de projets d'infrastructures qui s'étend sur 3 000 kilomètres jusque Kashgar (province du Xinjiang, Chine), lancé en 2013 entre Pékin et Islamabad. Pour la Chine, les enjeux sont pluriels. Outre un débouché chinois sur l'océan Indien, Gwadar permet à la Chine, dans l'hypothèse d'une nouvelle guerre froide entre Pékin et Washington (voire en cas d'affrontement sino-américain au sujet de Taiwan), de contourner le détroit de Malacca, situé en Malaisie.

Un détroit dont la Chine était dépendante pour ses importations énergétiques. En 2003, l'ancien président chinois Hu Jintao avait publiquement évoqué l'impératif pour son pays de résoudre ce « dilemme de Malacca ». La diplomatie chinoise a dès lors comme priorité de développer liaisons et infrastructures afin de sécuriser ses approvisionnements. La *BRI*, ou nouvelles routes de la Soie, englobant infrastructures terrestres et maritimes, est ainsi annoncée à l'automne 2013 par le président Xi Jinping. Mais dès 2004, la « stratégie du collier de perles », selon l'expression utilisée par une société de conseil auprès du Département d'État américain est utilisée pour désigner l'ensemble d'infrastructures portuaires financés par la Chine, qui sont autant de points d'appui, afin de protéger ses intérêts commerciaux vers et depuis l'océan Indien et le Moyen-Orient. Gwadar est une de ces perles du collier, ou points d'appuis de cette stratégie chinoise. Et fortuitement, le CPEC permet également à la Chine de stabiliser son flanc occidental en renforçant son contrôle sur la région autonome du Xinjiang, annexée par la République populaire en 1949, et régulièrement traversée par des troubles.

La « porte du vent », en baloutche, est constituée d'une péninsule en forme de T qui s'avance dans l'océan, et dessine de part et d'autre, deux baies, presque identiques. Les liens entre ce port de pêche et la péninsule arabique sont anciens, l'enclave étant sous souveraineté omanaise pendant 174 ans, entre 1784 et 1958. Le *Raj* britannique tente bien à plusieurs reprises de convaincre Oman de lui céder Gwadar, sans succès. Les événements s'accélèrent après la partition des Indes et le retrait britannique de la région, rapidement supplantés par les États-Unis, sur fond de guerre froide. En 1954, une étude de l'United States Geological Survey identifie le port de Gwadar comme idéal pour la construction d'un port en eaux profondes. Finalement, en 1958, le sultan de Mascate et d'Oman Saïd ibn Taimour vend Gwadar au Pakistan, pour 3 millions de dollars (de l'époque, ce qui correspond aujourd'hui à 32 millions de dollars, soit 30 millions d'euros). Le Pakistan, cependant, se concentre sur le développement des ports de Karachi (la capitale économique du pays) et de Port Qasim. Sur la côte est de la mer d'Arabie, le port de Karachi est fondé en 1854 par les Britanniques et domine nettement le trafic maritime du pays.

Pour le soulager, Port Qasim est construit en 1980 dans la périphérie de la ville. Les ports de Karachi et de Port Qasim sont connectés aux axes routiers et ferroviaires permettant d'acheminer les marchandises jusqu'à Lahore, la deuxième ville du Pakistan, et Islamabad, la capitale politique du pays, toutes deux situées au nord du pays.

Après la chute de l'Union soviétique, le Pakistan aspire à développer le port et l'hinterland de Gwadar, afin de commercer avec les nouvelles républiques indépendantes enclavées d'Asie centrale. Mais les événements en Afghanistan, qui est confronté successivement à une guerre civile (1992-1996), au régime des talibans (1996-2000), puis à partir de 2001, à une seconde guerre consécutive aux événements du 11 septembre, mettent cette ambition entre parenthèses. Dans le même temps, Pékin, qui cherche à résoudre son « dilemme » de Malacca, commence à manifester un intérêt pour transformer ce modeste port de pêche en port civil et militaire. Dès 2001, l'implication de la Chine dans le projet est officialisée et les travaux sont entamés en mars 2002. La conception, le financement ainsi que l'exécution des travaux sont intégralement chinois, et conforme aux normes chinoises de construction portuaire. En 2006, le *Master plan for Gwadar* présente les plans d'aménagement de la future ville de Gwadar, qui ambitionne de créer d'ici 2050 une métropole moderne d'environ 2 millions d'habitants. En 2007, le partenariat est inauguré par le président pakistanais Pervez Musharraf. Le projet est évalué à 1,2 milliard de dollars (1,1 milliard d'euros), financé à 85 % par la Chine et 15 % par le Pakistan, et Gwadar devient le troisième port en eaux profondes du Pakistan, après Karachi et Port Qasim.

En avril 2015, dans le cadre du développement du CPEC, le port de Gwadar est concédé pour 40 ans à la compagnie publique chinoise *Chinese Overseas Ports Holding Company* (*COPHC*). De 20 000 habitants environ en 1950, Gwadar abrite aujourd'hui un peu moins de 300 000 habitants. Pour répondre à cette croissance démographique, la Chine a déjà livré, en 2018, une usine de dessalement d'eau de mer, ainsi qu'une centrale thermique au charbon d'une capacité de 300 000 mégawatts.

Mais plusieurs écueils apparaissent rapidement. La province du Balouchistan, située à cheval entre l'Afghanistan, l'Iran et le Pakistan, est instable et propice aux trafics (armes, stupéfiants, hydrocarbures). Le sous-sol regorge de richesses, mais la région est l'une des moins développées du pays et la population y est très pauvre.

Les promesses de transformer Gwadar en « Dubaï pakistanais » ont fait long feu (26). Les pêcheurs locaux se plaignent d'être empêchés par les chalutiers chinois. « Quand nous allons pêcher, nous avons l'impression d'y aller en voleurs et de nous cacher. La mer ou l'océan n'appartiennent plus aux pêcheurs, mais aux Chinois », regrette un pêcheur de 70 ans. La prise de contrôle du port par la Chine, la transformation de la ville en zone de haute sécurité, avec points de contrôle, clôtures et zones séparées pour les travailleurs chinois, couplé à une forte présence policière et militaire dans les rues attisent la colère de la population locale. Une colère tournée autant vers la Chine que vers Islamabad, dans cette région traversée de revendications autonomistes et indépendantistes.

En juillet 2021, l'explosion d'un bus transportant du personnel attaché au développement d'un barrage fait 13 morts, dont 9 Chinois. En mai 2019, déjà, un attentat contre le Pearl Continental, le seul hôtel de luxe de Gwadar, avait été revendiqué par l'Armée de libération du Balouchistan (*BLA*), un groupe séparatiste, qui s'est lancé dans une campagne violente pour mettre un terme, d'une manière ou d'une autre, au CPEC. Le même groupe avait précédemment revendiqué une attaque contre le consulat de Chine à Karachi en novembre 2018. La sécurité des ressortissants chinois au Pakistan préoccupe Pékin, qui a haussé le ton et exprimé publiquement, par la voix du secrétaire politique de la Chine au Pakistan, de « sérieuses inquiétudes » quant à l'avenir des investissements chinois dans le pays. « Si la sécurité n'est pas améliorée, qui viendra travailler dans cet environnement ? »

Pour Asfandyar Mir, expert du programme Asie du Sud à l'Institut américain pour la paix, toutefois, « les Chinois ont désormais un énorme intérêt au Pakistan, et ne peuvent pas se permettre que cela ne fonctionne pas ». Quand bien même la situation sécuritaire réduirait ses ambitions concernant le CPEC, il est inconcevable qu'elle se retire totalement du Pakistan.

Depuis son indépendance, le Pakistan n'a cessé d'être agité par de nombreuses crises politiques et économiques. L'armée, qui a dirigé le pays durant 30 ans suite au coup d'État de 1977, reste faiseuse de rois, et les Premiers ministres (ainsi que ceux qui aspirent à le devenir), qui entrent en conflit avec elle voient généralement leur carrière politique brutalement écourtée. Le pays est également en proie à une grave crise économique, entre inflation, déficit commercial, dette. Un temps menacé de défaut de paiement sur sa dette, le Pakistan avait obtenu un prêt de 3 milliards de dollars (2,8 milliards d'euros) du Fonds monétaire international (FMI) en 2023, en contre-partie duquel le pays a été contraint de cesser les subventions au secteur énergétique. Ce qui a entraîné la fermeture de nombreuses usines et l'asphyxie de l'industrie textile pakistanaise (qui représente 60 % des exportations du pays). En septembre 2024, le Pakistan a obtenu du FMI un nouveau programme d'aide de 7 milliards de dollars (6,6 milliards d'euros) sur 3 ans, un prêt cette fois-ci conditionné à une hausse générale des impôts. Et le 25ème versement du FMI pour le Pakistan depuis 1958. Pour Islamabad, les capitaux chinois injectés dans le CPEC représentent un bol d'air et l'investissement s'inscrit dans la relation entre la Chine et le Pakistan, «*plus haute que l'Himalaya et plus profonde que l'océan Indien*», selon une métaphore en vogue, qui s'est construite en partie sur leur hostilité conjointe vis-à-vis de l'Inde.

Pour Islamabad, la présence chinoise à Gwadar est également perçue comme une garantie géopolitique et sécuritaire, celle de ne pas être laissé seul face à l'Inde, en cas de conflit ouvert. Depuis la partition de l'Empire des Indes en 1947, la République islamique du Pakistan et la République de l'Inde entretiennent des relations houleuses. La région himalayenne du Cachemire est partagée entre l'Inde, le Pakistan et la Chine, qui contrôle la portion du territoire qu'elle revendique. Le reste de la région, à majorité musulmane, est en partie administrée par le Pakistan, et intégralement revendiquée par l'Inde, et les deux pays se sont livrés trois guerres au XXe siècle (1947-1948, 1965 et 1999) pour conquérir cette région stratégique pour l'approvisionnement en eau.

Les périodes d'accalmie n'y sont que passagères et entrecoupées d'attentats et de crises diplomatiques entre Islamabad et New Delhi. En septembre 2016, suite à la mort de 17 membres des forces de sécurité indiennes tués dans une attaque contre une base militaire au Cachemire indien par des assaillants venus du Pakistan, le ministre indien de l'Intérieur, Rajnath Singh, avait déclaré que «le Pakistan est un État terroriste qui devrait être désigné et isolé comme tel». Le 14 février 2019, un attentat-suicide au véhicule piégé à Pulwana tue 46 militaires indiens. L'attaque est revendiquée par le groupe armé islamiste pakistanais opérant au Cachemire, *Jaish- e-Mohammed*. L'Inde déclare alors qu'elle assurerait «l'isolement complet» du Pakistan. Les requêtes de l'Inde auprès de l'ONU visant à inscrire le groupe *Jaish-e- Mohammed* et son chef, Masood

Azhar, sur la liste des sanctions du Conseil de sécurité sont bloquées par la Chine.

L'Inde est une république laïque, mais l'hindutva, un nationalisme culturel et ethnique, y exerce une influence croissante. La révocation de l'autonomie du Cachemire par le gouvernement indien en août 2019, avalisée par la Cour suprême de l'Inde en décembre 2023, qui permet à New Delhi d'administrer directement le Cachemire indien, ainsi que le soutien d'un certain nombre de personnalités publiques indiennes au séparatisme baloutchi afin de déstabiliser Islamabad, attestent que la tension dans la région est régulièrement ravivée.

Pour revenir à Gwadar, en octobre 2024, le Pakistan et le Turkménistan évoquaient la signature prochaine d'un mémorandum d'accord permettant au Turkménistan d'accéder au port de Gwadar, ce qui ferait du Turkménistan le premier pays d'Asie centrale à exploiter le port de Gwadar dans le cadre du CPEC (27). Une nouvelle étape dans la collaboration entre Ashgabat et Islamabad, après le gazoduc Turkménistan-Afghanistan-Pakistan-Inde (TAPI), le développement de lignes ferroviaires ainsi que de la fibre optique entre les deux pays, et de quoi renforcer le commerce régional reliant Asie centrale et Asie du Sud. Toutefois, l'"incertitude sécuritaire au Balouchistan et le manque d'infrastructures de connectivité dans l'hinterland de Gwadar, rendent la viabilité de cette participation encore incertaine.

Les ambitions contrariées de l'IMEC

New Delhi maintient des liens étroits avec les marines de la péninsule arabique, participant notamment à des exercices militaires conjoints. En janvier 2024, la marine indienne a participé à pas moins de trois opérations en mer Rouge et au large du golfe Persique. À la fois proche des monarchies du Golfe et d'Israël, New Delhi compose sa partition et tente de contrer l'influence grandissante chinoise dans la région. Économiquement, mais aussi politiquement et militairement, l'Inde aspire à jouer un rôle de premier plan dans ce qu'elle considère être son espace naturel, l'océan Indien.

Ce rapprochement entre New Delhi et les pays du Golfe est le fruit de la « politique de l'Ouest » *(Look West Policy)*, adoptée par New Delhi en 2005 par le Premier ministre de l'époque, Manmohan Singh, afin de permettre à l'Inde de renforcer la défense de ses intérêts dans la partie occidentale de l'océan Indien. La *Look West Policy* sera poursuivie par Narendra Modi, qui lui succède au poste de Premier ministre en 2014. Le début des années 2000 est marqué dans la région par l'intervention militaire en Afghanistan, quelques semaines après le 11 septembre 2001, ainsi que l'implication de la Chine dans le projet de transformation du port de Gwadar, lui permettant de prendre pied dans ce que New Delhi considère être sa zone d'influence.

Le Golfe, pour Narendra Modi, sorti vainqueur des législatives de 2024 - s'il a perdu beaucoup de sièges, il a néanmoins conservé la majorité - demeure une priorité de la diplomatie indienne. Dans le Golfe, les Émirats arabes unis sont toutefois le seul pays avec lequel l'Inde entretient des relations privilégiées.

En août 2015, la visite de Narendra Modi aux Émirats est la première visite d'un Premier ministre indien depuis 34 ans. Le mois précédent, le Premier ministre indien était en visite officielle dans les cinq pays d'Asie centrale, une première depuis 1955. Il avait évoqué son souhait de « reconnecter » son pays à l'Asie centrale.

Les relations entre New Delhi et Abu Dhabi sont bilatérales, trilatérales (avec la France, depuis février 2023) et, depuis 2021, quadrilatérales, dans le cadre de la participation au groupe I2U2.

Le groupe I2U2 (Inde, Israël, Émirats arabes unis, États-Unis), formé en octobre 2021, est un nouveau format quadrilatéral qui vise à encourager les coopérations. Ses membres se sont réunis pour la première fois en juillet 2022. La présence d'Israël et des Émirats dans ce même groupe est le fruit de la normalisation des relations entre Israël et plusieurs pays arabes de la région dans le cadre des « Accords d'Abraham ».

Signés à Washington en septembre 2020 entre Israël, les Émirats arabes unis et Bahrein (ainsi que le Maroc), ces Accords avaient constitué un tournant pour le Moyen-Orient. Bahrein et les Émirats sont tous deux membres de l'organisation de la Ligue arabe, qui avait en 1967 adopté la déclaration de Khartoum et ses « trois non » : « Pas de paix avec Israël, pas de reconnaissance d'Israël, pas de négociation avec Israël ». Depuis, l'Égypte et la Jordanie ont normalisé leurs relations avec Israël, respectivement en 1979 et 1994.

Les pays de la Ligue arabe, à majorité sunnite, considèrent la poursuite du programme nucléaire iranien comme une menace pour leur intégrité territoriale et la sécurité de la région, ce qui les a incité à entamer ce rapprochement. Pour Washington, ce rapprochement entre Israël et les Émirats permet de faire d'une pierre deux coups : de réaffirmer un front commun face à l'Iran d'une part, et de renforcer les liens entre pays de la région d'autre part. Pour Israël, ces accords s'inscrivent logiquement dans une volonté de contenir l'Iran. La normalisation des relations entre l'Arabie Saoudite et Israël était en bonne voie, mais les attaques du 7 octobre 2023 ont mis ce processus sur pause. Fin 2023, selon un sondage du *Washington Institute for Near East Policy (28)*, 96 % des Saoudiens interrogés étaient favorables à la rupture des contacts « diplomatiques, politiques, économiques et autres » entre les pays arabes et Israël. En février 2025, Riyad a balayé toute normalisation avec Israël sans la création d'un État palestinien.

Le projet de corridor multimodal de *l'India Middle East Europe Corridor* (*IMEC*) avait été officialisé en marge du sommet du G20 de New Delhi, en septembre 2023, où un Mémorandum d'entente avait été signé entre l'Inde, les États-Unis, l'Arabie Saoudite, les Émirats arabes unis, la France, l'Allemagne, l'Italie ainsi que l'Union européenne. Les huit pays et organisations signataires représentent environ 40 % de la population mondiale, et près de la moitié de l'économie mondiale, et mêle des membres du G20 ainsi que du groupe *BRICS+*.

L'*IMEC* prévoit de connecter l'Inde à l'Europe via le Moyen-Orient, et se compose de deux corridors distincts : un corridor Est, reliant par voie maritime l'Inde aux Émirats, ainsi qu'un corridor Nord, reliant par voie terrestre les Émirats au port israélien de Haïfa, via l'Arabie Saoudite et la Jordanie. Un trajet de 4 800 kilomètres entre terre et mer.

Le projet suscite l'enthousiasme de l'Inde, soucieuse de proposer une route commerciale alternative à l'initiative chinoise des nouvelles routes de la Soie et de veiller à ce que les routes maritimes vers l'Inde demeurent sûres et fluides. La marine indienne est d'ailleurs déjà présente de façon permanente dans le golfe d'Aden, le golfe Persique et le golfe Oman. Le corridor présente l'intérêt de contourner le canal de Suez et le détroit de Bab el Mandeb, en proie aux assauts de pirates depuis la Corne de l'Afrique et aux attaques des Houthis, depuis le Yémen. La désorganisation y est telle que les armateurs contournent désormais l'Afrique par le Cap de Bonne-Espérance, ce qui entraîne des temps plus longs, mais aussi des coûts plus importants, pour les assurances notamment.

Au cœur de l'*IMEC*, la péninsule arabique retrouverait de fait sa place de hub naturel entre Asie du Sud et Europe, de pont entre Orient et Occident. Les relations entre l'Inde et les pays arabes du Golfe se sont renforcées ces dernières années. Ancien ambassadeur indien en Arabie Saoudite, aux Émirats et à Oman, Talmiz Ahmad rappelle que « l'Asie du sud et la péninsule arabique sont déjà extrêmement bien connectées » (29). L'Arabie Saoudite est le quatrième partenaire commercial de l'Inde, et l'Inde le deuxième partenaire commercial de l'Arabie Saoudite. Les programmes d'investissements saoudiens et émiratis en Inde ces dernières années sont ambitieux : 100 milliards de dollars pour Riyad (95 milliards d'euros) et 75 milliards de dollars (71 milliards d'euros) pour Abu Dhabi. New Delhi cherche également à augmenter sa part de gaz naturel, et a signé avec le Qatar un accord pour prolonger ses importations.

En 2023, confirmant la volonté du Royaume d'agir en tant que puissance logistique et économique de premier plan, Mawani a annoncé le renforcement de ses liaisons maritimes entre l'Arabie Saoudite et l'Inde (30). Dammam, sur le Golfe, est désormais relié à sept grands centres maritimes répartis entre ses voisins du Golfe et la côte occidentale de l'Inde. Cette rotation doit amplifier la connectivité du Port du Roi Abdulaziz.

À Washington, enfin, l'administration Biden vante un projet qui répond aux priorités américaines au Moyen-Orient et dans la région Indopacifique. Néanmoins, le changement d'administration à la Maison-Blanche comporte certaines inconnues, et a déjà provoqué des remous dans la région, avec la récente déclaration du président Donald Trump, lors d'une conférence de presse conjointe avec le Premier ministre israélien Benjamin Netanyahou, de « prendre le contrôle de Gaza » pour en faire « la Côte d'Azur du Moyen-Orient », après en avoir vidé sa population vers l'Égypte et la Jordanie. Ce qui a provoqué la stupéfaction et le rejet de plusieurs capitales de la région.

Le 14 février 2025, l'Arabie Saoudite a annoncé l'organisation d'une réunion le 20 février à Riyad, pour un sommet réunissant cinq pays arabes, l'Arabie Saoudite, les Émirats arabes unis, la Jordanie, le Qatar ainsi que l'Égypte pour « examiner en profondeur le plan de Trump et élaborer une réponse arabe », selon une source saoudienne (31).

Conclusion

En février dernier, lors d'une visite à Marseille, considérée comme la porte d'entrée européenne de l'*IMEC*, le Premier ministre indien Narendra Modi et le président français Emmanuel Macron, avaient conjointement rappelé l'importance de l'*IMEC*, « notre première priorité », ont-ils insisté. Reste que les événements récents au Proche-Orient interrogent sur la faisabilité d'un tel projet impliquant la participation commune des Emirats arabes unis, de l'Arabie Saoudite et d'Israel.

La récente chute du régime de Bachar al Assad en Syrie, douze jours après le début d'une offensive menée par le groupe *Hayat Tahrir al-Sham* (*HTS*), a rappelé avec force à quel point la région était imprévisible. Demeure une certitude, celle d'une rivalité stratégique sino-indienne au large du Golfe, dans l'océan Indien, depuis Gwadar et Tchabahar, entre l'Asie centrale et les pays du Golfe, qui se dessine dans la région, et ce pour les décennies à venir.

Bibliographie

(1) BP Statistical Review of World Energy, Rapport annuel 2018 de la British Petroleum, juin 2018, https://www.bp.com/content/dam/bp/business-sites/en/global/corporate/pdfs/energy-economics/statistical-review/bp-stats-review-2018-full-report.pdf

(2) Russian Court suspends Caspian pipeline consortium operations used by Kazakhstan, Caspian News, 8 juillet 2022, https://caspiannews.com/news-detail/russian-court-suspends-caspian-pipeline-consortium-operations-used-by-kazakhstan-2022-7-8-0/

(3) Iran's port explosion, Center of Strategic and International Studies, 5 mai 2025, CSIS, https://www.csis.org/analysis/irans-port-explosion

(4) Saudi Arabia launches bid for region's largest shipyard, Ship Technology, 7 mai 2024, https://www.ship-technology.com/news/saudi-arabia-launches-bid-for-regions-largest-shipyard/

(5) Ras Al-Khair Special Economic Zone (SEZ), Site officiel de la Zone Economique Spéciale de Ras Al-Khair, https://www.raksez-info.com/en/

(6) The most expensive maritime construction projects in 2023, Ship Technology, 19 février 2024, https://www.ship-technology.com/features/the-most-expensive-maritime-construction-projects-in-2023/

(7) AD Ports Group announces further expansion of its flagship Khalifa Port to include drydock services, adports.ae, 4 mai 2023, https://www.adports.ae/

ad-ports-group-announces-further-expansion-of-its-flagship-khalifa-port-to-include-drydock-services/
(8) AD Ports invests in greenfield Sarzha grain terminal in Kazakhstan, Port Technology, 15 janvier 2025, https://www.porttechnology.org/news/ad-ports-invests-in-greenfield-sarzha-grain-terminal-in-kazakhstan/
(9) AD Ports Group expands cooperation with Kazakh partners, AD Ports Group, 16 janvier 2025, https://www.adportsgroup.com/en/news-and-media/2025/01/16/ad-ports-group-expands-cooperation-with-kazakh-partners
(10) Dredging work in the port of Kuryk was completed ahead of schedule, Transport Corridors, 25 novembre 2024, https://www.transportcorridors.com/9164
(11) Два буксира « Казмортрансфлота » прибыли в Персидский залив для работы по соглашению с AD Ports (ОАЭ), Port News, 22 septembre 2023, https://portnews.ru/news/353848/
(12) Turkmenistan considers investment projects with AD Ports Group, Daryo, 12 mars 2024, https://daryo.uz/en/2024/03/12/turkmenistan-considers-investment-projects-with-ad-ports-group
(13) Начались поставки китайских товаров в Узбекистан через Бандар-Аббас, Spot, 26 juin 2023, https://www.spot.uz/ru/2023/06/26/xiamen-train/
(14) Мультимодальный контейнерный маршрут запущен из индийских портов в Узбекистане, Port News, 20 août 2024, https://portnews.ru/news/366825/
(15) Kazakhstan opens a direct route to the sea through Iran for Kazakh exports, Gouvernement du Kazakhstan, 7 août 2023, https://www.gov.kz/memleket/entities/mti/press/news/details/598481?lang=en
(16) Burdy Jean-Paul, « Le détroit d'Ormuz, verrou stratégique du golfe Persique », dans Revue Questions internationales, n°99-100, La paix : illusions et réalités, octobre 2019, p. 167-173, https://shs.cairn.info/magazine-questions-internationales-2019-4-page-167?lang=fr
(17) Uzbekistan to join Iran's Chabahar international trade project, Caspian News, 26 janvier 2022, https://caspiannews.com/news-detail/uzbekistan-to-join-irans-chabahar-international-trade-project-2022-1-25-37/
(18) India inks 10-year deal to operate Iran's Chabahar port, Reuters, 13 mai 2024, https://www.reuters.com/world/india/india-sign-10-year-pact-with-iran-chabahar-port-management-et-reports-2024-05-13/
(19) India, Armenia discuss using Chabahar port to boost connectivity, Hindustan Times, 13 octobre 2021, https://www.hindustantimes.com/india-news/india-armenia-discuss-using-chabahar-port-to-boost-connectivity-101634122121648.html
(20) Armenia to use Iranian ports for doing business with India, Tasnim News Agency, 24 janvier 2024, https://www.tasnimnews.com/en/news/2024/01/24/3028553/armenia-to-use-iranian-ports-for-doing-business-with-india
(21) Иран предложил Таджикистану арендовать часть порта Чабахар, Fergana Agency, 17 juillet 2019, https://fergana.agency/news/109058/

(22) Таджикистан получит доступ к иранскому порту Чабахар, Daryo, 23 novembre 2023, https://daryo.uz/ru/2023/11/23/kak-tadzikistan-i-iran-budut-ispolzovat-iranskij-morskoj-port-cabahar
(23) Signing of new cooperation documents between Tajikistan and Iran, Ministère des Affaires étrangères de la République du Tadjikistan, 16 janvier 2025, https://mfa.tj/en/main/view/16420/signing-of-new-cooperation-documents-between-tajikistan-and-iran
(24) Иран, Индия и Узбекистан облегчат транзит через порт Чабахар, Uz Daily, 2 décembre 2024, https://www.uzdaily.uz/ru/iran-indiia-i-uzbekistan-oblegchat-tranzit-cherez-port-chabakhar/
(25) Выступление по цифровой системе Президента Туркменистана Гурбангулы Бердымухамедова на саммите « Центральная Азия-Индия », Site officiel du Gouvernement du Turkménistan, 27 janvier 2022, https://turkmenistan.gov.tm/ru/post/60476/vystuplenie-po-cifrovoj-sisteme-prezidenta-turkmenistana-gurbanguly-berdymuhamedova-na-sammite-centralnaya-aziyaindiya
(26) What went wrong with « Pakistan's Dubai »? inside the Chinese initiative that is prompting terror attacks, The Guardian, 26 janvier 2025, https://www.theguardian.com/world/2025/jan/26/what-went-wrong-with-pakistans-dubai-inside-the-chinese-initiative-that-is-prompting-terror-attacks
(27) Turkmenistan's economic leap through Gwadar, Modern Diplomacy, 10 octobre 2024, https://moderndiplomacy.eu/2024/10/10/turkmenistans-economic-leap-through-gwadar/
(28) Catherine Cleveland et David Pollock, New poll sheds light on Saudi views of Israel-Hamas war, Washington Institute, 21 décembre 2023, https://www.washingtoninstitute.org/policy-analysis/new-poll-sheds-light-saudi-views-israel-hamas-war
(29) New Middle East trade corridor offers 'win-win' economic growth, Arab News, 13 novembre 2023, https://www.arabnews.com/node/2407186/business-economy
(30) Mawani boosts maritime links with addition of CMA CGM's India Gulf express service to King Abdulaziz Port, Maritime Gateway, 1 novembre 2023, https://www.maritimegateway.com/mawani-boosts-maritime-links-with-addition-of-cma-cgms-india-gulf-express-service-to-king-abdulaziz-port/
(31) Un sommet arabe à Riyad le 20 février pour répondre au plan de Trump pour Gaza, L'Orient-Le Jour, 14 février 2025, https://www.lorientlejour.com/article/1447839/plan-de-trump-pour-gaza-un-sommet-arabe-prevu-en-fevrier-a-ryad-source-saoudienne.html

Regards géopolitiques sur l'importance des terminaux à conteneurs depuis le Canal de Suez jusqu'à la mer d'Oman

YANN ALIX

Résumé

De la Méditerranée et à la mer d'Arabie, les turbulences géopolitiques mondiales stimulent le couple logistique et diplomatie. Chine, Russie, Inde, Iran, Union européenne, États de la Péninsule Arabique, États-Unis d'Amérique : aucune nation n'est exclue du grand jeu géopolitique et géostratégique eurasiatique. Pour les États enclavés de l'Asie Centrale, les corridors demeurent toujours un peu plus des artères vitales de connectivités. Les terminaux portuaires, depuis l'Inde jusqu'en Europe Méditerranéenne, reçoivent une attention politique et économique très particulière avec les tensions ukrainiennes, palestiniennes, iraniennes ou encore yéménites. Par le contrôle des opérations sur les terminaux portuaires, des conglomérats mondiaux de manutention deviennent des acteurs-clés, au même titre que les armements de lignes régulières, véritables organisateurs de la globalisation marchande contemporaine. Le secteur du conteneur maritime, qui permet 90 % des échanges de produits manufacturés mondiaux, est pris en compte dans la présente contribution pour comprendre les nouvelles concurrences politiques et commerciales qui animent des interfaces portuaires qui n'ont jamais été autant des portes qui peuvent s'ouvrir mais aussi se fermer.

Abstract

From the Mediterranean to the Arabian Sea, the world's changing geopolitical landscape is stimulating logistics and diplomacy. China, Russia, India, Iran, the European Union, the Arabian Peninsula states, the United States of America: no nation is excluded from the great Eurasian geopolitical and geostrategic game. For the landlocked states of Central Asia, the corridors remain vital arteries of connectivity. Port terminals, from India to Mediterranean Europe, are receiving particular political and economic attention in the light of tensions in Ukraine, Palestine, Iran and Yemen. By controlling ports' operations, global terminal operators are establishing themselves as key players in the same way as liner shipping companies. The container business, which accounts for 90% of the world's manufactured goods trade, is considered in this contribution to understand the new political and commercial competition driving port interfaces, which have never been so much like doors that can open or close.

Introduction

La crise géopolitique contemporaine met en perspective l'importance cruciale des isthmes, canaux et détroits dans les circulations maritimes internationales (Baggi et Carroué, 2024). Notre économie-monde repose sur une globalisation marchande qui elle-même n'est que le fruit d'une organisation géographique des productions rendue possible par les hyper-connectivités maritimes (Alix, 2024b). Depuis la crise pandémique de la COVID-19, nos sociétés modernes ont saisi leurs dépendances et compris leurs interdépendances sur l'autel d'une logistique devenue une science inexacte aux effets directs et indirects insoupçonnés (Cariou, 2025; *UNCTAD*, 2021; Li, Gu & Meng, 2023). Les consommateurs mondiaux, ou tout du moins ceux vivant dans des économies extraverties reposant sur les fiabilités des services maritimes, ont découvert combien la dépendance manufacturière et industrielle avec la Chine pouvait être critique (Prosper, Plaisent & Macdonald, 2021) (Hebrard, 2020). Des consommateurs plutôt africains et méditerranéens, ont subi directement les affres d'approvisionnements en produits céréaliers de première nécessité devenus outils de guerre et de chantage avec l'exacerbation du conflit en terres ukrainiennes (*UNCTAD*, 2022; *AFD*, 2022). Le monde entier continue de s'interroger sur les conséquences à long terme des attaques guerrières des rebelles Houthis sur les navires de commerce qui empruntent le golfe d'Aden et le Canal de Suez (Loïzzo, 2024). Ces agressions n'étant que le fruit d'une solidarité idéologique à l'égard du peuple palestinien suite aux réactions israéliennes après les attentats du 7 octobre 2024, cela ne fait que rappeler combien logistique maritime et géopolitique mondiale sont inter reliées. D'ailleurs, Israël a détruit partiellement le port stratégique d'Hodeïda en juillet 2024 après le lancement d'un drone par les rebelles Houthis; Tel Aviv considère cette infrastructure essentielle comme une porte d'entrée et d'approvisionnement pour l'acheminement d'armes iraniennes plutôt qu'à l'importation de produits pétroliers et d'aide humanitaire pour le Yémen (*Journal de la Marine Marchande*, 2024).

La présente réflexion cherche à replacer ces considérations humides et salées dans le prisme de l'enclavement géophysique des territoires immenses de l'Asie Centrale. Les pays en « Stan » demeurent des espaces où les frontières peuvent devenir des barrières infranchissables et où les débouchés à la mer peuvent s'imposer comme des enjeux géopolitiques vitaux (Alix, 2021a). Bien au-delà des seules géographies physiques et politiques, ce sont bien des potentiels de débouchés maritimes, de corridors logistiques et de terminaisons portuaires qu'il convient de considérer en matière de désenclavement et de sécurisation des pré et post-acheminements. L'Inde, le Pakistan, la République d'Iran d'une part, les nations caucasiennes comme l'Azerbaïdjan et la Géorgie d'autre part mais aussi les pays baltes comme la Lituanie, la Lettonie et dans une moindre mesure l'Estonie constituent autant de champs des possibles en matière de connectivité. Cela sans considérer bien sûr les tutelles géopolitiques historiques que symbolisent la Russie et la Chine avec l'ambition croisée et concurrente de fiabiliser et sécuriser des relations commerciales et stratégiques avec les territoires de l'Asie Centrale (Alix, 2021b).

Une catégorie d'acteurs est souvent oubliée dans cette construction géopolitique de notre monde marchand : les opérateurs de manutention conteneurisée qui sont eux-mêmes souvent adossés à des conglomérats maritimes aux pouvoirs capitalistique et politique considérables (*Drewry*, 2025). Aux mains d'entreprises privées majoritairement européennes et asiatiques, cette oligopolisation des activités de manutention et de transport des conteneurs maritimes soulève des questionnements d'ordre géopolitique au moment même où l'administration américaine adopte des postures qui entremêlent ouvertement la défense des intérêts souverains et le contrôle des chaines de valeur et de transport internationales. (Notteboom et Haralambides, 2025).

Cette contribution, sous forme de réflexions ouvertes vise à mettre en perspective les rôles potentiels des principales entités portuaires qui s'égrènent depuis les rives indiennes de la mer d'Arabie au pourtour méditerranéen européen. L'emphase mise sur le cas des opérateurs globaux de terminaux à conteneurs et le pouvoir de marché des armements maritimes interrogent les relations de puissance entre les États et des conglomérats privés. Cela permet de discuter des enjeux géopolitiques et géostratégiques qui animent de nouvelles concurrences portuaires et logistiques. Plusieurs considérations prospectives et stratégiques visent à ouvrir le débat sur les potentialités logistiques qui pourraient s'offrir aux pays enclavés de l'Asie Centrale, notamment avec le renforcement portuaire de la Péninsule arabique comme carrefour de nouveaux corridors de transport.

1- De Mumbai à Marseille : les ports au cœur de considérations géostratégiques et géopolitiques essentielles

L'enclavement géographique de l'Asie Centrale constitue un enjeu de connectivité maritime et portuaire qui dépasse les seuls intérêts socio-économiques et stratégiques des nations concernées (Alix, 2022). De l'ambition globale chinoise *BRI - Belt and Road Initiative* - aux ajustements infrastructurels du pouvoir de Moscou dans le cadre des connectivités du Corridor Transnational Nord-Sud, les luttes ferroviaires et terrestres dans l'immensité centrale asiatique commencent et se terminent bien souvent par un port, considéré justement comme un *gateway* sur les circulations commerciales internationales. Que l'on évoque les corridors transsibérien, transcaspien ou encore eurasien, tous ont comme particularité d'articuler des réseaux de transports de marchandises qui traversent mais aussi drainent les espaces économiques enclavés d'Asie Centrale. Le Kazakhstan constitue probablement le cœur de cette projection infrastructurelle complexe où convergent d'âpres concurrences géopolitiques internationales ((Radvanyi, 2002 ; Lasserre, 2024 ; Lasserre & Alexeeva, 2021). La puissance d'aménagement des réseaux ferroviaires sur les immensités géographiques eurasiatiques n'est plus à démontrer. Autant la route peut précéder le développement dans nombre de situations enclavées, autant les solutions ferroviaires constituent des outils politiques d'influence qui dépassent leurs seules utilités opérationnelles et logistiques dans l'immensité géographique et géophysique de l'Eurasie (Demircan, 2024 ; *ITF*, 2022).

Les investissements portuaires portés par divers structures de financement chinoises, russes, indiennes, turques ou encore européennes illustrent l'exacerbation des concurrences logistiques régionales. Que l'on considère les terminaux d'Aktau au Kazakhstan, de Bakou en Azerbaïdjan, de Chabahar et Bandar Abbas en Iran, de Gwadar et Karachi au Pakistan, ces ports s'inscrivent comme des maillons cruciaux d'organisations de transport qui conjuguent de manière subtile des intérêts diplomatiques, stratégiques et logistiques. Le projet *IMEC - Corridor économique Inde-Moyen-Orient-Europe* - s'inscrit dans ce grand jeu d'influence rendu encore plus complexe par l'évitement opérationnel des réseaux transsibériens russes depuis le déclenchement des sanctions internationales contre le régime du Président Poutine. À l'occasion du G20 des 9 et 10 septembre 2023 à New Delhi, l'Inde s'enorgueillit de lancer un immense projet de corridor commercial qui relie les principaux ports indiens de la mer d'Arabie à ceux de l'Europe Méditerranéenne via de futurs sillons ferroviaires qui traversent la péninsule arabique, permettant ainsi d'éviter l'isthme de Suez (Rizzi, 2024).

Figure 1 : Les principales composantes
du « Corridor économique Inde-Moyen-Orient-Europe ».

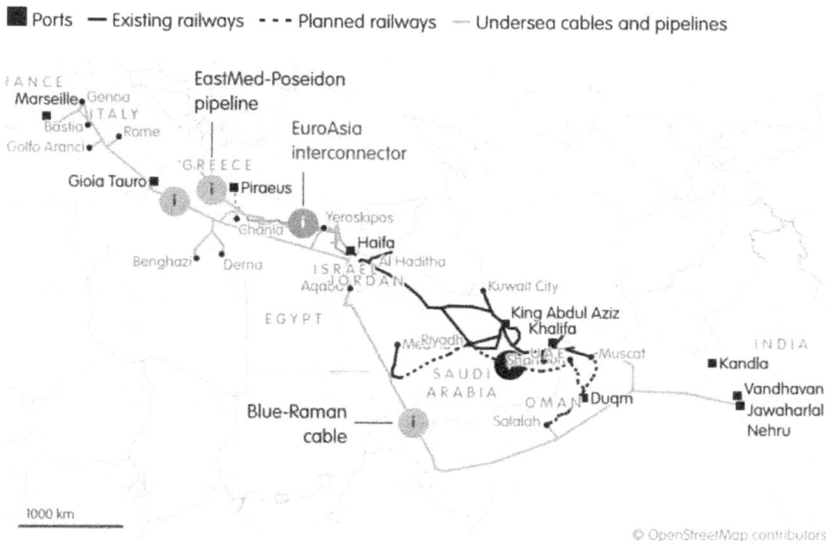

(Source : *ECFR* 2024).

Parmi les soutiens à ce projet qui est vite assimilé comme une réponse aux réseaux infrastructurels issus de *BRI* : les États-Unis, la France et l'Italie, mais aussi l'Arabie Saoudite et les Émirats arabes unis qui feraient de Jebel Ali un relais essentiel entre les ports stratégiques de Mumbai et Kandla d'une part et de Haïfa, Le Pirée, Gioia Tauro et Marseille d'autre part.

Les États du Golfe, l'Inde et l'Europe font de ce projet évalué à 600 milliards (dont 200 milliards de financements annoncés par les seules États-Unis) une projection stratégique qui sécuriserait une nouvelle artère de commerce entre l'Inde, le golfe Persique et l'Europe, sans écarter les potentiels commerciaux d'importantes puissances démographiques comme l'Iran, la Turquie, l'Égypte et bien évidemment l'ensemble des populations enclavées de l'Asie Centrale. Gérard Mestrallet, représentant français désigné par la Présidence Macron auprès de l'organe de gouvernance multilatéral de l'*IMEC*, insistait sur l'inclusion pleine et entière de l'Europe occidentale, argumentant sur la place du port de Marseille au même rang que celui du Pirée en Grèce (in *Journal de la Marine Marchande*, 2024b).

Or, un projet d'une telle envergure politique et financière, devient presque chimérique avec l'arrivée de l'Administration Trump aux États-Unis. Les 200 milliards annoncés paraissent totalement compromis, ce qui menace directement la faisabilité et surtout la durabilité d'un montage financier qui chancèle aussi du côté d'une Europe en quête de réallocation de ressources publiques. Sans les États-Unis, c'est littéralement la gouvernance globale d'un tel projet qui se questionne, avec un « leadership » flou où l'Arabie Saoudite semble privilégier son nouveau rôle de négociateur de la stabilité politique du Moyen-Orient et même de l'Ukraine. Face à tant d'incertitudes géopolitiques et géoéconomiques, observer l'évolution des investissements des opérateurs de manutention conteneurisée parait nettement plus pragmatique. La temporalité d'un projet comme *IMEC* est incomparable avec celle d'un « deal » tel que construit et annoncé par *BlackRock / TiL / MSC Shipping* sur le rachat des actifs du hongkongais *CK Hutchison* en mars 2025 dernier. Pas moins de 10 terminaux conteneurisés entre le Pakistan et l'Égypte passe sous contrôle du consortium formé par le fond de gestion américain *BlackRock / Til / MSC Shipping*, ce qui replace *de facto* des intérêts capitalistes et stratégiques US au détriment des investissements hongkongais historiquement déployés dans la région **(Figure 2)**.

Figure 2 : Capacité totale des principaux terminaux cédés par *CK Hutchison* au Moyen-Orient en février 2025 (*En milliers d'EVP – situation observée au 1er janvier 2024*).

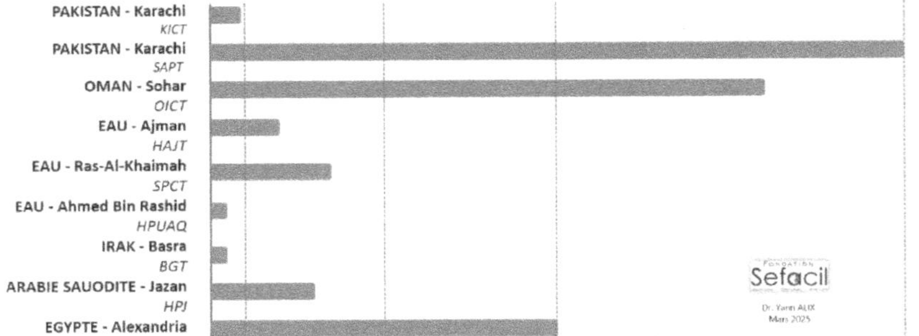

(Source : *Drewry*, 2024).

Ce mouvement purement capitalistique relève toutefois d'une *real-politik* préparée *ad hoc* par les membres du *Board* de *CK Hutchison* et probablement par Li-Ka Shing lui-même, homme d'affaires de 96 ans parmi les plus puissants d'Asie et instigateur de l'expansion internationale des actifs portuaires conteneurisés de *Hutchison Port Holding*. À n'en pas douter, la cession de ces actifs portuaires découle des postures fortes prises par l'Administration Trump quant à l'avenir du Canal de Panama où *CK Hutchison* contrôlait une part majoritaire dans les manutentions conteneurisées des deux plus importants terminaux situés tant du côté Pacifique que du côté Caraïbe. Pékin a ouvertement manifesté sa totale désapprobation du « deal » conduit par les hongkongais au profit d'un conglomérat hybride porté par l'un des fonds américain les plus puissants du monde. Cette situation à 22,8 milliards *US$* met en lumière combien les géants privés de l'industrie conteneurisée jouent des rôles prégnants dans le jeu complexe des relations politiques internationales, bousculées dans leurs fondements par l'imprévisibilité de l'Administration Trump. Cette dernière, en faisant du cas de Panama une obsession politique américaine, bouleverse l'ordre établi sur 10 terminaux moyen-orientaux qui gravitent autour de l'autre isthme vital du commerce mondial.

2- Les terminaux portuaires conteneurisés au cœur du contrôle des chaînes de transport manufacturés

Entre la Méditerranée et l'Océan Indien, plusieurs dizaines de terminaux conteneurisés servent autant l'optimisation des circulations maritimes planétaires que les pré et post-acheminements des arrières-pays européens, asiatiques et africains. Avec le Canal de Suez comme connecteur indispensable, ces terminaux sont au cœur d'intenses rivalités économiques et ambitions géopolitiques. Avec le rachat de *CK Hutchison*, le groupe italo-suisse *MSC Group* s'impose comme un nouvel acteur fort des actifs portuaires conteneurisés situés entre l'embouchure de Suez et l'Inde. Cet opérateur de manutention fut le plus actif du marché ces derniers mois sur des terminaux stratégiques localisés pour la plupart entre le Tropique du Cancer et l'Équateur **(Figure 3)**.

Figure 3 : Cartographie mondiale des principales acquisitions portuaires de *MSC Group* avant le *deal* avec *CK Hutchison*.

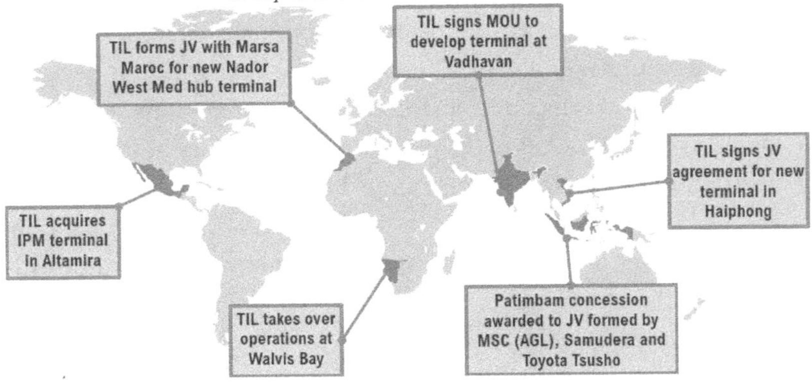

(Source : *Drewry*, 2024).

Mais surtout, l'opérateur s'adosse sur le pouvoir maritime de sa maison mère, *MSC Shipping*, qui demeure le numéro 1 mondial incontestable du transport maritime des conteneurs au monde. Farouchement indépendant et dans aucune alliance stratégique, *MSC Shipping* dispose d'une flotte de 880 navires et présente le carnet de commande le plus garni avec près de 2 millions d'EVP supplémentaires. Il faut avoir à l'esprit que le premier armement du monde est devenu le premier opérateur de manutention avec l'achat pour 22,8 milliards *US$* des terminaux de *CK Hutchison* - hors actifs situés à Kong-Kong et Mainland China (*Figure 4*).

Figure 4 : *MSC Group* : leader mondial conteneurisé en 2025.

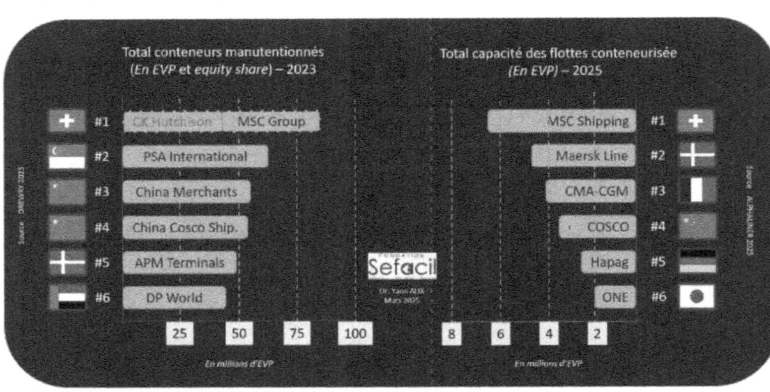

(Source : Alphaliner, 2025 et Drewry, 2024)

Cela signifie, en particulier pour les territoires et marchés du Moyen-Orient et de l'Asie Centrale, que les chaînes de valeur et les principaux corridors de transport seront « alimentés » en partie par des assets contrôlés par un groupe unique qui est la propriété majoritaire d'une famille (Aponte). Cette situation sur le marché clé du conteneur s'avère exceptionnelle, surtout si l'on ajoute les ambitions de *MSC Group* sur plusieurs ports turcs et indiens, deux marchés en pleine croissance et au cœur d'intenses compétitions entre opérateurs nationaux et internationaux

Les deux autres acteurs dominants « régionaux » sont respectivement le numéro #5 et #6 mondial. Comme pour *MSC Group*, l'armement danois *Maersk Line* est un transporteur maritime sous contrôle capitalistique familial, avec une division de manutention qui n'a cessé de croitre au cours des dernières années : *AMP-Terminals. AMP-T* est l'acteur dominant du terminal *SCCT* de Port-Saïd sur l'embouchure du Canal de Panama. Il est aussi opérateur à Oman sur le plus grand port du pays à Salalah, à Aqaba en Jordanie sans oublier le terminal Khalifa Bin Salman du Bahrain où il contrôle 64 % de l'actionnariat. Autre territoire investi : l'Inde avec trois terminaux sur trois ports pour cumuler plus de 2 millions d'EVP en considérant la part capitalistique du groupe dans chacun des terminaux. Le numéro #6 mondial est *DP WORLD* qui opère surtout les quatre terminaux de Jebel Ali à Dubaï ainsi que celui de Djeddah (capacité de 2,1 millions d'EVP) sans oublier Port Qasim et plusieurs investissements majeurs sur six ports en Inde. En tout, sur les territoires qui partent de Suez jusqu'au Sri Lanka, DP World demeure le plus important opérateur de manutention conteneurisé, c'est-à-dire en proportion du contrôle des actifs de *DP World* dans les différents terminaux où le dubaïote est positionné. Cela résulte du poids (total de 15 millions d'EVP) des terminaux de Jebel Ali toujours contrôlé par DPW mais à seulement 67,9 % après la cession de 22,1 % depuis le 30 juin 2022.

Pour finir et sans aspirer à l'exhaustivité, il convient de rappeler le poids relatif de l'opérateur privé et familial *Adani Ports* qui est actif dans 12 ports en Inde. L'actuel développement portuaire de l'économie indienne porte de nombreux projets d'extension et de modernisation dans lesquels *Adani Ports* est très actif. Par ailleurs, force est de constater que l'opérateur indien historique cherche à devenir plus global avec la sécurisation début 2023 d'une JV sur le port israélien d'Haïfa, puis en 2024 sur le futur nouveau terminal 2 de Dar-es-Salaam en Tanzanie, sans oublier l'ambition de construction d'un nouveau terminal à Colombo au Sri-Lanka.

Au-delà des opérations et investissements, la cartographie des acteurs clés de la manutention apporte pourtant une lecture supplémentaire sur le pouvoir de marché de sociétés privées dans la hiérarchisation des solutions de transport. Depuis les capitales des pays enclavés d'Asie Centrale, les terminaux portuaires conteneurisés demeurent de simples pions dans l'organisation de leurs chaînes de valeur Or, les stratégies de développement et d'investissements de ces géants maritimo-portuaires peuvent régir des concurrences et des compétitions entre corridors de transport, selon les contraintes et les opportunités liées en particulier aux postures politiques et géopolitiques des différents gouvernements régionaux. Par ailleurs, *MSC Shipping*, *CMA-CGM* ou encore *Maersk Line* et les différentes compagnies chinoises contrôlent des opérations logistiques qui se dispersent sur les différents marchés. Face à cette concentration du pouvoir capitalistique privé, les pays en Stan demeurent tributaires des accessibilités maritimes, logistiques et portuaires qui leur sont proposées et sur lesquelles ils n'ont que très peu d'emprise, si ce n'est à travers leurs politiques publiques d'investissements dans les infrastructures.

Une nouvelle forme d'équilibre s'instaure avec :

– D'un côté, les ressorts complexes de la diplomatie conventionnelle qui chancèlent dans les soubresauts presque vaudevillesques des relations entre les États-Unis, la Russie et l'Europe ; avec en filigrane les postures chinoises et indiennes ; et,

– De l'autre, le pragmatisme d'affaires de conglomérats, souvent dominés encore par des intérêts familiaux, qui maillent les terminaux portuaires et quadrillent les connectivités maritime au service du commerce et des échanges.

3- Axe Inde-Iran au cœur de nouvelles dynamiques portuaires régionales pour contrer les positionnements géostratégiques chinois dans l'espace maritime de l'Indo Pacifique

Les chinois furent parmi les premiers à bouleverser les dynamiques portuaires et logistiques régionales avec le pharaonique projet *CPEC* (*China-Pakistan Economic Corridor*) qui faisait d'un petit port (Gwadar) une nouvelle tête de pont au cœur de la province tourmentée du Balouchistan pakistanais. Gwadar installe durablement les intérêts chinois dans le pré carré historique de la géostratégie maritime indienne.

À 600 kilomètres du Détroit d'Ormuz où transite plus d'un tiers du pétrole mondial, Gwadar est un pion militaro-stratégique même si le discours officiel argumente sur le développement socio-économique généré par un corridor ferroviaire et routier qui relie le port pakistanais à la ville chinoise de Kashgar dans la province du Xinjiang. Toutefois, les images récentes prises sur les terminaux portuaires de Gwadar tendent à démontrer que le succès commercial n'est pas au rendez-vous **(Figure 5)** avec des retours sur investissements largement déficitaires (Schacht, 2024).

À noter que l'exploitation et les opérations des terminaux de Gwadar n'ont pas fait l'objet de mise en concurrence internationale avec aucun appel d'offre, mettant de facto à l'écart les opérateurs globaux internationaux. Gwadar n'est pas un cas isolé qui illustre l'opacité chinoise qui maille des territoires par une diplomatie politique et économique via des opérateurs portuaires spécialisés aux financements opaques et aux fonctionnements hermétiques.

Figure 5 : Port de Gwadar au Balouchistan Pakistanais en 2023.

(Source : Schacht, 2024).

En filant la théorie largement commentée du collier de perles, Beijing a investi massivement les ports de Chittagong au Bangladesh et de Kyaukpyu en Birmanie pour en faire des extensions industrielles et stratégiques situées entre les passages délicats des Détroits de Malacca et d'Ormuz. Il convient aussi de rappeler que Pékin a orchestré la mise sous tutelle pour 99 ans du nouveau port en eau profonde sri lankais (-17 mètres) d'Hambantota suite à l'incapacité de rembourser un prêt chinois contracté en 2017 par l'État sri lankais **(Figure 6)**.

Figure 6 : Vue aérienne du port d'Hambantota.

(Source : *Sri Lanka Ports Authority*).

Djibouti et les modestes États insulaires des Maldives ou de Maurice constituent d'autres composantes de la stratégie maritime et portuaire chinoise. Elles disposent toutes d'infrastructures portuaires intéressantes auxquelles d'ambitieuses projections manufacturières, industrielles et énergétiques (via notamment des modèles de zones franches intégrées) promettent des développements socio-économiques profitables aux populations locales. (Alix, 2024a).

Figure 7 : Vue aérienne d'une partie de la base militaire et des installations portuaires sous contrôle chinois à Djibouti.

Ce collier de perles portuaires ne peut pas se résumer à de simples composantes d'un chapelet de comptoirs commerciaux et relais infrastructurels pensés par la Chine, Ils participeraient à la pérennisation du renforcement de l'expansion militaire de la puissance chinoise dans les eaux internationales de l'Indopacifique (*Le Monde*, 2018). Ce qui est intéressant, c'est que la plupart de ces ports participent aux maillages de potentiels logistiques terrestres qui consolident des *continuums* entre l'espace maritime international et les espaces intérieurs jusqu'aux confins des marchés enclavés de l'Asie Centrale et de l'Afrique. Djibouti constitue une intéressante illustration du drainage logistique et industriel des flux de l'Éthiopie via un sillon ferroviaire entièrement financé par des intérêts chinois (**Figure 8**).

Figure 8 : Chargement de riz ensachés sur *Doraleh Multi-Purpose Port* pour une expédition ferroviaire depuis la station située face à la base militaire chinoise

(Source : L'auteur (Alix - 2020) – 2020).

Quand *China Merchants Port Holdings Co Ltd* (*CMP*) prend possession de 23,5 % de la société *PDSA* (*Port of Djibouti SA*), le groupe chinois investit dans les activités du *Doraleh Multipurpose Terminal* mais aussi (à hauteur de 15,7 %) dans les activités du terminal conteneurisé qui a lui-même échappé à la sphère dubaoïte suite à leur retrait fracassant en 2018, soit 20 ans après la mise en concession du terminal… mais 10 ans avant la fin contractuelle de ladite concession. (Alix, 2023). En cela, Djibouti constitue une illustration des rapports de force entre sphères d'influence avec :

– Dubaï qui entame dès le début des années 2000 une politique d'expansion stratégique via *DP World* sur des terminaisons portuaires et logistiques dans leur « périphérie géographique » ; et,

– La Chine qui fait de *China Merchants Port Holdings Co Ltd* une des composantes portuaires d'un programme stratégique qui fait de Djibouti l'une des bases les plus puissantes de Beijing en dehors de son pré-carré de la Mer de Chine.

En quittant Djibouti, *DP World* accélère ses investissements sur un nouveau terminal à conteneurs en eau profonde à Berbera au Somaliland. Sur la base d'une concession de 30 ans signée en 2016 avec une inauguration opérationnelle en 2021, *DP World* installe une capacité théorique annoncée de 500 000 EVP afin de contester les circulations logistiques, industrielles et manufacturières entre l'Éthiopie et Djibouti (**Figure 9**). Cette nouvelle route et organisation de transport conviennent aux opérateurs économiques mais aussi politiques éthiopiens qui voient dans l'offre de *DP World* une alternative qui vise bien plus que la seule manutention conteneurisée par un effet opportun de détournement des flux djiboutiens.

Figure 9 : Vue d'ensemble des installations du nouveau port de Berbera au Somaliland.

En effet, l'opérateur de Dubaï espère remplir la zone franche de 1200 ha de la *Berbera Economic Zone* (*BEZ*) en attirant des investisseurs du Golfe persique sur le même modèle logistique, industriel et fiscal que la première génération de zone franche de Jebel Ali. La complétion du *Berbera Corridor* de 937 kilomètres pour desservir Hargeisa, capitale du Somaliland et ensuite le carrefour de Wajale et la capitale Addis-Abeba donnerait un accès direct à un arrière-pays de 150 millions de producteurs/consommateurs potentiels. La vision de fluidifier les solutions de transport entre l'Éthiopie et la Péninsule arabique porte aussi l'ambition de consolider des opportunités commerciale de toute l'Afrique de l'Est jusqu'à l'Asie Centrale et le sous-continent indien. Cela entre en compétition ouverte avec la « solution logistique et industrielle intégrée Djibouti-Addis » promue par et pour les intérêts chinois.

À l'instar de ce que l'on peut constater au Moyen-Orient ou en Asie Centrale, la Corne d'Or africaine constitue également un révélateur des enjeux géopolitique et stratégique liés aux contrôles des ports et des corridors de transport. Ces « nouveaux axes » qualifiés de « Sud-Sud » mettent en perspective le réalisme économico-diplomatique de pays en émergence, prompts à orchestrer leurs développements logistiques, industriels et manufacturiers sans le soutien de l'Europe ou même des États-Unis. Le cas du nouveau port océanique de Chabahar en République d'Iran s'inscrit dans cette mouvance géopolitique et géoéconomique. Dans la tourmente des sanctions internationales qui frappent la République d'Iran, l'histoire récente de Chabahar est tout sauf anodine si l'on observe le développement de cette infrastructure idéalement localisée dans le Golfe d'Oman. Chabahar constitue en quelque sorte une « réponse » aux velléités d'encerclement géostratégique de l'Inde par les intérêts maritimes et portuaires chinois. Chabahar, situé à seulement 76 miles nautiques de Gwadar, constitue le port-pivot d'une relation à trois dimensions pour les intérêts indiens :

– La première relève des connectivités maritimes qui lient le port iranien financé dès son origine par les intérêts indiens aux ports de Kambla et de Mumbai ;

– Le deuxième est la connectivité potentielle de Chabahar vers les marchés enclavés de l'Asie Centrale, qui permet de contourner les corridors logistiques pakistanais pour rallier en premier lieu les marchés de l'Afghanistan avant de se prolonger sur les territoires enclavés d'Asie Centrale (Daudet et Alix, 2016) ;

– La troisième dimension relève en quelque sorte d'un pari géopolitique de la part de l'Inde qui, après avoir financé la construction du port de Chabahar, va en devenir l'unique exploitant commercial et stratégique pour les dix prochaines années suite à la signature d'un accord hautement symbolique entre les autorités iraniennes et indiennes le 13 mai 2024 **(Figure 10)**.

Figure 10 : Cérémonie de signatures officielle pour un accord historique indo-iranien en vue de l'exploitation commerciale et stratégique du port de Chabahar.

(Source : *Le Marin*, 2024).

Conclusion

Les ports comme des portes qui s'ouvrent et se ferment au gré des opportunismes géoéconomiques, géopolitiques et géostratégiques

Les ports constituent en quelque sorte l'expression infrastructurelle d'opportunités géopolitiques qui concrétisent les accords géostratégiques entre intérêts souverains. Gwadar et Chabahar manifestent chacun à leur manière les temporalités qui associent d'une part la Chine et le Pakistan alors que d'autre part se nouent des relations partenariales entre l'Inde, l'Iran et accessoirement l'Afghanistan enclavée, satisfaite de disposer d'une alternative aux solutions portuaires et logistiques pakistanaises. Quant à l'*IMEC*, il élargit le spectre géographique et temporel en projetant une artère commerciale qui connecte Europe et Inde via les intérêts du golfe Persique. Si l'on ajoute les ambitions russes, notamment sur les ports partenaires de la Caspienne, il se dessine une géopolitique portuaire ambivalente, qui ouvre mais aussi resserre les capacités de connectivités des socio-économies enclavées d'Asie Centrale.

À l'instar du Kazakhstan mais aussi de l'Ouzbékistan, il se joue un équilibre subtil entre la préservation de souveraineté nationale et les exigences souvent économico-financières de soutiens bilatéraux de la part de « grands frères historiques et stratégiques ». Moscou et Pékin bien sûr, et dans une moindre magnitude Mumbai, Bruxelles ou même Karachi et même Téhéran cherchent à orienter les flux au profit de terminaux portuaires dans lesquels ils sont activement (ou passivement) impliqués. De Mumbai à Marseille, d'Istanbul à Chittagong, c'est une certaine vision du monde maritime et portuaire qui se décide, dans l'optique ultime de sécuriser les approvisionnements énergétiques et stratégiques globaux. Les influences commerciales, politiques et idéologiques s'interpénètrent pour faire mais aussi défaire des corridors de transport multimodaux. La résurgence du corridor du milieu dans le but de contourner le territoire russe et les sanctions internationales en est une illustration éclairante (Lasserre et A, 2024). Le rôle de l'Iran dans les activismes idéologiques du Moyen-orient en est une autre manifestation aux effets maritimes et portuaires indéniables.

Les États enclavés du Kazakhstan et du Turkménistan, mais aussi du pourtour caspien comme l'Azerbaïdjan et l'Iran tirent profit de cette « opportunité géopolitique » issue du conflit ukrainien et de la posture unilatérale de la Russie face aux sanctions occidentales. Cet exemple, exploité notamment de manière aussi opportune qu'ambivalente par Ankara, permet de valoriser l'attractivité des ports turcs dans un souci de préservation des connectivités logistiques avec des territoires aux héritages linguistiques et identitaires proches. Il permet de considérer aussi des alternatives comme le projet *IMEC* qui projette une nouvelle conception du monde avec un corridor qui conteste une vision où toutes les routes énergétiques planétaires pourraient mener à Beijing pour paraphraser une célèbre citation à l'égard de Rome et de l'Empire Romain.

Le temps long de la diplomatie et celui nettement plus court de la logistique se conjuguent pour que les circulations de matières et de biens soient garanties et surtout optimisées vers et depuis l'Asie Centrale enclavée. Le cas emblématique des ressources naturelles en uranium du Kazakhstan et dans une moindre mesure de l'Ouzbékistan demeure symptomatique de ces concurrences multidimensionnelles. De la visite présidentielle française au Kazakhstan en 2023 aux *JV* avec les entreprises chinoises et les pressions russes sur les contrats d'approvisionnement, l'organisation des expéditions dépend en grande partie de la garantie de de disposer de réseaux de transport fiables et efficaces qui véhiculent les volumes vers les marchés finaux de transformation/consommation. Les corridors ferroviaires et leurs indispensables terminaisons portuaires constituent des « assets stratégiques vitaux » qui matérialisent des relations d'interdépendances entre logistique et diplomatie. L'exemple uranifère n'est qu'une illustration dans un monde marchand libéral où les sécurisations énergétiques de demain se co-construisent aujourd'hui dans le prisme des intérêts économiques/financiers souvent privés et des ambitions souveraines et régaliennes des États.

Le golfe Persique ne s'y trompe pas dans une géopolitique habile qui conjugue diplomatie et logistique. L'*IMEC* constitue une pièce centrale d'un immense puzzle où les intérêts des États du Golfe, souvent en concurrence directe, investissent dans d'immenses complexes portuaires. *DP World* demeure un modèle en la matière, ayant fait de Jebel Ali un centre de transbordement conteneurisé et une place d'intégration de services logistiques entre l'Europe et l'Asie. Oman, l'Arabie Saoudite, ou encore Abu Dhabi considèrent le déploiement de nouveaux ports, sur leur propre territoire mais aussi à l'international dans une perspective géostratégique semblable.

Figure 11 : Port de Duqm dans le sultanat d'Oman : futur nouveau point géostratégique du golfe Persique et de toute la sous-région ?

(Source : Port of Duqm, 2024).

Les vocations de ces infrastructures demeurent autant commerciales que politiques. Pour les pays enclavés en particulier, ces rivalités globales en matière portuaire représentent autant de nouvelles portes qui peuvent s'ouvrir. La diversification des solutions d'acheminements s'avère essentielle pour ne pas être tributaire ou dépendant d'un seul corridor dominé par une seule puissance. Les États enclavés de l'Asie Centrale disposent d'options distinctes qui incluent des ports éloignés comme Klaïpeda en Lituanie ou même plusieurs options portuaires de la rangée portuaire arctique dans une perspective de connectivités Nord-Sud à long terme pour les produits pétroliers et gaziers carbonés (Faury, Alix & Montier, 2021).

Les seules performances économiques et logistiques des interfaces portuaires ne prédestinent pas les concurrences entre corridors de transport qui traversent l'Asie Centrale. L'articulation de la logistique et de la diplomatie n'a jamais aussi bien fonctionné depuis la réactivation des projets qui contournent l'immensité géographique russe. Les connectivités demeurent tributaires de postures géopolitiques et géostratégiques. Les interfaces portuaires incarnent des potentiels infrastructurels qui facilitent ou restreignent l'accès aux circulations maritimes internationales.

Ukraine, Gaza, Yémen : ces trois zones de conflits redessinent les possibles portuaires et influent sur les réalités logistiques qui interconnectent l'Asie Centrale avec le reste du monde. Quand l'Iran saisit un porte-conteneurs de la compagnie italo-suisse *MSC Shipping* pour le mettre au mouillage en face du port de Bandar Abbas, cela ouvre/ferme des circuits logistiques qui impactent les importateurs et exportateurs de l'Asie Centrale (*The Times of India*, 2024).

De manière concomitante, les velléités géostratégiques chinoises dans l'Océan Indien activent des tractations politiques en vue de consolider des positions portuaires comme à Chabahar ou Duqm sur la péninsule arabique. À la diplomatie géoéconomique qui a toujours parié sur le temps long des effets structurants des corridors de transport répond en écho le temps nettement plus ramassé des « deals » menés de manière opportune et stratégique par des conglomérats privés indépendants. Cependant, les concessions portuaires négociées s'étendent souvent au-delà de 2 décennies d'exploitation. Aussi, des sociétés privées européennes comme *MSC Group* ou *A.P. Møller* (*Maersk Line* et *APM Terminals* entre autres), cultivent une indépendance éloignée des complexités politiques et diplomatiques. Cela ne les empêche pas de tirer profit des instabilités et des incertitudes pour renforcer leur pouvoir de marché, comme le démontre parfaitement l'opportunité du *deal* porté par *TIL / MSC Shipping.*

Alors que les corridors ferroviaires sont scrutés depuis longtemps par les analystes et les observateurs, il n'est pas inutile d'approfondir les connaissances et les recherches sur le rôle structurant de la diplomatie et la logistique en matière portuaire.

Bibliographie sélective

Agence Française de Développement, 2022. *Afrique : la guerre en Ukraine découple la crise alimentaire.* Publié le 22 juillet 2022. https://www.afd.fr/fr/actualites/afrique-la-guerre-en-ukraine-decuple-la-crise-alimentaire.

Alix, Y., 2024a, Whosoever controls the ports controls the landlocked Central Asia: The Geopolitics diplomacy nexus from India to the Med Sea. In *The Logistics and Geo-politics of "Connectivity Diplomacy" in Eurasia: The South Corridor.* International Seminar. School of International Studies. Jawaharlal Nehru University. 17-18 October 2024.

Alix, Y., 2024 b, Ports et portes dans un monde maritime turbulent : Leçons géopolitiques et pensées prospectives. *Les Colloques Cerisy Ports et Portes.*

Session Perceptions, récits, imaginaires, histoire et futurs des ports. 4 au 11 septembre 2024. Cerisy. France.

Alix, Y. 2023. *Histoires courtes maritimes et portuaires. D'Afrique uniquement.* Tome II. EMS Éditions. Caen.

Alix, Y., 2022, Logistics and Diplomacy: Converting Central Asia's Landlockedness into an effective "Landlinkedness" connectivity. In Alix, Y., Baizakova, K., Nicharapova, J. & Rakhimov, M., (sous la direction), 2022, *Logistics & Diplomacy in Central Asia.* Éditions EMS Caen. Pp. 99-113.

Alix, Y., 2021a, Transport and Value Chain Management for Asian Landlocked Countries on a Post-Covid Trade Pattern. International Conference *Central and South Asia: Regional Connectivity. Challenges and Opportunities.* 15-16 July. Tashkent. Republic of Uzbekistan.

Alix, Y., 2021b, TransArctic Russian Maritime Highway : Some perspective about the future Eurasian Trade Pattern. In Alix, Y., Baizakova, K., & Chabal, P., (sous la direction), 2021, *Evolving regional values and mobilities in global contexts.* Collection Enjeux Internationaux. P.I.E. Peter Lang Éditions. Brussels.

Biaggi, C. & Carroué, L., Les grands détroits et canaux internationaux dans la géopolitique des mers et océans, un système très hiérarchisé sous tensions multiformes. *Géoconfluences*, juin 2024. https://geoconfluences.ens-lyon.fr/informations-scientifiques/dossiers-thematiques/oceans-etmondialisation/articles-scientifiques/passages-strategiques-maritimes-ppo-geopolitique

Cariou, P., 2025, Le nouvel ordre mondial et ses implications pour les chaînes logistiques. *Masterclass CEI.BA & Fondation SEFACIL Risques et Menaces Logistiques.* 3ème édition. Pointe-à-Pitre. 17 mars 2025.

Demircan, N. 2024. Rising Importance of Railways in the Eurasian Geopolitics: Potential Advantages and Risks. *International economy politics congress: "Present and future of economy politics in Eurasia.* Istanbul.

Daudet, B., Alix, Y., 2016, The Republic of Iran: Geopolitics game changer thanks to the railway sector ? *World Affairs.* National University of Mongolia. School of International Relations and Public Administration. 2016 N°2/33 (459).

Drewry, 2025, *Ports & Terminals. Market Briefing.* March 15th. London.

Faury,O., Alix, Y., & Montier, N. 2021. From the USSR to the polar silk road: the rise of the strategic Russian Arctic port range. *Post-Communist Economies.*

Haralambides, H.E. 2024. The red sea crisis and chokepoints to trade and international ship-ping. In *Maritime Economics and Logistics.* https://doi.org/10.1057/s41278-024-00296-y.

Haralambides, H.E. and Merk, O., 2020. The belt and road initiative: Impacts on global maritime trade fows. *International Transport Forum Discussion Papers,* No. 2020/02. Paris : OECD Publishing

Hebrard, P., 2020, L'impact de la Covid-19 sur le monde maritime. *Note n° 24/20. Fondation pour la recherche stratégique.* Paris.

International Transport Forum. 2022. *Transport Connectivity in Central Asia: Strengthening Alternative Trade Corridors between Europe and Asia.* International Transport Forum, Transport policy responses to the war in Ukraine, No 2, October 24, 2022.

Journal de la Marine Marchande, 2024. Mer Rouge : le port de Hodeïda toujours en feu suite à une frappe israélienne. Publié le 22 juillet 2024. https://www.actu-transport-logistique.fr/journal-de-la-marine-marchande/port/yemen-le-port-de-hodeida-toujours-en-feu-suite-a-une-frappe-israelienne-917828.php

Journal de la Marine Marchande, 2024. Gérard Mestrallet, représentant de l'IMEC pour la France : Le port de Marseille doit être la tête de pont européenne du futur corridor. Publié le 22 mai 2024. https://www.actu-transport-logistique.fr/journal-de-la-marine-marchande/logistique/gerard-mestrallet-representant-de-limec-pour-la-france-le-port-de-marseille-doit-etre-la-tete-de-pont-europeenne-du-futur-corridor-905673.php

Lasserre, F. (2024). Le train, au cœur des rivalités des nouvelles routes de la soie. Carto n° 81, 32- 33.

Lasserre, F., & Alexeeva, O. 2022. Belt and Road Initiative en Asie centrale, coopération ou rivalités entre puissances régionales autour des axes ferroviaires? *Paix et sécurité européenne et internationale*. N° 18. ffhalshs-03739469v2f

Le Marin, 2024. *L'Inde et l'Iran ont signé un accord qui prévoit l'exploitation du port de Chabahar par le gouvernement indien pendant dix ans*. Publié le 16 mai 2024. https://lemarin.ouest-france.fr/shipping/ports-de-commerce/linde-exploitera-le-port-de-chabahar-en-iran-pendant-dix-ans-1f152086-1399-11ef-8a2a-01c2428a5400

Le Monde, 2018. *Les ports, «perles»* stratégiques de l'expansion chinoise. Publié le 07 septembre.https://www.lemonde.fr/international/article/2018/09/07/les-ports-perles-strategiques-de-l-expansion-chinoise_5351687_3210.html

Li, Z., Gu, W., & Meng, Q. 2023. The impact of COVID-19 on logistics and coping strategies: A literature review. *Regional Science Policy & Practice*, 15(8).

Loïzzo, C., 2024. La crise en Mer Rouge, révélatrice de la vulnérabilité des grandes routes maritimes mondiales. *Géoconfluences*, janvier 2024. https://geoconfluences.ens-lyon.fr/actualites/veille/breves/mer-rouge-houthis

Notteboom, T., Haralambides, H. 2025. Seaports in a tense geopolitical environment: key agents or sitting ducks? *Maritime Economics & Logistics* **27**. https://doi.org/10.1057/s41278-025-00313-8

Prosper, B., Plaisent, **M.,** **&** Macdonald, R. 2021. Impact de la COVID-19 sur la mondialisation : perceptions chinoise et canadienne. *Revue Interventions économiques* [En ligne], Hors-série. Transformations | 2021, mis en ligne le 10 novembre 2021. http://journals.openedition.org/interventionseconomiques/14810 ; DOI :

Radvanyi, J. 2002, Réseaux de transport, réseaux d'influence : nouveaux enjeux stratégiques autour de la Russie. *Revue Hérodote : La Russie dix ans après*. N° 104.

Rizzi, A. 2024. The infinite connection: how to make the India-Middle East-Europe Economic Corridor happen. Policy Brief European Council on Foreign Relations/31. April 2024.

Schacht, K., 2024. *Pakistan's Gwadar port shows China's Belt and Road can fail*. Publié le 13 mai 2024. DW. https://www.dw.com/en/pakistans-gwadar-port-shows-chinas-belt-and-road-can-fail/a-68992914.

The Times of India, 2024. *MSC cargo ship, with 17 Indians onboad, seized for "violating maritime laws", Iran says.* Publié le 15 avril 2024.
UNCTAD, 2021, COVID-19 and Maritime Transport. Impact and Responses. *Transport and Trade Facilitation Series N°15*. United Nations. Geneva.
UNCTAD, 2022, The impact on trade and development of the war in Ukraine. *UNCTAD rapid*
Assessment. UNCTAD/OSG/INF/2022/1. 16 March 2022. United Nations.

Interview avec Gérard Mestrallet

À l'issue de la visite du Premier ministre indien Narendra Modi en France du 10 au 12 février 2025, les deux pays ont réaffirmé dans leur déclaration commune leur volonté de poursuivre leur collaboration au développement du projet de corridor IMEC. Orients Stratégiques a demandé à Gérard Mestrallet qui y représente les intérêts français d'en décrire les grandes lignes, et surtout les enjeux pour la France et l'Europe.

Avant toute chose, pourriez-vous nous présenter le projet *IMEC* et le contexte de sa signature ?

L'*India-Middle East-Europe Economic Corridor* (*IMEC*) est un projet de couloir logistique et économique reliant l'Asie à l'Europe, en passant par le Moyen-Orient. Son objectif est de renforcer la connectivité et l'intégration entre ces trois régions.

L'initiative a été lancée en marge du Sommet du G20 de New Delhi en septembre 2023. Huit participants ont signé à cette occasion un protocole d'entente (*MoU*) : l'Inde, les Émirats arabes unis, l'Arabie saoudite, l'Union européenne, la France, l'Allemagne, l'Italie et les États-Unis.

Le projet sera composé de trois segments : un axe maritime reliant l'Inde à la péninsule arabique, un segment terrestre connectant une grande partie du Moyen-Orient jusqu'en Israël, et une autre ligne maritime traversant la Méditerranée jusqu'en Europe avec le port de Marseille.

Ce corridor multimodal de près de 6 400 kilomètres se compose de voies maritimes et ferroviaires, des câbles numériques et de pipelines qui transporteront majoritairement de l'hydrogène décarboné. L'harmonisation des formalités administratives et douanières (*soft connectivity)* sera également essentielle pour favoriser de tels projets d'interconnexion.

Quel est l'intérêt de mener un tel projet ?

L'*IMEC* est un projet de connectivité stratégique pour la France et l'Union européenne.

Il s'inscrit dans un contexte de croissance majeure des échanges entre l'Union européenne et l'Inde : les flux commerciaux entre les deux régions devraient augmenter en moyenne de 6 % par an d'ici 2032, pour atteindre un volume de 175 milliards d'euros. Le corridor pourrait ainsi permettre de soutenir et d'accompagner cette dynamique.

Cette nouvelle route commerciale entre l'Asie et l'Europe est aussi un moyen de renforcer l'intégration régionale, ainsi que de sécuriser et de diversifier les chaînes de valeur internationales.

Par ailleurs, l'initiative vise à développer un corridor d'hydrogène décarboné qui connectera les futures zones majeures de production, que sont l'Inde et l'Arabie saoudite, avec les zones de consommation, essentiellement au sein de l'Union européenne. L'accélération de la décarbonation est ainsi au cœur de l'ambition de l'*IMEC*.

Quel rôle la France jouera-t-elle dans l'*IMEC*?

France souhaite devenir un acteur clé du corridor. Ma nomination par le Président Emmanuel Macron en novembre 2023, en dépit d'un contexte géopolitique mouvementé, illustre cette ambition.

Le port de Marseille-Fos est au cœur de la stratégie française : Marseille a vocation à devenir l'un des principaux points d'entrée et de sortie de l'*IMEC* en Méditerranée, particulièrement face à la concurrence européenne des ports du Pirée en Grèce et de Trieste en Italie.

L'Union européenne considère également le projet comme une priorité, dans le cadre de sa stratégie de connectivité *Global Gateway* lancée en 2021. La France soutient l'initiative de l'Union européenne d'inscrire l'*IMEC* comme un projet phare (*flagship project*) du *Global Gateway.*

L'*IMEC* comprend une importante dimension commerciale. Comment les entreprises françaises peuvent-elles participer au projet?

Comme évoqué, la réalisation du corridor devrait entraîner des opportunités commerciales notamment dans les secteurs du transport ferroviaire et maritime, de l'énergie et du numérique. D'autres domaines tels que les études d'ingénierie, la construction, l'audit et la maintenance seront entre autres concernés.

Les partenariats public-privé seront ainsi un levier essentiel pour la réussite du projet. Les grands groupes, PME et ETI français sont déjà reconnus à l'international dans les nombreux secteurs de l'*IMEC*, ils auront un rôle fondamental à jouer dans les phases d'étude et de réalisation de ce grand projet d'infrastructures.

En lien avec *Business France* et le *Medef International*, ma mission consiste aussi à sensibiliser et accompagner les entreprises françaises dans la mise en œuvre concrète de ce projet, particulièrement lorsque des appels d'offre seront lancés.

La récente visite à Marseille du Premier ministre indien Narendra Modi, le 12 février dernier, a mis en avant l'importance du port de Marseille-Fos pour l'*IMEC*. Pourriez-vous nous en dire davantage ?

La visite de Narendra Modi à Marseille a effectivement permis d'affirmer le Grand Port Maritime de Marseille (GPMM) comme un point d'interconnexion majeur de l'*IMEC* en Europe et en Méditerranée.

Le corridor pourrait contribuer au développement des infrastructures locales et de l'*hinterland* marseillais autour des projets stratégiques nationaux, tels que le *hub* hydrogène euro-méditerranéen Marseille-Fos, le Grand port Marseille-Lyon et le *hub* numérique international marseillais. Je me permets également de rappeler que Marseille bénéficie déjà d'une très bonne connexion au reste de l'Europe, et qu'elle se positionne actuellement comme le 7e hub numérique mondial.

L'équipe-projet française de l'*IMEC* et le Grand Port Maritime de Marseille (GPMM) collaborent d'ailleurs étroitement, en vue du développement de partenariats avec les pays tiers sur le tracé de l'*IMEC*.

Cette coordination porte déjà ses fruits : le port de Marseille-Fos a signé en juin 2024 un partenariat stratégique avec l'Autorité portuaire saoudienne (*Mawani*) à l'occasion du Forum « Vision Golfe », renforçant la position française de *hub* euro-méditerranéen.

Le déplacement du Premier ministre Narendra Modi a également placé l'*IMEC* au cœur du partenariat stratégique entre la France et l'Inde.

L'*IMEC* est à l'agenda du partenariat bilatéral entre les deux pays depuis la visite officielle du président de la République en Inde en janvier 2024, à l'occasion du 75e anniversaire de la fête nationale indienne. Je me suis également rendu en Inde à deux autres reprises, notamment pour visiter les infrastructures portuaires et nourrir le dialogue avec les principaux partenaires du projet. L'Inde est l'un des pays initiateurs du concept de l'*IMEC*, avec lequel nous entretenons d'excellentes relations.

À ce titre, la France soutient activement l'organisation à Marseille en 2025 d'un « *Raisina Dialogue* sur la connectivité en Méditerranée ». Cet évènement international sera organisé par *l'Observer Research Foundation*

(*ORF*), un des plus grands *think-tanks* indiens, sous le patronage du ministère des Affaires étrangères de l'Inde. Il viendrait ainsi compléter l'historique *Raisina Dialogue* de New Delhi.

La guerre au Proche-Orient a-t-elle eu un impact sur l'*IMEC*?

Le protocole d'accord de l'*IMEC* s'inscrivait à l'origine dans le contexte des accords d'Abraham de normalisation entre Israël et les pays arabes.

La situation géopolitique au Proche-Orient après le 7 octobre a ralenti le développement du projet et changé sa perception par certaines parties prenantes à court terme, sans pour autant remettre en question sa pertinence à long terme. Une des priorités de l'*IMEC* consiste actuellement à se préparer au «jour d'après» au Proche-Orient.

J'en profite également pour rappeler qu'au-delà d'un projet d'infrastructures, l'*IMEC* pourrait à terme favoriser le développement socio-économique de l'ensemble des zones traversées, en irriguant leur *hinterland*. Il s'agit en ce sens d'un projet positif, en particulier au Proche-Orient. Cette perspective est notamment partagée par l'ONG *EcoPeace Middle East* basée en Israël, en Palestine et en Jordanie, nominée au Prix Nobel de la paix.

L'influence de la Chine dans le monde et en Occident est de plus en plus importante, particulièrement au travers des ambitieuses nouvelles routes de la soie chinoises, la *Belt and Road Initiative*. Pensez-vous que l'*IMEC* a les moyens de contrer et de concurrencer cette influence?

Je lis en effet régulièrement que l'*IMEC* serait une alternative voire un concurrent aux nouvelles routes de la soie chinoise. Même si ces projets ont tous les deux l'ambition de relier l'Asie à l'Europe, ils sont en réalité beaucoup plus complémentaires qu'on ne les présente.

Je tiens donc à rassurer nos partenaires : l'*IMEC* cherche avant tout à renforcer l'intégration régionale entre l'Asie, le Moyen-Orient et l'Europe, ainsi qu'à créer une nouvelle route commerciale. Nous devrions donc nous réjouir que de tels projets se multiplient, ce qui répond à un besoin de diversification et de sécurisation des chaînes d'approvisionnement.

Par ailleurs, le projet devra surtout faire la preuve de son efficacité, en réduisant le temps et les coûts de transport. *In fine*, c'est bien le marché qui choisira la meilleure route.

Un projet d'infrastructures aussi ambitieux nécessite des investissements importants : à combien s'élèvent ces besoins, et comment pourraient-ils être financés ?

Selon les premières estimations, le développement de l'*IMEC* devrait nécessiter environ 500 milliards de dollars. Les premières études de faisabilité portant sur l'ensemble du corridor devraient permettre de d'affiner cette estimation.

Les investisseurs privés comme institutionnels des différents pays participants auront ainsi un rôle fondamental à jouer dans le développement du corridor.

Où en est le projet actuellement ?

Nous sommes actuellement dans une phase préliminaire de pré-projet, nécessitant des études de faisabilité qui prendront des années et détermineront précisément le tracé du corridor.

Il est important de garder en tête que l'*IMEC* est un projet de long terme, dont les différentes portions du corridor se développent indépendamment et à des rythmes différents.

Aujourd'hui, en plus des infrastructures préexistantes dans certaines régions concernées, des segments de l'*IMEC* se développent déjà. Le Corridor commercial virtuel Inde-Émirats arabes unis (VTC), lancé en septembre 2024, vise ainsi à optimiser les flux maritimes commerciaux entre l'Inde et les Émirats arabes unis. Cette initiative de coopération portuaire entre les deux pays vise à dématérialiser et harmoniser les démarches administratives, afin de renforcer les échanges commerciaux et de réduire les coûts de transport entre l'Inde et les Émirats arabes unis.

Le VTC constitue une illustration concrète des progrès d'intégration sur le premier tronçon maritime de l'*IMEC.*

Sur le volet diplomatique, j'ai également effectué de nombreux échanges bilatéraux avec nos principaux partenaires et pu visiter certaines infrastructures, en Inde et aux Émirats arabes unis notamment.

Quelles sont les prochaines étapes ?

La priorité est dorénavant de structurer une gouvernance rassemblant tous les signataires de l'*IMEC*, pour déterminer et piloter collectivement la phase de pré-projet.

Il sera également nécessaire de réaliser des études de pré-projet et de faisabilité, visant notamment à estimer les besoins en infrastructures et en investissements, ainsi que l'impact et la rentabilité du corridor.

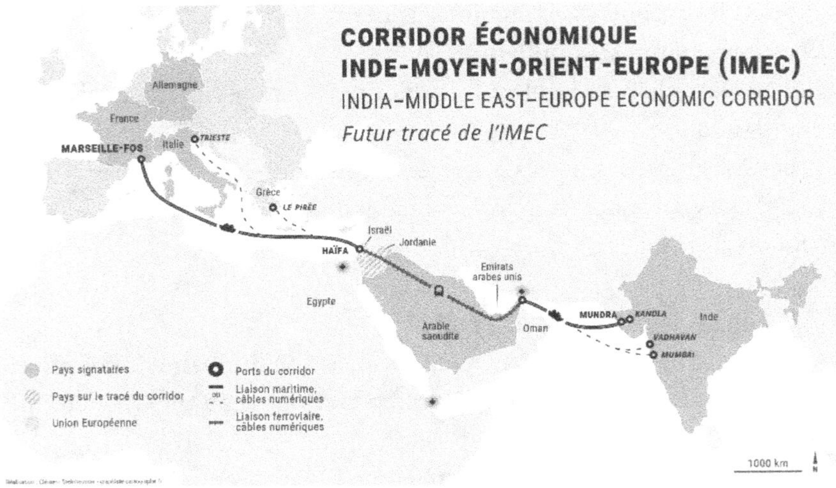

Carte de l'IMEC

Interview avec Alain Biston

Résumé
La simple lecture des cartes montre que les réseaux de câbles terrestres et sous-marins ont connu une expansion considérable depuis de nombreuses années sur toute la planète. La région du Golfe ne fait pas exception. En revanche, la couverture des pays de l'Asie Centrale connaît un important retard que ces derniers sont en train de combler peu à peu. La nécessité absolue de donner à ces deux régions un meilleur accès à leurs marchés réciproques impose d'accélérer considérablement la construction de nouveaux câbles, qu'ils soient associés ou non aux corridors en cours de développement. Ils doivent faire face aux aléas géopolitiques locaux, mais leur développement est stimulé par la demande. Le projet FIG, qui reliera les pays du Golfe, est le symptôme de ce dynamisme.

Abstract
Reading maps shows that terrestrial and submarine cable networks have undergone considerable expansion over many years throughout the planet. The Gulf region is no exception. On the other hand, coverage of the Central Asian countries is lagging far behind, which they are gradually catching up. The absolute need to give these two regions better access to each other's markets requires that the construction of new cables be considerably accelerated, whether or not they are associated with the corridors under development. They have to deal with local geopolitical hazards, but their development is stimulated by demand. The FIG project, which will link the Gulf countries, is a symptom of this dynamism.

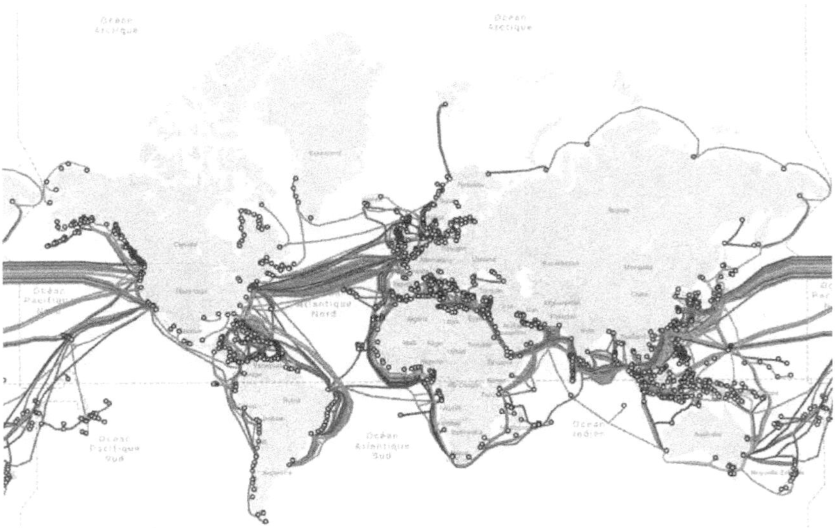

Source : (SUBMARINE CABLE MAP / TELEGEOGRAPHY)

Avant-propos : Orients Strategiques

Les câbles, atouts de la connectivité entre le golfe Persique et la méga région Asie centrale/Caucase

L'importance stratégique des câbles fait depuis plusieurs années l'objet d'une prise de conscience accrue en raison des enjeux géopolitiques qui s'y attachent au-delà des seules considérations économiques et techniques. Les réflexions et analyses qui se multiplient à ce sujet en sont le symptôme le plus évident.[1] Il apparaît notamment qu'il existe une corrélation entre le développement de la connectivité internet et le niveau de confiance que se consentent les acteurs régionaux[2]. Par conséquent, quasi mécaniquement, les tracés des câbles terrestres et sous-marins sont tributaires de la confiance entre les partenaires mais aussi du niveau de sécurité des zones traversées. L'insécurité qui règne en mer Rouge influe[3], comme on

1 Voir notamment : https://www.areion24.news/2020/07/07/cables-routes-et-infrastructures-numeriques-au-coeur-des-rivalites-internationales/.

2 https://www.tandfonline.com/doi/full/10.1080/ 21622671. 2022.2153726 ? scroll=top&needAccess=true#d1e175 .

3 Valentina Pasquali, Red Sea attacks put security spotlight on vital subsea cables, Arab Gulf Business Insights, 17 février 2025.

le voit, sur l'attitude des autorités régionales, des investisseurs, industriels, comme des fournisseurs de contenu.

La connectivité entre le Golfe et la méga région Asie Centrale retient notre attention du fait de l'accélération de l'apparition de projets de corridors ferroviaires, routiers, maritimes (nous laissons de côté les liaisons aériennes) ou du développement de corridors existants, souvent concurrents, parfois complémentaires. Or un autre mode de connectivité existe depuis longtemps et connaît un essor vertigineux : les réseaux de câbles[4]. Cet essor est directement lié à celui des communications, avec la multiplication des utilisateurs d'internet et des outils digitaux aussi bien en Inde, au Pakistan, que dans les différents États du Caucase et de l'Asie Centrale, et avec la montée en puissance de l'économie digitale. Il y a une symétrie entre le développement de la connectivité digitale au sein des membres du Conseil de Coopération du Golfe[5] (CCG) et au sein des républiques du Caucase et d'Asie Centrale[6]. Cette accélération est irréversible. L'Inde, d'un côté, les Émirats arabes unis de l'autre, sont les icônes emblématiques d'une tendance lourde. La montée en puissance de ces liaisons nourrit cette croissance. La multiplication des lancements de satellites[7] n'a pas entravé la demande en déploiement de câbles, les deux approches étant complémentaires. L'Iran entend ne pas être absent de cette connectivité par câbles, se positionnant sur les corridors terrestres.[8]

Cela étant, le déploiement de câbles sous-marins dans la région du Golfe et depuis celle-ci vers l'Asie se heurte à un défi croissant : l'insécurité

4 Pour une carte actualisée du réseau de câbles mondiaux : https://www.submarinecablemap.com/.

5 La digitalisation de l'économie a connu des progrès remarquables au cours de la période récente : https://jumppeak.net/en/advices/optimizing-digital-strategies-for-the-gulf-in-2025. Mais ces progrès sont inégaux entre les différents États du Golfe ; voir : Gulf digitalization growth barely moving needle in productivity, Alamy /Reuters, 16 mars 2025. Le cabinet Olivier Wyman résume ainsi les principales tendances de la digitalisation des économies du Golfe (mars 2025) : https://www.oliverwyman.com/our-expertise/ insights/ 2025/ mar/7-digital-trends-transforming-the-gcc.html.

6 https://www.submarinenetworks.com/en/systems/intra-asia/trans-caspian/azertelecom-and-kazakhtelecom-ink-agreement-for-the-trans-caspian-fiber-optic-cable-project.
https://news.az/news/how-kazakhstan-and-azerbaijan-connect-europe-and-asia-with-a-submarine-cable.

7 https://meatechwatch.com/2025/01/07/gcc-embraces-satellite-internet-to-bridge-digital-divide-and-drive-economic-growth/.

8 https://www.tic.ir/en/news/23476/TIC-took-the-first-step-of-Iran-Corridor-2025-successfully-and-firmly.

dans la zone. L'activisme des Houthis en mer Rouge est un sujet d'inquiétude qui ne se limite pas aux seuls riverains.[9]

Il existe un lien direct entre la croissance de la digitalisation de l'économie et l'expansion des réseaux de câbles. Dans une récente étude (février 2025) très informée, Sara Bazoobandi met en lumière l'implication critique de la Chine[10] dans la digitalisation économique du Golfe, et, plus intéressant, montre le lien entre cet essor et celui des câbles. Elle confirme que « Les câbles sous-marins sont vitaux pour la fourniture de services à l'échelle mondiale » ; selon elle, en début 2025,plus de 600 câbles transportent l'ensemble des télécommunications, et quelque 400 nouveaux câbles devaient être construits entre 2010 et 2030 au Moyen-Orient et en Afrique du Nord.[11] Elle rappelle qu'un des principaux projets impliquant les États du Conseil de Coopération du Golfe est l'axe Asie du Sud-Est-Moyen-Orient-Europe occidentale 6 (SE-ME-WE 6)[12], un câble sous-marin de 21.700 km qui reliera Marseille à Singapour en passant par l'Égypte. Ce projet prolonge le câble SE-ME-WE 3 qui a débuté en 1990. Le câble SE-ME-WE4 relie déjà le Moyen-Orient à l'Inde et au Pakistan[13]

ORIENTS STRATEGIQUES (OS) : Pouvez-vous nous présenter d'abord l'activité de votre groupe dans la région du Golfe ? Que représente-t-elle dans votre portefeuille actuel ? Quelles en sont les principales réalisations ?

AB : Alcatel Submarine Networks (ASN) est un fournisseur de systèmes de câbles télécoms sous-marins en mode « turnkey », c'est-à-dire que nous couvrons l'ensemble de la chaîne de valeur : fabrication des câbles, des répéteurs immergés et des équipements de terminaison (dans nos usines européennes), installation en mer et maintenance des systèmes déployés (grâce à notre propre flotte de navires câbliers, et avec

9 https://fanack.com/politics/features-insights/submarine-cabl es-in-the-arab -region-importance-and-risks~267516/.

10 Voir aussi : https://carnegieendowment.org/posts/2025/01/local-agency-is-shap ing-chinas-digi tal-footprint-in-the-gulf?lang=en.

11 Sara Bazoobandi, The Gulf Cooperation Council (GCC) Countries' Quest for Economic and Digital Transformation,GIGA's Digital Transformation Lab (DigiTraL), N°1, février 2025 ; https://pure.giga-hamburg.de/ws/files/52497132/ DigiTraL_01_2025 _Bazoobandi.pdf .

12 https://www.submarinenetworks.com/en/systems/asia-europe-africa/smw6.

13 https://fr.wikipedia.org/wiki/SEA-ME-WE_4

des flottes partenaires). Nous occupons ainsi une part du marché mondial supérieure à 30 %. Nous sommes bien sûr présents dans la région du Golfe, avec des projets réalisés ou en cours tels que les systèmes 2Africa, Africa-1, Raman, Saudi vision, et bientôt FIG. (Cette entreprise est un des trois leaders mondiaux de la fabrication et de la pose de câbles sous-marins de télécommunications.

OS Et dans la zone Asie Centrale Caucase ?

AB : Par le passé, nous avons déployé des systèmes installés dans la mer Noire (tels que Kafos et Géorgie-Russie). De nouvelles initiatives sont en cours en mer Noire, mais les implémentations sont rendues difficiles pour les acteurs du secteur dans le contexte géopolitique actuelle. Il en est de même pour les projets en Mer Caspienne.

OS D'après ce que vous observez, quelle est l'ampleur des besoins en connectivité câblée dans ces deux zones ? Quel est le degré de priorité qui leur est accordé ? Comment ceci se traduit-il ?

AB : Nous observons que les besoins de connectivité entre l'Europe et l'Asie continuent de croître, et que toutes les routes sont explorées. Des projets ont été initiés et sont en cours, mais sont pour la plupart affectés et ralentis par la situation géopolitique actuelle.

OS Outre le développement d'un réseau de câbles entre les pays du Golfe, percevez-vous un besoin de relier par cet outil le Golfe à des pays tels que l'Inde, le Pakistan ainsi qu'à des pays du Caucase ? Avez-connaissance de projets en ce sens ?

AB: Nous sommes impliqué sur un certain de projets de câbles sous-marins reliant les pays du Golfe en direction de l'Est vers l'Inde, le Pakistan, et au-delà, d'autres destinations asiatiques. Nous avons moins de visibilité sur les liaisons terrestres qui peuvent prendre la direction de l'Ouest.

OS Pouvez-vous nous décrire le projet de câble stratégique auquel vous êtes associé avec le groupe Qatari Ooredoo ? Que va-t-il couvrir comme zone géographique, quelles seront ses fonctions, et à quel horizon est envisagée sa mise en service ?

AB : Le projet FIG (« Fibre in Gulf ») mené pour le compte du groupe Oroodeo est un câble privé qui reliera tous les pays du Golfe, avec une projection de mise en service prévisionnelle à horizon fin 2027. Ce projet suit une route alternative à la mer Rouge, et il permettra une connectivité entre 7 pays de la zone GCC, à savoir Qatar, Oman, les Émirats arabes unis, Bahrain, l'Arabie Saoudite, le Koweït et l'Irak.

OS Nous comprenons qu'il pourrait emprunter un couloir qui relierait le Golfe à l'Inde. Pouvez-vous nous donner des précisions à ce sujet ? Fait-il partie du projet de corridor IMEC qui doit relier l'Inde à l'Europe via la péninsule arabique, avec un tronçon menant à Haïfa ? Le corridor IMEC nécessitant d'importantes études de faisabilité, et une recherche de financements, dans un contexte géopolitique compliqué, peut-on imaginer que ce câble stratégique puisse être développé indépendamment de IMEC, en particulier du fait qu'il pourrait être mis en service à un horizon plus rapproché ?

AB : En effet, ces 2 projets sont indépendants et suivent des routes différentes, en ce sens que le projet FIG est exclusivement maritime et ne concerne que les eaux du Golfe (il ne se prolongera pas à l'Est vers l'Inde), tandis que notre compréhension du projet IMEC est qu'il suivrait une route hybride (et en particulier terrestre pour traverser la Péninsule Arabique).

OS Est-il déjà prévu que ce câble puisse relier le Golfe à l'Inde, et le cas échéant à d'autres pays riverains du Caucase ? Si tel est le cas, pensez-vous que les financements et études sont déjà programmés ?

AB: Non, à ce jour, le système prévu par le contrat FIG s'arrête à Oman. Plusieurs autres projets de câbles sont en discussion reliant Asie, Inde, et Oman.

OS Est-ce que ce projet pourrait rentrer dans le programme européen Global Gateway ?

AB: Nous n'en avons pas connaissance à ce stade, mais au vu du périmètre géographique couvert par le projet FIG aujourd'hui, il faudrait envisager des extensions vers la Méditerranée (avec un tronçon terrestre pour connecter les deux segments maritimes) et un porteur européen de cette extension.

Digital MECCA: Middle East, Caucasus, Central Asia Would Benefit as a Digital Single Market

ANATOLY MOTKIN

Résumé

Les États d'Asie Centrale accélèrent le développement de leur connectivité. Ils multiplient les initiatives, comme les Parcs de la Technologie de l'Information. Ils veulent construire un « Pont Digital' qui reliera l'Asie Centrale au Golfe. Ceci implique le recours aux entreprises d'ingénierie digitale et la mobilisation de capital-risque des pays du Golfe et de bâtir un partenariat régional de la connaissance. Ceci devrait aboutir à une « Mecque Digitale », un marché digital unique.

Abstract

The Central Asian states are accelerating the development of their connectivity. They are multiplying initiatives, such as the Information Technology Parks. They want to build a 'Digital Bridge' that will connect Central Asia to the Gulf. This involves the use of digital engineering companies and the mobilization of venture capital from the Gulf countries and building a regional knowledge partnership. This should lead to a "Digital Mecca", a single digital market.

Introduction

Le développement accéléré des réseaux de câbles terrestres et sous-marins au sein du golfe Persique et avec la méga zone Asie centrale n'a de sens, bien évidemment, qu'au regard du contenu transporté. Si, dans une première phase, cette croissance s'explique par les progrès accomplis dans la diffusion d'internet dans les régions concernées, le boom de la demande en connectivité est à présent nourri par les besoins gigantesques en transfert et stockage de data[1]. La construction d'infrastructures coûteuses et par ailleurs consommatrices démesurées d'énergie (malgré les plans de « verdissement » et décarbonation) se justifie par la valeur et le volume croissants des données transportées au fur et à mesure que s'installe la digitalisation des économies.

La digitalisation des États d'Asie Centrale enregistre des progrès réels mais encore relativement modestes, en tout cas inégaux selon les pays[2]. Certains pays du Caucase, comme la Turquie et l'Azerbaïdjan, plus insérés dans les flux économiques mondiaux, affichent une priorité au développement de leur connectivité communications /data. [3]L'accélération est autrement spectaculaire dans les États du Golfe[4] qui, à l'évidence, disposent des moyens financiers nécessaires, et, surtout, ont lancé une course à l'excellence en la matière, avec, naturellement, des arrière-pensées concurrencielles. Ces perspectives alléchantes ont, comme chacun sait, attisé les appétits chinois qui se sont positionnés sur ces marchés.[5]

M. Makinsky

1 https://www.businesswire.com/news/home/20250313211959/en/Middle-East-Data-Center-Construction-Market-Outlook-Forecasts-2025-2030-Featuring-Key-Investors-Khazna-center3-Equinix-Gulf-Data-Hub-Batelco-Mobily-Ooredoo-Edgnex-and-Quantum-Switch---ResearchAndMarkets.com.

2 https://caspian-alpine.org/central-asias-transition-to-a-digital-economy/.

3 Comme en témoigne le récent accord conclu entre la filiale turque du groupe Azerbaïdjanais SOCAR et EXA Infrastructure pour permettre par câble le transfert de data d'abord vers l'Asie Centrale, puis dans un second temps vers le golfe Persique via l'Irak : https://interfax. com/newsroom/top-stories/109007.

4 https://jumppeak.net/en/advices/optimizing-digital-strategies-for-the-gulf-in-2025. https://www.youtube.com/watch?v=tcsMUHpWnGE . https://avasant.com/report/gcc-region-advancing-the-gcc-region-with-emerging-technologies-for-the-next-era/ . https://www.abhafoundation.org/Innews_detail/143

5 https://www.huawei.com/en/huaweitech/publication/202401/middle-east- leading-5ga-era .

The full-scale invasion of Ukraine launched the process of the Soviet Union final dissolution. The countries of the former USSR have lost any rational basis for both continuation and development of any kind of economic relations with Russia, taking into account as well the tangible threat to the sovereignty of the independent states coming from Moscow. Last year the new reality emerged - additionally to the lack of economic benefits from business relations with Russia for the young countries of Central Asia and the Caucasus, these connections started causing reputational and financial damage.

The region of Central Asia and the Caucasus is searching for new strategic partners, and the GCC countries may take advantage of the situation and assume this role. Prospects for this partnership should be sought not in the traditional economy of rich in both the Gulf countries and Eurasia natural resources, but in the new knowledge-driven economy.

Besides a lack of the rule of law and a challenging neighborhood, a traditionally high level of fundamental education was inherited by the Eurasian region from the Soviet Union. Based on the latter, the digital industry has begun to develop with indomitable speed in recent years, generating tens of billions of dollars a year already due to the high level of exported engineering services and it has the potential to reach trillions due to the exponential growth of the local startup ecosystem.

The countries of the Caucasus and Central Asia have been carefully disposing of their intellectual potential. Perfect conditions were created here for the creation of an IT industry based on the following prerequisites: first of all - the outsourcing, secondly - Western demand for more complex engineering solutions, and finally - their own technological products.

By the initiative of governments or non-governmental organizations, IT parks, where the working-for-export companies get special tax and legal preferences, were created. Taxation for such companies has been reduced to single digits, companies have been exempted from the traditional for this region registration bureaucracy and currency regulation hassle, and in certain countries such companies have even been able to conduct their business relations under British law.

The system of IT education was not only restored and modernized but also expanded: practicing developers from global engineering companies were engaged as mentors. These graduates became the main resource for the growth of international companies that opened their offices in the region and attracted new ones there, both engineering and product.

The IT ecosystem was created in the region by the joint efforts of local governments, local and global IT companies, as well as international financial institutions and development agencies.

Today, the IT ecosystem of the countries of Central Asia and the Caucasus is a well-tuned modern dynamically developing mechanism eager for foreign orders and investments.

At the same time the digital miracle of Eurasia is blooming before our eyes, another region, carrying a similar cultural code and located almost in the same time zone, is showing outstanding leadership ambitions in the knowledge economy - the GCC region.

These days every country of the region, with no exception, has embarked on a large-scale program of the transition from a resource-based economy to a knowledge-driven one, striving to become the global leader.

As we know from history, the most ambitious projects were a success only in the case of mutually beneficial collaboration between the most gifted stakeholders. The Gulf countries are certainly capable of joining forces and forming a coalition for digital cooperation with the Caucasus and Central Asia and jointly becoming a digital single market and a global digital hub.

At the initial stage construction of a "digital bridge" between Central Asia and the Gulf countries should be based on three components:

First is the digital services delivery from engineering companies with offices in the Caucasus and Central Asia to the traditional business and public sector of the Gulf countries. Regional offices of international IT companies in the Caucasus and Central Asia have the highest expertise, provide software products to a significant part of the largest companies in the world, and do it at extremely competitive prices.

The second is the participation of venture capital from the Gulf countries in the development of the startup ecosystem of the Caucasus and Central Asia. During recent years, being supported and developed by the Silicon Valley leading accelerators, the local startup pipeline became a booming but underfunded and undervalued industry. It creates a unique opportunity for the Gulf venture capital to have first-hand access to the most promising intellectual emerging market. Here is the place where the oil billions could become digital trillions.

And the third one - the regional knowledge partnership. By soft-landing, the leading global engineering companies with a vast presence in Caucasus and Central Asia – the Gulf states get a unique opportunity to grow their own knowledge-driven economy developing the local human capital in collaboration with the global IT champions. It will allow setting up local R&D centers with the highest level of expertise initially integrated into the global supply chain and attracting the brightest global minds to become part of this evolution.

These three components combined will lead to the highest concentration of intellectual power with global impact.

One example of a "digital bridge" construction between Central Asia and the Gulf countries was showcased at Web Summit Qatar 2025, where StrategEast organized a high-level panel on digital cooperation between the Gulf and Eurasia. Leaders from both regions discussed opportunities for investment, knowledge exchange, and innovation-driven partnerships.

Additionally, during a business visit to Bahrain, StrategEast worked closely with key stakeholders to launch a matchmaking platform connecting Central Asian and Caucasus companies with Gulf investors. This initiative is already facilitating new partnerships and expanding access to the Gulf market for Eurasian tech firms.

A significant step in this direction was the participation of startups from Azerbaijan and Tajikistan at Biban 2024 in Saudi Arabia, supported by StrategEast. These startups gained exposure to investors, explored Saudi Arabia's tech ecosystem, and engaged in discussions on cross-regional digital collaboration.

Furthermore, StrategEast organized a webinar under USAID's Future Growth Initiative to help Central Asian startups attract investments from the Gulf. The session provided valuable insights into aligning business strategies with Gulf investor priorities and highlighted the importance of integrating into major regional investment events.

Lastly, Central Asian countries successfully showcased their tech innovations at COMEX in Oman, where StrategEast facilitated participation and B2B networking opportunities. This platform allowed regional startups to establish valuable connections with Gulf-based investors and business leaders. I strongly believe that by continuing to build a digital bridge between Central Asia, the Caucasus and the Middle East, we form the Digital MECCA. The Digital MECCA - a digital single market where the intellectual passion, the global entrepreneurial skills, and the smart money from the Gulf join with the cutting-edge technologies and innovations from the Caucasus and Central Asia, creating a global center of digital excellence.

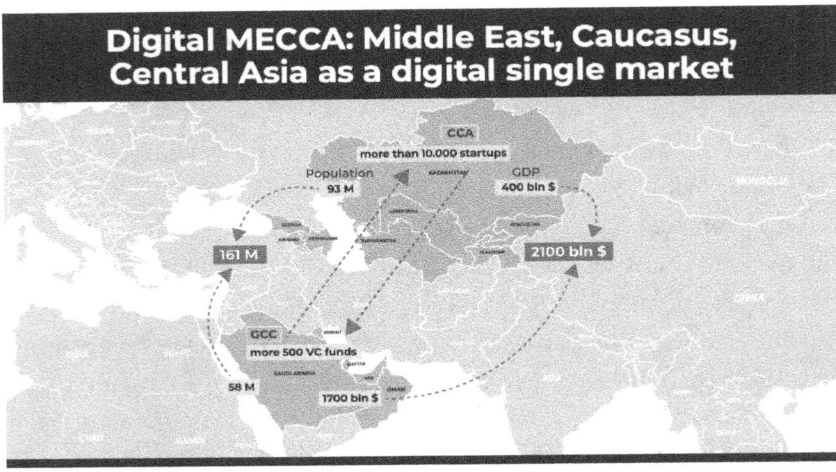

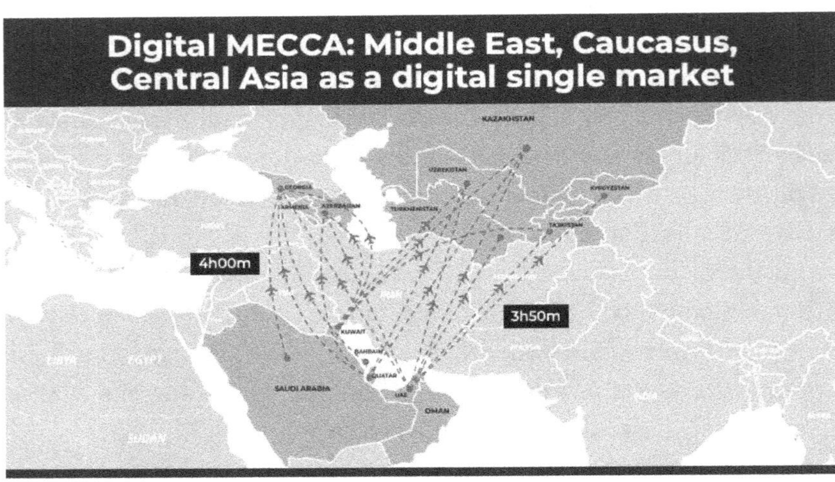

Compte-rendu d'ouvrages

Antoine Mariotti, ***L'Agence : Histoires secrètes de la CIA,*** Paris, Tallandier, 2024.

David Rigoulet-Roze

Marc Semo, ***La Géopolitique en 100 questions : comprendre le monde de demain,*** Paris, Tallandier, 2025.

David Rigoulet-Roze

Antoine Mariotti, ***L'Agence : Histoires secrètes de la CIA,*** Paris, Tallandier, 2024

Alors que l'ancien et nouveau président Donald Trump entre en fonction janvier 2025 pour un nouveau mandat et qu'il a été un des pourfendeurs de l'Agence de Langley, désignant traditionnellement la CIA - fondée par le *National Security Act* du 18 septembre 1947, soit au début de la Guerre froide -, et à la tête de laquelle il a a nommé John Ratcliffe comme nouveau directeur dans sa prochaine Administration, ce livre d'Antoine Mariotti apparaît d'autant plus intéressant pour cerner ce qui confère à ladite Agence l'aura sulfureuse dont elle a parfois été entourée. C'est peu dire que la relation de Donald Trump - premier mandat - avec la CIA était empreinte de méfiance, sinon de défiance avérée, accusée d'être liée au *Deep State.* Comme le rappelle Antoine Mariotti : « Moins de dix jours avant son investiture, le président élu avait été accusé par certains médias d'avoir des liens avec la Russie. Donald Trump avait crié à la chasse aux sorcières... et lancé une nouvelle attaque. 'C'est une honte, c'est quelque chose dont l'Allemagne nazie était capable', dénonçait-il avant de pointer du doigt les services de renseignement qui 'pourraient', selon lui, être à l'origine des fuites. 'Ce serait une énorme tâche sur leur réputation' » (pp. 290-291). L'Agence avait assez peu apprécié. C'est un euphémisme de dire que la confiance n'était pas de mise entre le chef de l'exécutif et ses services de renseignement qu'il était peu enclin à considérer. De fait, début janvier 2017, soit peu avant sa première investiture le 20 du même mois, lorsque le directeur de l'époque, John Brennan, s'était rendu dans la *Trump Tower* à New York pour le briefer sur les dossiers de sécurité nationale comme de coutume peu avant son investiture officielle le 20 janvier suivant, ce dernier aborda, avec à ses côtés le directeur du FIB James Comey, le sujet qui fâcherait de l'ingérence russe dans l'élection présidentielle de 2016 qu'il venait de gagner, et le moins que l'on puisse dire est que cette première rencontre ne le rassura pas : « Je pense qu'il ne croyait pas ce qu'on lui disait. Et il essayait surtout de savoir comment on savait ce qu'on savait sur l'ingérence russe dans l'élection ». Donald Trump allait désormais avoir dans le viseur le directeur des services de renseignement au point de demander par la suite le retrait de l'habilitation secret-défense de John Brennan, un privilège dont bénéficient traditionnellement les anciens hauts responsables sécuritaires comme le rappelle Antoine Mariotti (p. 299). D'anciens patrons de l'agence de renseignement américaine CIA, ainsi qu'une demi-douzaine d'espions de haut rang, furent à l'origine d'une condamnation sans précédent du président Donald Trump après ce retrait d'habilitation. Ces anciens responsables de la CIA - dont Robert Gates, George Tenet, Porter Goss, Leon Panetta, David Petraeus -, nommés par des présidents républicains comme démocrates, ont dénoncé cette décision présidentielle dans un communiqué. Qualifiant la décision du milliardaire républicain d'« inappropriée et extrêmement regrettable », ils avaient considéré : « Nous n'avons jamais vu auparavant l'octroi ou le retrait d'habilitations secret défense être utilisés comme un instrument politique, à l'instar de ce qui a été fait dans ce cas-là ». Le *POTUS* (*President of the United States*) réclamera instamment à John Kelly, son secrétaire général à la Maison-Blanche, de révoquer immédiatement cette habilitation secret-défense. Ce qui fut fait.

Cet épisode pourrait paraître anecdotique, mais il est simultanément emblématique du risque de « politisation » des agences de renseignement en général, et de la CIA en particulier, dans leur rapport avec le pouvoir élu quel qu'il soit et des erreurs d'évaluation potentiellement préjudiciables à la sécurité nationale du pays qu'elles sont censées protéger. Ce type de déconvenue avait eu des précédents sous George W. Bush avec la question des ADM (Armes de destruction massive) supposées de l'Irak de Saddam Hussein dans le prolongement des attentats du 11 septembre 2001, que rappelle utilement Antoine Mariotti dans son chapitre sur « L'obsession irakienne », alors que le directeur de l'Agence était à l'époque George Tenet. Dick Cheney, le *VIP* de George W. Bush, était convaincu de la nécessité de renverser Saddam Hussein en vertu de la théorie du 1 % selon laquelle, s'il n'y a même que 1 % de risque que Saddam Hussein dispose d'ADM et puisse les transférer à *Al-Qaïda*, le risque n'est plus acceptable après le 11 septembre quand bien même les faits ne seraient pas avérés. À bien des égards, les attentats du 11 septembre constituent le fil conducteur de l'évolution de l'Agence après le choc qu'ils ont représenté dans la *psyché* américaine contemporaine : d'abord dans ses échecs, dont celui de n'avoir pas pu prévenir les attentats du 11 septembre comme le souligne Antoine Mariotti : « La CIA savait qu'*Al-Qaïda* allait frapper mais n'a pas su l'éviter. Le pouvoir politique, lui, a pris le sujet à la légère depuis trop d'années pour permettre à ses services secrets d'avoir les moyens d'éviter de telles attaques » (p. 32) ; mais aussi dans ses réussites comme l'opération *Jawbreaker* (chapitre « Opération *Jawbreaker*) préparant le renversement en novembre 2001 du régime des Talibans qui « protégeait » Oussama Ben Laden puisque « le début de riposte américaine aux attentats du 11 septembre est un immense succès... de la CIA » (p. 66), et plus récemment la divulgation du plan d'invasion de l'Ukraine par la Russie en février 2022; ainsi que dans ses errements comme le recours à la torture validée au plus haut niveau de l'exécutif américain notamment le *waterboarding* (simulacres de noyade) ou les *wallings* (le fait de jeter violemment le détenu contre un mur), ce qui revenait à « enlever les gants » selon les termes utilisés alors par un officier de la CIA tout juste après les attentats (p. 35). Gina Haspel, ancienne responsable de la prison secrète (*black site*) en Thaïlande établie dans le prolongement du 11 septembre - dont le nom de code était *Cat's Eye* dans les années 2000 - et qui avait été nommée directrice adjointe du service des actions clandestines de l'Agence sous la direction de John Brennan, sera d'ailleurs promue directrice de la CIA sous le premier mandat de Donald Trump entre avril 2018 et janvier 2020 (p. 338). Ce qui prouve que le changement d'Administration n'invalidait pas certaines continuités.

Toujours est-il que la question des ADM supposément possédées par Saddam Hussein se présente sans doute comme le paradigme de ces aléas en termes d'évaluation de la menace pour la sécurité nationale américaine. Comme le souligne Antoine Mariotti : « Dick Cheney multiplie les visites à Langley. Les analystes y voient une pression monumentale sur leurs épaules » (p. 106). La conviction prenant le pas sur les faits, la dérive mensongère devient alors inévitable. C'est ce qui ressort du chapitre intitulé « Les mensonges de Langley ». Comme le relève justement l'auteur, dans ce type de configuration, il est très difficile d'aller contre ce que les responsables politiques se refusent à considérer : « Sans oublier la direction de la CIA qui a manifestement des convictions qui vont bien au-delà des faits et est déterminée à ne pas aller contre la Maison-Blanche » (p. 121). Seul Colin Powell, Secrétaire d'État de George W. Bush, émettait des doutes sur la fiabilité de ces évaluations jugées biaisées. C'est la raison pour laquelle il avait décidé pour le discours - fondé sur les assertions de la CIA - qu'il devait tenir sur cette question au Conseil de Sécurité de l'ONU, le 6 février 2003, que le chef de la CIA serait ostensiblement à ses côtés. À la question lancée à George Tenet : « 'George, tu confirmes que tout ce qu'il y a dans ce discours est juste, n'est-ce pas ?'. Le directeur de la CIA acquiesce, sans ambiguïté. 'Tant mieux George, parce que demain tu seras assis derrière moi, pendant le discours, face caméra' lui lance Powell. Jamais le chef d'une agence de renseignement ne prend place derrière son ministre ou secrétaire d'État dans la salle du Conseil de Sécurité. Le message est clair : tout ce qui est dit vient de la CIA et est validé par elle. Powell se couvre» (p. 128). Cela ne suffira malheureusement pas pour lui à sauver sa réputation par la suite. Mais cet épisode est l'expression du dilemme permanent qui affecte les agences de renseignement en général, et la CIA en particulier. L'ouvrage d'Antoine Mariotti a le mérite peu fréquent d'éviter toute forme de manichéisme en soulignant que l'Agence est, par-delà certaines de ses avanies, «peuplée d'un grand nombre d'Américains patriotes, intelligents et dévoués qui subissent la bureaucratie, les obsessions politiques des pouvoirs successifs et, par moments, une mauvaise gestion» (p. 369) et que ce type d'agence demeure une nécessité pour assurer la sécurité nationale du pays qu'elle a vocation à protéger des dangers qui le menacent.

David Rigoulet-Roze

Marc Semo, ***La Géopolitique en 100 questions : comprendre le monde de demain,*** Paris, Tallandier, 2025

Ce livre se présente comme une sorte de «boussole» heuristique afin de s'orienter utilement dans les méandres de la Géopolitique académique, à travers l'analyse de ses fondements conceptuels, articulés à ses déclinaisons thématiques inscrites dans un panorama géographique planétaire. Dans sa conception, l'ouvrage constitue un outil particulièrement adapté pour un public relativement néophyte, mais intéressé par la question, qu'il soit de type scolaire ou non, dans la mesure où ses entrées successives parviennent à concilier caractère synthétique et densité épistémologique. Une première partie, intitulée en clin d'œil «Géopolitique de la géopolitique», passe en revue les principaux théoriciens d'une discipline longtemps stigmatisée pour avoir été accusée - à tort ou à raison - d'avoir servi parfois les desseins idéologiques sous-jacents imputés à certains de ses promoteurs comme avec la *Geopolitik* allemande. Mais ce serait oublier la déclinaison d'une discipline qui ne s'est pas limitée à l'Allemagne et a connu des développements variés, notamment dans le monde anglo-saxon à travers la notion de *Geopolitics*, voire en France avec l'«École française de géopolitique» initiée par le géographe Yves Lacoste, alors même que cette notion était l'objet d'une «ostracisation» intellectuelle et académique. Son succès postérieur tient largement au fait qu'elle offrait une grille de lecture renouvelée des conflits contemporains dont la discipline plus abstraite et austère des Relations internationales - avec laquelle elle entretient d'ailleurs des relations académiques parfois «conflictuelles» - n'était pas nécessairement en mesure de rendre compte puisque, comme le souligne justement Marc Semo, dans la question n° 10, intitulée « Quelles sont les limites de la Géopolitique ? », il est avéré que « le constituant géographique reste l'élément essentiel de la géopolitique » (p. 42). La rançon de ce succès disciplinaire se traduit par une profusion éditoriale qui témoigne souvent d'une inflation excessive dans l'usage de la terminologie de géopolitique, au point que tout le monde pense pouvoir faire de la géopolitique un peu comme « Monsieur Jourdain fait de la prose sans le savoir ». Or, cette discipline renvoie à la maîtrise d'un certain nombre de notions-clés indispensables à sa grille de lecture spécifique.

De fait, une deuxième partie porte sur la lexicologie grammaticale de la discipline, en passant en revue les concepts classiques de puissance, de territoire, de pouvoirs sur les territoires considérés, alors même que la dynamique de la « mondialisation » à l'œuvre durant la seconde partie du XXe siècle avait, à tort, laissé penser à une forme de « dé-terrorialisation », voire de « dé-matérialisation » de la puissance, notamment avec l'apparition d'un espace « cyber » et de la notion de guerre hybride. Le retour de la guerre de haute intensité « territorialisée » en Europe avec l'invasion de l'Ukraine par la Russie de Vladimir Poutine a montré que la pertinence de la notion de « territoire » était loin d'avoir disparu. Et cela constitue un rappel douloureux au « réalisme » géopolitique venant dissiper l'illusion d'un monde régulé par le droit international tel qu'élaboré après la Seconde Guerre mondiale. À cet égard, le rapide panorama intellectuel de la question n° 17, intitulée « Théories des Relations internationales », aurait eu vocation à un développement sans doute moins succinct et elliptique pour ceux qui n'en sont pas familiers (pp. 63-65). Mais cela apparaît inhérent au parti-pris méthodologique adopté de procéder par entrées synthétiques et à ses contraintes logiquement inévitables.

Une troisième partie renvoie à la problématique du système international tel qu'établi, historiquement parlant, par lesdits Traités de Westphalie achevant la « Guerre de Trente Ans », consacrant l'« Etat » comme expression politique de la souveraineté juridique et détenteur du « monopole de la violence légitime » pour la paix comme pour la guerre. L'État, territoire défini par ses frontières, se présente depuis lors comme le protagoniste central de ce système international, même si son évolution contemporaine a fait émerger d'autres acteurs qui ont paru en relativiser le statut et ses attributs, à travers le développement du multilatéralisme sur le plan politique et de la dynamique de la mondialisation sur le plan économique conduisant à l'effacement virtuel des frontières.

Or, comme le souligne justement Marc Semo dans la question n° 30, intitulée « Quel avenir pour les frontières ? », il est frappant de constater que « la libéralisation bien réelle de circulation des hommes et des flux commerciaux a suscité en réaction, dans de nombreux pays, des réflexes protectionnistes instrumentalisés par des forces populistes pour imposer un renforcement des frontière » (p. 103). La politique mise en œuvre par le président américain Donald Trump, tant sur la question migratoire avec la fermeture de la frontière avec le Mexique que sur la question des échanges commerciaux avec l'établissement de droits de douanes prohibitifs vis-à-vis des autres pays du monde, en est sans doute l'illustration la plus spectaculaire avec les risques afférents à ce type de politique discriminatoire. C'est bien ce qu'a montré le précédent des années 30 conduisant à une crise économique mondiale dans la mesure où, d'une crise économique mondiale à la guerre, le lien n'est pas toujours contingent.

Une quatrième partie est précisément consacrée à la guerre et ses avatars contemporains dont celui de la « guerre asymétrique » et/ou de la « guerre hybride » brouillant virtuellement, dans un brouillard stratégique, la frontière entre guerre et paix. L'agression russe en Ukraine en février 2022 acte le retour de la guerre de « haute intensité » dont l'Europe se pensait délivrée, après l'achèvement de la longue séquence historique de la « Guerre froide » dont l'« équilibre de la terreur » entre les deux Supergrands - et leurs alliances respectives qu'étaient l'OTAN et le Pacte de Varsovie - avait rendu impossible un affrontement direct. Les illusions iréniques d'une « mondialisation heureuse » avaient globalement parlant laissé croire à la disparition de l'ennemi au profit d'un simple concurrent commercial, pas encore considéré comme un potentiel adversaire déclaré. Ce retour de la guerre de « haute intensité » en 2022 marque, comme le souligne Marc Semo dans la question n° 35 intitulée « Qu'est-ce-que la dissuasion ? », une rupture stratégique d'autant plus dangereuse en ce qu'elle engage une puissance nucléaire - la Russie de Vladimir Poutine - qui a transformé sa « sanctuarisation » défensive » en « sanctuarisation agressive » (p. 120) et qui proclame qu'une puissance nucléaire ne peut pas perdre une guerre conventionnelle à ses yeux majeure pour son destin, ouvrant la porte à une logique de prolifération utilitariste pour de putatifs impétrants contestant un ordre international qui serait le produit historico-juridique d'un Occident de plus en plus décrié.

C'est précisément cette notion d'« Occident » qui se trouve questionnée dans une cinquième partie en montrant qu'il est parfois difficile d'en définir précisément les contours géographiques dans la mesure où elle renvoie plutôt à une représentation géo-historique : d'abord longtemps euro-centrée, puis mondialement projetée avec notamment son avatar américain contemporain, mais dont le canon civilisationnel est caractérisé par un corpus commun de principes politiques et de valeurs religieuses puisant aux sources à la fois gréco-latines et judéo-chrétiennes antiques et médiévales auxquelles s'ajoute la philosophie des Lumières de l'époque moderne qui, associées à la maîtrise de la *teknè*, ont assuré une forme d'hégémonie occidentale durant cinq siècles (entre le XVe et le XXe siècles), jusqu'à sa remise en cause actuelle. On parle désormais de plus en plus d'une forme de « 'désoccidentalisation' du monde [qui] est une réalité » comme le souligne encore Marc Semo dans la question n° 41 intitulée « La notion d'Occident a-t-elle encore un sens ? », notamment avec l'émergence de nouvelles puissances émergentes dont les BRICS seraient une manifestation emblématique. En creux, surgit la hantise spécifiquement européenne d'un « déclin » de l'Occident qui ne serait pas - ou plus - en mesure de faire face aux défis auxquels le « Vieux continent », policé et mal à l'aise avec l'idée de puissance, se retrouve confronté, tant en matière démographique que sécuritaire, faute de parvenir à définir résolument une vision stratégique de son destin dans un monde ressemblant de plus en plus à *Jurassic park* où l'Europe, qui se cherche outre dans ses frontières à l'Est, fait géopolitiquement figure d'herbivore *versus* une multitude de carnivores.

Une sixième partie présente le nouveau « Grand jeu » des puissances en compétition au niveau planétaire à l'aube du XXIe siècle, avec le syndrome prégnant du « piège de Thucydide » formalisé par le spécialiste contemporain des Relations internationales, Graham Allison, dans son livre *Vers la guerre. L'Amérique et la Chine dans le piège de Thucydide ?*, en reprenant la dynamique stratégique identifiée implicitement par Thucydide dans *La guerre du Péloponnèse* ayant opposé Sparte à Athènes. Selon ce modèle, une puissance encore dominante, mais plus hégémonique, ne peut accepter le fait d'être contestée dans son statut de première puissance par un rival géopolitique en pleine ascension, l'Angleterre face à l'Allemagne hier, les États-Unis face à la Chine aujourd'hui, ce qui peut la conduire à prendre l'initiative de la guerre toujours susceptible d'être déclenchée suite à un « mauvais calcul ». Dans cette potentielle « gigantomachie », gravitent d'anciennes puissances en déclin comme la Russie post-soviétique ou, au contraire, également en phase d'ascension comme l'Inde, devenue première puissance démographique mondiale devant la Chine. Dans ce nouveau

« Grand jeu », la France tente de plus en plus difficilement de préserver son statut de « grande puissance moyenne » grâce au fait qu'elle est une puissance dotée, qui plus est, toujours membre permanent du Conseil de Sécurité de l'ONU disposant du droit de veto.

De fait, le monde a résolument changé depuis un demi-siècle à la faveur de la mondialisation avec l'affirmation des « pays émergents » d'abord étiquetés *BRICs*, mais plus largement insérés aujourd'hui dans ce que l'on qualifie de manière quelque peu réductrice, sinon caricaturale, de « Sud Global », une expression forgée en 1969, comme le rappelle Marc Semo dans la question n° 62 intitulée « Qu'est-ce que le 'Sud Global' ? » par un étudiant américain, Carl Oglesby, opposant déclaré à la guerre du Vietnam, expression qui s'est de plus en plus largement diffusée à partir de la fin des années 1990. En 2001, l'acronyme *BRICs* avait été inventé par Jim O'Neill, l'économiste en chef de *Goldman Sachs*, à travers son étude *Building Better Global Economic BRICs*. Il avait créé ce terme pour désigner, à l'époque, le Brésil, la Russie, l'Inde et la Chine axuquel a été par la suite ajoutée l'Afrique du Sud (*South Africa*), autant de pays qu'il considérait comme ayant un fort potentiel de croissance économique et des opportunités d'investissement. Il prévoyait que les pays du *BRICs* surpasseraient le G7 en termes de PIB d'ici 2032, suggérant un changement à terme dans la gouvernance économique mondiale. Ce qui a été le cas plus tôt que prévu puisque le basculement s'est produit pour la contribution au PIB mondial en parité de pouvoir d'achat au début des années 2020. Depuis d'autres pays, comme le royaume d'Arabie saoudite de l'ambitieux Prince héritier Mohammed Ben Salman (MBS) à la recherche d'un nouveau *leadership* post-pétrolier à travers la mise en œuvre de son emblématique « Plan Vision 2030 », lequel royaume fait l'objet du chapitre n° 69 intitulé « L'Arabie saoudite, une puissance refondatrice ? », se sont associés à cette dynamique, parfois entravés dans leur émergence par des hypothèques de divers ordres pesant sur leur potentiel de développement économique : c'est notamment le cas pour la Turquie « illibérale » du président islamo-nationaliste Tayyip Recep Erdogan avec des « accents 'néo-ottomans' » marqués comme le souligne Marc Semo dans la question n° 66 intitulée « La Turquie, une puissance opportuniste ? » (p. 214) ; mais aussi, dans un registre quelque peu différent, pour la République islamique d'Iran, questionnée par l'auteur dans son chapitre n° 67 comme « puissance déstabilisatrice ? », en tant qu'elle est perçue, géopolitiquement parlant, comme une menace régionale, voire au-delà avec la problématique nucléaire.

C'est là que l'on saisit le vertige causé par un contexte international en voie de bouleversement inédit et en quête de règles nouvelles susceptibles d'organiser le chaos qui semble prévaloir, alors que la critique contre le caractère dysfonctionnel du système international et de la supposée «Communauté internationale» jugée préemptée par l'Occident accusé de «double standard» en termes de valeurs, n'a jamais été aussi importante. C'est ce qui alimente le débat d'une réforme de l'ONU dont l'instance décisive constituée par le Conseil de Sécurité et son «P-5» - les cinq membres permanents dotés du droit de veto - qui apparaît comme la photographie d'une réalité géopolitique dépassée car renvoyant à la fin de la Seconde Guerre mondiale, se trouve de plus que jamais sujette à contestation sans que les éléments d'une réforme fassent l'objet d'un consensus. Comme le relève justement Marc Semo dans la question n° 75 intitulée «Réformer l'ONU, oui mais comment?», cette réforme serait «nécessaire à la fois pour relancer la légitimité de l'ONU, en étant plus représentatif de la nouvelle distribution de la puissance dans le monde, et pour lui donner plus d'efficacité en limitant ou en conditionnant l'usage du veto». Mais «l'un et l'autre tiennent de la gageure» (p. 242).

Cela serait d'autant plus nécessaire compte tenu de la diversité des défis systémiques auxquels l'Humanité se trouve désormais confrontée à l'échelle de la planète, laquelle n'est somme toute qu'un «village planétaire» ou un «village global» (*Global Village*), selon l'expression de Marshall McLuhan tirée de son ouvrage *The Medium is the Massage* paru en 1967, pour qualifier les effets globalisés de la mondialisation, des médias et des technologies de l'information et de la communication. Ces défis renvoient notamment aux enjeux induits par la croissance démographique mondiale, tout particulièrement en Afrique, comme Marc Semo le souligne dans la question n° 95 intitulée «Un grand chambardement démographique?», en contrepoint d'une limitation inévitable des ressources naturelles, énergétiques comme il le rappelle dans la question n° 88 intitulée «Pourquoi l'énergie reste-elle un défi crucial?» ou autres notamment aquifères dans la question n°92 au titre délibérément anxiogène avec «Des guerres pour l'eau?» posant la problématique de la «sécurité hydrique» amplifiée par le changement climatique. Autant de ressources essentielles à la survie de l'Humanité appelée, si elle veut s'en assurer les moyens, à un nécessaire partage par intérêt bien compris plutôt que par vertu morale. Toutes choses montrant que l'analyse géopolitique n'est pas, comme on le pense parfois, indexée sur une forme de cynisme politique, mais au contraire comme un outil précieux d'analyse des mécanismes complexes présidant aux relations des sociétés humaines réunies, *nolens volens*, dans un destin commun.

DAVID RIGOULET-ROZE

Notices biographiques

Yann Alix

Depuis 2011, Yann Alix occupe le poste de Délégué Général de la Fondation *SEFACIL*, laboratoire d'idées prospectives sur les stratégies maritime, portuaire et logistique. Il a fondé et dirige la collection *Les Océanides* et co-dirige la collection *Afrique Atlantique.*

Titulaire d'un *PhD* de *Concordia University* (1999) et d'un doctorat en géographie des transports de l'Université de Caen en France, Yann Alix travaille sur les nouveaux modèles d'affaires dans les chaînes de valeur mondiales. Il a publié et dirigé près d'une vingtaine d'ouvrages en français, anglais, espagnol et russe. Son dernier ouvrage publié en février 2024 s'intitule « L'intelligence portuaire. Opération – Innovation – Projection » aux Éditions EMS.

En juin 2024, Yann Alix fonde et préside le cabinet de conseil en stratégie maritime et portuaire *WlogU.*

Alain Biston

Président-Directeur Général d'Alcatel Submarine Networks ('ASN') et membre du Conseil d'Administration d'ASN.

Alain Biston travaille depuis plus de 25 ans dans les télécommunications, d'abord chez Nortel, puis chez Alcatel-Lucent / Nokia, où il a occupé des postes de direction et de leadership dans plusieurs domaines importants du Groupe. Depuis 2019 chez ASN il apporte son expertise de l'industrie des télécommunications, et un vaste parcours à l'international. Entre 2016 et 2019, Chez Nokia il a été Vice-Président Senior des Opérations Clients End2End et Vice-Président Senior en charge de la gestion des activités de réseaux mobiles Chez Nokia. Alain Biston est titulaire d'un diplôme en Technologies de l'Information de l'INSA de Rennes, et titulaire de plusieurs décorations françaises.

Eric Carrey

Ancien élève du Prytanée national militaire, diplômé de l'école spéciale militaire de Saint-Cyr et de l'école de guerre, Eric CARREY a occupé de nombreux postes opérationnels dans des zones de conflit (guerre du golfe, Croatie, Bosnie, Macédoine,

Kosovo, Afrique et Liban). Diplômé de l'école supérieure des sciences économiques (ESSEC), il a aussi exercé des responsabilités administratives au sein du ministère de la Défense (secrétariat général de l'administration, état-major des armées, direction des ressources humaines de l'armée de terre) ainsi qu'au Conseil d'État. Contributeur dans différents ouvrages ou revues diplomatiques il a construit une réflexion sur la complexité des relations internationales et les interactions notamment entre la géographie, la logistique, les alliances entre pays et la capacité à peser dans les questions régionales.

Éléonore Darasse

Diplomée en sciences politiques et relations internationales (Institut Catholique de Paris) ainsi qu'en Affaires publiques européennes (Institut Supérieur du management public et politique, ISMAPP - Bruxelles). Rédactrice chez Novastan, site franco-allemand dédié à l'Asie Centrale fondé en 2011 à Bichkek (Kirghizstan).

Michel Makinsky

Après une carrière de 30 ans au sein de la direction juridique d'un grand groupe industriel, Michel Makinsky est directeur général d'Ageromys International, société de conseils géopolitiques, chercheur associé à l'Institut de Prospective et de Sécurité en Europe (IPSE), et à l'Institut d'Études de Géopolitique Appliquées (IEGA). Collaborateur Scientifique à l'Université de Liège, il est membre du réseau international Gulf 2000 qui rassemble les spécialistes du golfe Persique, et du groupe EuroDéfense France où il contribue aux réflexions sur l'autonomie stratégique européenne. Spécialiste de l'Iran depuis 20 ans, il a conseillé sur ce pays un grand groupe du CAC 40 pendant 6 ans et suit ce pays pour plusieurs entreprises et structures. Il est l'auteur de nombreux articles dans Politique étranger, Les Clés du Moyen-Orient, Défense Nationale, Les Cahiers de l'Orient, Outre-Terre... Il a dirigé deux ouvrages collectifs sur l'Iran.

Gérard Mestrallet, Envoyé spécial du président de la République pour l'IMEC

Nommé en novembre 2023, il est le premier sherpa désigné par un pays signataire pour le développement de l'IMEC. Ancien capitaine d'industrie et figure majeure du secteur privé en France, Gérard

Mestrallet a été pendant plus de 21 ans Président-Directeur général de GDF-SUEZ puis d'ENGIE. Entre 2018 et 2023, il a été Président exécutif de l'Agence française de développement culturel, patrimonial et touristique d'AlUla, en Arabie Saoudite.

Anatoly Motkin

Anatoly Motkin est fondateur et président de Strategeast[1], une structure qui se consacre depuis 2017 au développement de l'économie digitale en Eurasie. Il a une expérience en investissements technologiques, a conseillé des décideurs tant dans le secteur public que privé, a suivi nombre de projets liés aux technologies de l'information.

Christian Vicenty

Christian Vicenty a exercé sa carrière au ministère de l'Économie et des Finances de 1978 à 2019. À l'administration centrale (Direction Générale des Entreprises - D.G.E.) de 2013 à 2019, il a été en charge du suivi Chine, Ukraine, Russie, ex-URSS, anciennes et nouvelles Routes de la Soie. Il a par ailleurs été 4 fois en poste en Ambassade de France *[URSS, Corée du Sud, Kazakhstan, Arabie Saoudite, plus diverses missions au Japon, pays baltes, institutions européennes]).* Il est considéré comme un des meilleurs spécialistes français des Routes de la Soie, sujet sur lequel il est intervenu à de nombreuses reprises. Il est l'auteur de nombreuses publications en ligne. Les « nouvelles routes de la soie » et le (Grand) Moyen-Orient : enjeux et objectifs (les clés du Moyen-Orient, 2018), https://www.researchgate.net/ profile/Christian-Vicenty-2/research ;
https://www.diploweb.com/Le-comportement-geopolitique-de-la-Chine-est-il-equivalent-a-celui-de-la-Russie.html (13 mai 2023) ; les nouvelles routes de la soie (BRI) : un pavé dans la mare de la mondialisation ;(DOC) SYNTHÈSE relative aux projets New Silk Roads (ACADEMIA.EDU)

Xavier Wanderpepen

Après presque 40 ans au service de la SNCF, Xavier Wanderpepen est consultant pour des projets de fret ferroviaire. De 2014 à 2015, il a été chargé de mission pour le ministère français des Transports et pour le ministère ukrainien de l'Infrastructure à Kiev pour

1 Website: www.strategeast.org

le développement des corridors ferroviaires et Multimodaux en Ukraine.

Il a été chargé de plusieurs études sur les trains de Fret à Cuba et au Qatar pour la SNCF. Il a été Directeur des trains Europe-Chine des nouvelles routes de la soie pour Forwardis, filiale de la SNCF de 2018 à 2022.

Numéros parus

- N°16 - La chute du Haut-Karabagh arménien (2020-2023) et le jeu des puissances
- N° 15 - LIBAN : polycrise et menaces existentielles
- N° 14 - L'ASIE CENTRALE EN 2023 : évolutions géopolitiques, diplomatiques et sécuritaires
- N° 13 - LA MER ROUGE : convoitises et rivalités sur un espace stratégique
- N° 12 - LA QUESTION KURDE DANS TOUS SES ÉTATS
- N° 11 - L'ASIE ET LE MOYEN-ORIENT
  Quelles relations au XXIe siècle ?
- N° 10 - LE GOLFE PERSIQUE
  Nœud gordien d'une zone en conflictualité permanente
- N° 9 - LA TURQUIE ET SES NOUVEAUX 'ALLIÉS'
- N° 8 - LA CRISE DE L'EAU AU MOYEN-ORIENT.
  Tensions, changement climatique et hydrodiplomatie
- N° 7 - L'IRAN À L'ÉPREUVE DU RÉEL.
  Réveil et crises multiformes
- N° 6 - LA QUESTION ÉNERGÉTIQUE DANS LES ORIENTS
- N° 5 - LE SORT DES MINORITÉS AU MOYEN-ORIENT :
  Entre espoir et résignation
- N° 4 - LES FRONTIÈRES DANS LE MONDE ARABE
  Quels enjeux de pouvoirs aux marges des États ?
- N° 3 - L'ARABIE SAOUDITE ENTRE ÉVOLUTION ET RÉVOLUTION(S) ?
- N° 2 - L'IRAK : D'UNE CRISE À L'AUTRE
  Les réalités et les défis d'un État au bord de l'implosion
- N° 1 - LES SANCTIONS INTERNATIONALES :
  Entre légalité et réalité

Structures éditoriales du groupe L'Harmattan

L'Harmattan Italie
Via degli Artisti, 15
10124 Torino
harmattan.italia@gmail.com

L'Harmattan Hongrie
Kossuth l. u. 14-16.
1053 Budapest
harmattan@harmattan.hu

L'Harmattan Sénégal
10 VDN SICAP AMITIE 3
BP 45034 Dakar-Fann
direction@senharmattan.com

L'Harmattan Cameroun
Tsinga/Derrière polyclinique FECAFOOT
BP 11486 Yaoundé
Jacques.koukam@harmattan.fr

L'Harmattan Burkina Faso
Villa 281, secteur 23 623, rue 14.32
Ouagadougou
zagbie@outlook.fr

L'Harmattan Guinée
Almamya, rue KA 028 OKB Agency
BP 3470 Conakry
harmattanguinee@yahoo.fr

L'Harmattan RDC
185, avenue Nyangwe
Commune de Lingwala – Kinshasa
matangilamusadila@yahoo.fr

L'Harmattan Congo
219, avenue Nelson Mandela
BP 2874 Brazzaville
deunovmikhael@gmail.com

L'Harmattan Mali
Immeuble Mgr Jean Marie Cissé
Aci Hamadallaye
BP 145 Bamako
syllaka@yahoo.fr

L'Harmattan Togo
Djidjole – Maison Amela
face EPP BATOME
02 BP 20680 Lomé
didieramela11@gmail.com

L'Harmattan Côte d'Ivoire
Résidence Karl – Cité des Arts
Abidjan-Cocody
03 BP 1588 Abidjan
harmattan.ivoire@gmail.com

L'Harmattan Bénin
Rue 604, (Immeuble à l'entrée
de la rue UCAO- Cite de Saint-Jean)
Cotonou
stepcorpus@gmail.com

Nos librairies en France

Librairie internationale
16, rue des Écoles
75005 Paris
librairie.internationale@harmattan.fr
01 40 46 79 11
www.librairieharmattan.com

Librairie des savoirs
21, rue des Écoles
75005 Paris
librairie.sh@harmattan.fr
01 46 34 13 71
www.librairieharmattansh.com

www.ingramcontent.com/pod-product-compliance
Lightning Source LLC
LaVergne TN
LVHW010924061026
849535LV00007B/2219
9782336553917